Inhaltsverzeichnis

Lernfeld 1.1 Theoretische Grundlagen in das altenpflegerische Handeln einbeziehen

1 Alter, Gesundheit, Krankheit, Behinderung, Pflegebedürftigkeit

1 Das Altersbild, d.h. die Vorstellungen über das Alter, den Alterungsprozess und die damit verbundenen körperlichen, seelischen und sozialen Veränderungen haben sich in den letzten Jahrzehnten deutlich geändert. Tragen Sie Ihre Vorstellungen vom Alter in die Tabelle ein. Vergleichen und diskutieren Sie Ihre Meinung im Unterricht.

	Bisherige Ansicht vom Alter	Heutige Ansicht vom Alter
Aussehen	ungeschminkt, graue Haare, von der Arbeit und vom Alter gezeichnet	
Kleidung	bevorzugen dunkle Kleidung, Schürze, Strickjacken, Westen	
Freizeitgestaltung	kleiner Aktionsradius, Lesen, Radio hören, Handarbeiten, reisen nur in die nähere Umgebung	

2 Beim Alter eines Menschen unterscheidet man zwischen dem kalendarischen und dem biologischen Alter. Klären Sie die Unterschiede der beiden Begriffe.

Kalendarisches Alter: ______________________________

____

Biologisches Alter: ______________________________

____

3 Zwischen dem kalendarischen und dem biologischen Alter können große Schwankungen auftreten. Betrachten Sie die nachfolgenden Bilder und versuchen Sie, das Alter der abgebildeten Personen zu schätzen.

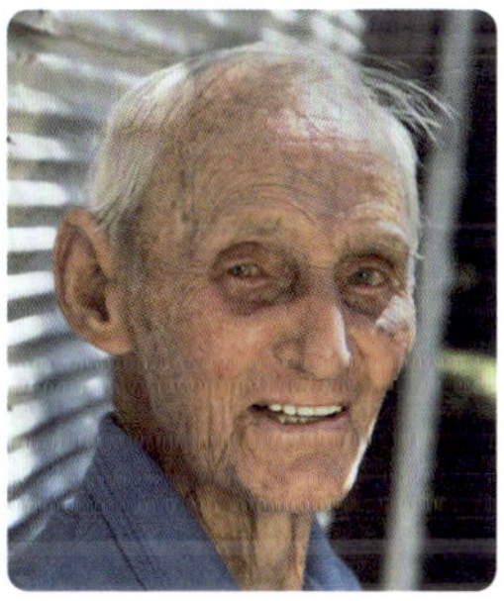
______ Jahre

______ Jahre

______ Jahre

______ Jahre

4 Konnten Sie das Alter der Personen gut einschätzen oder gab es auffällige Differenzen? Geben Sie Ursachen für die Unterschiede zwischen dem kalendarischen und biologischen Alter an:

____

____

____

____

5 Ergänzen Sie die Aussagen zum Thema Lebenserwartung.

Die Lebenserwartung stieg in Deutschland in den letzten 100 Jahren fast um das Doppelte. Bei heute Geborenen liegt sie im Durchschnitt bei ca. 86 Jahren. Gründe für diesen Anstieg sind u.a. ____________________

____

____

____

6 Die hohe Lebenserwartung hat in Verbindung mit den anhaltend niedrigen Geburtenraten eine Veränderung der Altersstruktur zur Folge. Mit grafischen Darstellungen kann man den Wandel im Altersaufbau der deutschen Bevölkerung sehr gut verdeutlichen.

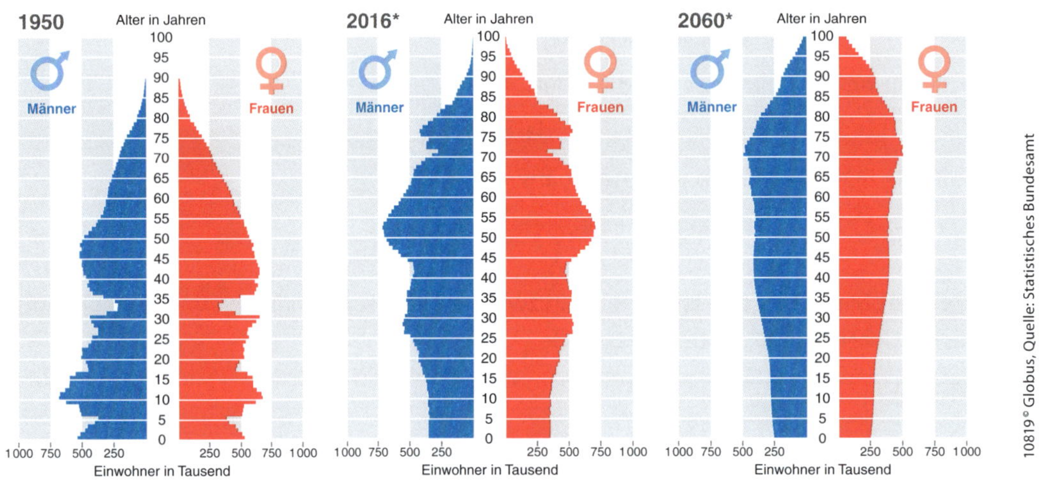

Versuchen Sie, mithilfe der Abbildung folgende Fragen zu beantworten:
Wie verändert sich der Anteil der älteren Bevölkerung?

____

Welche Aussagen können Sie zum Anteil der jüngeren Bevölkerung (Kindesalter) machen?

____

Wie entwickeln sich prognostisch gesehen die Bevölkerungszahlen im erwerbsfähigen Alter?

____

____

Diskutieren Sie über daraus resultierende Probleme im Unterrichtsgespräch. Entwickeln Sie Lösungsvorschläge.

7 Ergänzen Sie die laut Pflegeversicherungsgesetz (SGB XI, § 14 Abs.1) im Januar 2017 aktualisierte Definition „Pflegebedürftigkeit" mithilfe der vorgegebenen Begriffe. Informieren Sie sich im Anschluss über die Inhalte des SGB XI § 15.

> körperliche, Dauer, Selbstständigkeit, § 15, psychische, sechs, kompensieren, Beeinträchtigungen

Pflegebedürftig (...) sind Personen, die gesundheitlich bedingte ____________ der ____________ oder der Fähigkeiten aufweisen und deshalb der Hilfe durch andere bedürfen. Es muss sich um Personen handeln, die ____________, kognitive oder ____________ Beeinträchtigungen oder gesundheitlich bedingte Belastungen oder Anforderungen nicht selbstständig ____________ oder bewältigen können. Die Pflegebedürftigkeit muss auf ____________, voraussichtlich für mindestens ____________ Monate und mit mindestens der in ____________ festgelegten Schwere bestehen.

2 Konzepte, Modelle und Theorien der Pflege

1 Ordnen Sie die Aussagen den jeweiligen Pflegemodellen zu, indem Sie Verbindungslinien ziehen.

- Bedürfnismodelle
- Interaktionsmodelle
- Ergebnismodelle

- Modelle, bei denen nicht die Frage im Vordergrund steht, was getan werden muss, sondern wie es getan werden muss.
- Modelle, bei denen der zentrale Punkt das Ergebnis der Pflege ist, d.h. wie die Pflege den Betroffenen helfen kann, wieder ins Gleichgewicht zu kommen.
- Modelle, die ihren Schwerpunkt darauf legen, was die Pflegeperson tun muss, um dem Menschen bei der Befriedigung der Bedürfnisse zu helfen.

2 Die Abbildungen zeigen Pflegewissenschaftler/-innen, die durch ihre entwickelten Modelle die Pflege wesentlich beeinflusst haben. Geben Sie die Namen an und ordnen Sie die Zahlen der Bilder den Kernaussagen der Pflegemodelle zu.

①  ______

②  ______

③  ______

④  ______

___ In der Pflege soll nur so viel von der Selbstpflege übernommen werden, wie notwendig…
___ Basis des Modells sind die Lebensaktivitäten.
___ Die Pflegenden müssen sich in den biografischen Kategorien des Pflegebedürftigen bewegen.
___ Professionelle Pflege zeichnet sich dadurch aus, Bedürfnisse des Kranken wahrzunehmen und diese im Bedarfsfall durch entsprechende Pflegemaßnahmen zu ergänzen.
___ Man unterscheidet das vollständig kompensatorische System vom teilweise kompensatorischen System und vom unterstützend-erzieherischen System.
___ Modell orientiert sich an den Grundbedürfnissen.
___ Pflege unterstützt bei der Problemlösung, Handhabung und Prävention von Einschränkungen der Lebensaktivitäten.
___ Modell ist konzipiert für verhaltensauffällige alte Menschen mit Demenz.

3 Die vier Schlüsselkonzepte (Metaparadigma) der Pflege machen Aussagen zu/zum:

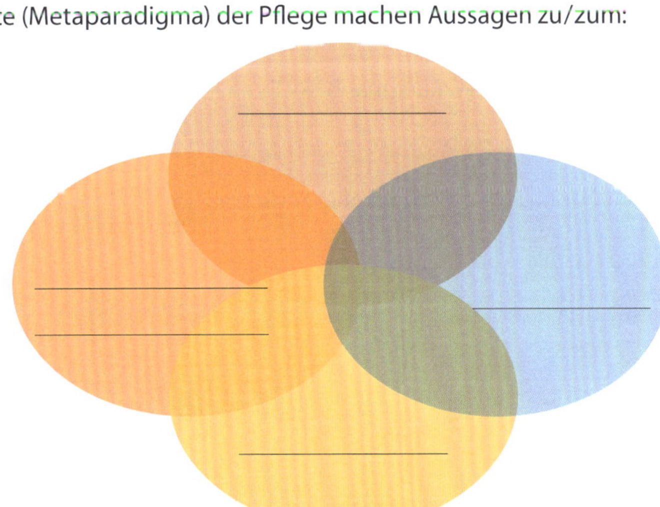

4 Das Pflegemodell der ganzheitlich-fördernden Prozesspflege von Monika Krohwinkel ist in sehr vielen Alten- und Pflegeeinrichtungen Deutschlands konzeptionelle Grundlage für die Pflege und Betreuung. Es orientiert sich an den Aktivitäten, Beziehungen und existenziellen Erfahrungen des Lebens (ABEDL®). Tragen Sie die 13 ABEDLs® zusammen.

5 Alle Bedürfnisse, Gewohnheiten und Tätigkeiten können den ABEDLs® zugeordnet werden. Geben Sie nach dem Lesen der Sätze die passenden ABEDLs® an.

Frau Sinner legt großen Wert auf ihre Frisur. Wöchentlich geht sie einmal zum Friseur.

Herr Meier ist mit dem täglichen Wechseln des Anus-praeter-Beutels vertraut.

Frau Borek liebt es, ihre alte, schon verschlissene Schürze tagsüber anzuziehen.

Frau Richter freut sich darauf, nach einem Kurzurlaub bei ihren Kindern wieder im eigenen Bett schlafen zu können.

Herr Lehmann hat sich seit dem Tod seiner Frau völlig zurückgezogen, findet aber Trost in seinem festen Glauben.

Seit einem schweren Sturz möchte Frau Grocholl nicht mehr auf ihre Hüftprotektoren verzichten.

Herr Simon und Frau Schmidt genießen es, händehaltend auf dem Sofa des Wohnbereichs zu sitzen.

3 Pflegeforschung und Umsetzung von Forschungsergebnissen

1 Pflegeforschung zielt darauf ab, bestehendes Wissen in der Pflege immer wieder auf den Prüfstand zu stellen, um eine Professionalisierung der Pflege voranzutreiben. Dabei kommen u.a. die quantitative und die qualitative Forschung zur Anwendung. Tragen Sie Merkmale der zwei Methoden zusammen und ordnen Sie die Fallbeispiele zu. Fügen Sie selbst gewählte Beispiele aus dem Bereich Pflege hinzu.

Beispiel 1: Pflegeforschung zum Thema „Gemeinsam kochen - gemeinsam genießen"/Studie in einer Pflegeeinrichtung mit vorwiegend demenziell erkrankten Heimbewohnern.

Beispiel 2: Datenanalyse in einem Bundesland zum Schwerpunkt „Dekubitus und dessen Versorgung im ambulanten und stationären Pflegebereich".

Quantitative Forschung	Qualitative Forschung
Ziel:	Ziel:
Wissenschaftliche Basis:	Wissenschaftliche Basis:
Vorgehensweise:	Vorgehensweise:
Forschungsinstrumente:	Forschungsinstrumente:
Zuordnung Beispiel:	Zuordnung Beispiel:
Eigenes Beispiel:	Eigenes Beispiel:

2 Der Forschungsprozess läuft, ähnlich wie der Pflegeprozess, in aufeinander abgestimmten Schritten ab. Tragen Sie diese acht Teilschritte zusammen.

- ______
- ______
- ______
- ______
- ______
- ______
- ______
- ______

4 Gesundheitsförderung und Prävention

1 Die 1. internationale Konferenz zum Schwerpunktthema „Gesundheitsförderung" fand im November 1986 in Ottawa statt. Das zentrale Motto lautete: „Gesundheit für alle im Jahr 2000 und darüber hinaus". Im Suchworträtsel finden Sie neun Grundvoraussetzungen, um diese Zielsetzung erreichen zu können. Tragen Sie die Ergebnisse in das Schema ein (ä = ae; ö = oe; → ↓ ↘).

B	E	N	G	T	Z	U	K	X	C	V	F	R	R	E	R	T	Z
L	C	H	A	N	C	E	N	G	L	E	I	C	H	H	E	I	T
Z	U	Z	R	T	I	O	P	J	H	G	F	D	S	A	S	H	X
O	C	V	C	D	U	F	F	R	N	M	K	L	U	I	G	R	E
E	R	N	A	E	H	R	U	N	G	A	S	W	E	R	X	R	V
K	H	J	N	M	L	I	R	A	S	W	E	R	T	Z	U	I	N
O	N	D	F	G	G	E	R	E	C	H	T	I	G	K	E	I	T
S	W	X	C	V	Y	D	N	M	S	K	L	Z	U	I	I	D	E
Y	V	R	T	B	H	E	I	O	N	S	M	L	X	W	N	E	R
S	C	D	E	Z	I	N	J	K	L	B	O	N	Z	I	K	L	M
T	Y	X	A	S	H	L	R	C	F	S	E	U	N	J	O	N	G
E	C	Q	E	I	T	E	D	O	N	M	U	Z	R	C	M	V	E
M	T	V	B	C	N	I	L	U	O	P	S	A	E	C	M	C	V
W	R	T	Z	U	I	Z	T	L	N	V	C	S	Y	C	E	F	M
S	W	O	H	N	B	E	D	I	N	G	U	N	G	E	N	N	B

1. ______________________

2. Angemessene ______________________

____

3. Eine sorgfältige Verwendung vorhandener ______________________

4. Ein stabiles ______________________

5. ______________________

6. Ausgewogene ______________________

7. ______________________

8. ______________________

9. Soziale ______________________

2 Die betriebliche Gesundheitsförderung (z. B. für Mitarbeiter einer Pflegeeinrichtung) gewinnt immer mehr an Bedeutung. Nennen Sie zwei Beispiele für eine betriebliche Gesundheitsförderung.

____

____

____

3 Ergänzen Sie den Lückentext zum Thema „Prävention" mit den Begriffen im Kasten.

> Rehabilitation, erhöhtem, Fortschreiten, Sekundärprävention, Komplikationen, Gesunderhaltung, Primärprävention, Rückfälle, gesunden, Verhinderung, Tertiärprävention, Früherkennung

Bei der Prävention werden drei Arten unterschieden: die ______________, die Sekundärprävention und die ______________. Die Maßnahmen der Primärprävention dienen der ______________ und der ______________ der Entstehung von Krankheiten. Sie richtet sich an jeden ______________ Menschen. Sekundärprävention bezeichnet die Gesamtheit aller Maßnahmen, die der ______________ dienen und das ______________ von Erkrankungen verhindern. ______________ richtet ihre Aufmerksamkeit auf Personengruppen mit ______________ Risiko für bestimmte Erkrankungen, z. B. Herz-Kreislauf-Erkrankungen. Die Tertiärprävention umfasst alle Maßnahmen, die bei einer manifesten Erkrankung den Verlauf günstig beeinflussen und ______________, Begleiterkrankungen und ______________ verhindern sollen. Ein Bereich der Tertiärprävention ist die ______________.

4 Kreuzen Sie bei den nachfolgenden Fragen sorgfältig die Antworten an, die für Sie zutreffen. Zum Vergleich können Sie den Test der Deutschen Herzstiftung mit einer anderen Person (Vater, Mutter, Großeltern …) durchführen. Können Sie Unterschiede erkennen? Die Auswertung des Tests finden Sie auf Seite 15.

Wissen Sie, ob Sie gefährdet sind, eine Herz- oder Gefäßerkrankung zu entwickeln? Der folgende Test von Prof. Dr. med. Helmut Gohlke hilft Ihnen, Ihr persönliches Risiko einzuschätzen.

Familie
Ist in Ihrer Familie bei Verwandten ersten Grades (Vater, Mutter, Geschwister, Kinder) bereits ein Herzinfarkt oder Schlaganfall aufgetreten?

- ja, vor dem 55. Lebensjahr ☐ 10
- ja, nach dem 55. Lebensjahr ☐ 4
- nein ☐ 0

Rauchen Sie?

- ja, weniger als 20 Zigaretten pro Tag ☐ 8
- ja, mehr als 20 Zigaretten pro Tag ☐ 10
- ja, mehr als 20 Zigaretten pro Tag und Einnahme von Anti-Baby-Pille ☐ 10
- nein ☐ 0

Das sollten Raucher wissen:
Das durch Rauchen erhöhte Risiko kann durch keinen ansonsten noch so günstigen Lebensstil ausgeglichen werden. Lassen Sie sich von Ihrem Arzt beraten, wie Sie das Rauchen aufgeben können.

Achtung: Frauen, die rauchen und zudem die Pille nehmen, erhöhen ihr Risiko für Herz-Kreislauf-Erkrankungen.

Gewicht
Ihren BMI errechnen Sie mit folgender Formel: BMI = Körpergewicht in kg geteilt durch Körperlänge^2 in m. Bitte übertragen Sie den errechneten Wert in das Schema.

	Frauen	Ihr Wert	Männer	Ihr Wert	
Untergewicht	unter 19		unter 20		☐ 0
Normalgewicht	19-24		20-25		☐ 0
Übergewicht	25-30		26-30		☐ 1
Adipositas	über 30		über 30		☐ 2

Gesundheitsbewusste Ernährung
Ernähren Sie sich fettarm? Wenn Fette, dann bevorzugt ungesättigte Fette wie z. B. Oliven oder Rapsöl? Essen Sie täglich frisches Obst, Salat, Gemüse, Hülsenfrüchte, Vollkornprodukte und eher Fisch als Fleisch?

- praktisch immer ☐ –4
- häufig ☐ –2
- eher nicht ☐ 0

Ernährungsgewohnheiten
Bevorzugen Sie eher deftiges Essen wie rotes oder verarbeitetes Fleisch, Fastfood, Sahne, Kuchen, Süßigkeiten?

- praktisch immer ☐ 4
- häufig ☐ 2
- eher nicht ☐ 0

Bewegung und Sport
Bewegen Sie sich regelmäßig mindestens 20 Minuten am Stück?

- mindestens ein- bis zweimal pro Woche ☐ –2
- mindestens einmal pro Monat ☐ 0
- seltener als einmal pro Monat ☐ 2

Cholesterin
Was wissen Sie über Ihre Blutfettwerte?

nicht bekannt		2
stark erhöht:	über 240 mg/dl bzw. 6,2 mmol/l	6
erhöht:	191 – 240 mg/dl bzw. 5,0 – 6,2 mmol/l	3
normal:	unter 190 mg/dl bzw. 5,0 mmol/l	0

Blutdruck
Was wissen Sie über Ihren Blutdruck?

nicht bekannt		2
oberer Wert:	unter 140 mmHg	0
	140 – 160 mmHg	1
	über 160 mmHg	6
unterer Wert:	unter 90 mmHg	0
	90 – 95 mmHg	2
	über 95 mmHg	4

Diabetes
Haben Sie erhöhten Blutzucker?

nicht bekannt	2
nein	0
ja, aber benötige noch keine Medikamente	6
nehme Tabletten für den Blutzucker	8
spritze Insulin	8

Stress
Arbeiten Sie dauernd unter Zeitdruck oder Stress?

nein	0
gelegentlich	0
häufig	2
praktisch dauernd	4

Beschwerden
Haben Sie gelegentlich Schmerzen im Brustbereich evtl. mit Ausstrahlungen in den Hals oder in einen Arm?

nein	0
ja, vor allem bei – oder auch nach – körperlicher Belastung	10
ja, vor allem bei Kälte	10
ja, vor allem bei Stress	6
gelegentlich in Ruhe	4

Druck im Brustkorb
Hatten Sie bereits einmal länger als fünf Minuten anhaltende druckartige Beschwerden im Brustkorb?

ja	10
nein	0

Herzinfarkt
Wurden Sie bereits wegen Herzinfarkt oder Verdacht auf Herzinfarkt behandelt?

ja	10
nein	0

Punktzahl ________

Deutsche Herzstiftung

5 Rehabilitation

1 Geben Sie in der folgenden Tabelle an, um welche Art der Rehabilitation es sich bei jeder Aussage handelt.

	Art der Rehabilitation
Durch Umschulungsmaßnahmen soll Herr Meier wieder in die Lage versetzt werden, einer Erwerbstätigkeit nachgehen zu können.	
Frau Berner benötigt ein halbes Jahr nach ihrem schweren Unfall immer noch Schmerzmedikamente.	
Herr Schmidt bekam gestern einen positiven Bescheid auf seinen Antrag zur Gewährung eines Zuschusses zum behindertengerechten Umbau seiner Wohnung.	
Seit ihrem Schlaganfall bemüht sich Frau Müller jedes Mal, kleine Erfolge bei der Sprachtherapie zu erzielen.	
Frau Schulze hat seit einem schweren Sturz in ihrer Wohnung immer in der Angst gelebt, ihren Haushalt nicht mehr versorgen zu können. Seit einem Monat hat sie nach Antrag eine Haushaltshilfe bekommen.	

2 Eine spezielle Form der Rehabilitation ist die geriatrische Rehabilitation, die speziell für ältere Menschen mit Multimorbidität entwickelt wurde. Ziel ist es, Pflegebedürftigkeit nach einer schweren Erkrankung zu verhindern bzw. aufzuhalten. Auf der linken Seite sind einige Berufsgruppen aufgezeigt, die in einem Rehabilitationsteam zusammenarbeiten. Auf der rechten Seite finden Sie die Beschreibung von Aufgabengebieten. Ergänzen Sie die Tabelle, um so einen Gesamtüberblick über das Rehabilitationsteam und dessen Aufgaben zu erhalten.

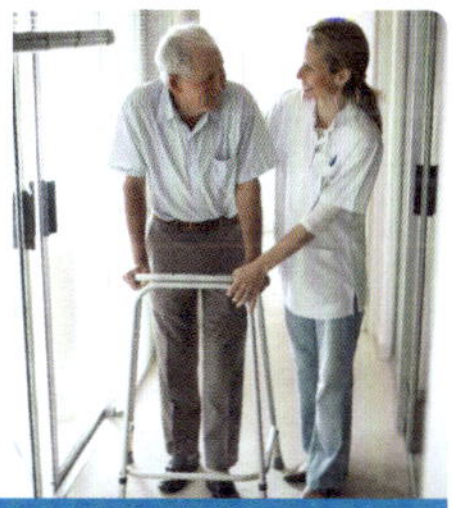

Berufsgruppe	Aufgabengebiete
Pflegekräfte	
	Medizinische Diagnostik, Festlegung der Diagnose, Erstellung eines individuellen Behandlungsplans
Physiotherapeut	
	Hirnleistungstraining, Gesprächsführung, Aufmerksamkeitstraining
Ergotherapeut	
Ernährungsberater	
	Bäder und Massagen gegen Schmerzen und Verspannungen
Logopäde	
	Beratung, Stellen von Anträgen, Angehörigenberatung, Heimplatzsuche, Wohnraumanpassung

6 Biografiearbeit

1 Befragen Sie im nächsten Praxiseinsatz zwei Bewohner (aus Datenschutzgründen nur mit X bzw. Y bezeichnet) zu ihren wichtigsten Erlebnissen in den vier Phasen einer Biografie (Kindheit, Jugendzeit, Erwachsenenalter, Ruhestand). Notieren Sie Ihre Ergebnisse. Vergleichen Sie diese im Unterrichtsgespräch. Gibt es Parallelen zu Ihren Erinnerungen an Kindheit und Jugendzeit? Worin bestehen Unterschiede?

2 Neben den Lebensphasen kann eine Biografie auch nach den Lebensbereichen aufgearbeitet werden. Erarbeiten Sie einen Fragenkatalog zu den einzelnen Bereichen, um gezielte Antworten zu erhalten.

Wohnen 	
Arbeit 	
Freizeit 	
Bildung 	
Freunde/soziale Kontakte 	

3 Die Nutzung verschiedener Materialien (Fotos, alte Kochrezepte, Haushaltsgegenstände, Werkzeuge, Landkarten u.a.) erweist sich in der Biografiearbeit als sehr hilfreich, um Erinnerungen auszulösen und darüber zu sprechen. Im nachfolgenden Beispiel zeigt die Bewohnerin Frau Kunze mithilfe einer Karte Stationen ihres Lebensweges bezogen auf Wohnorte auf. Markieren Sie in der Karte, wo sich diese Orte befinden.

geboren am 25.11.1922 in Breslau, heute Wroslaw (Polen)

→ nach dem Krieg (1945) Unterkunft bei Verwandten in Erfurt

→ 1948 Umzug nach Würzburg, Hochzeit und Geburt der Tochter

→ 1955 berufsbedingter Umzug nach Nürnberg und Geburt des Sohnes

→ 1996 Tod des Ehemanns, Umzug nach Bremen in eine Wohnung in der Nähe der Tochter

→ 2010 nach Schlaganfall Einzug in das Seniorenheim „Sonnenhof" in Bremen

4 Erarbeiten Sie ein zweites Beispiel, indem Sie einen Bewohner/eine Bewohnerin nach den Stationen im Lebensweg (bezogen auf Wohnorte) befragen. Nutzen Sie beim Gespräch eine größere Karte und tragen Sie anschließend Ihre Ergebnisse im Arbeitsheft ein.

Stationen im Leben des Bewohners/der Bewohnerin X

5 Geben Sie Methoden der Informationssammlung in der Biografiearbeit an.

____

____

____

____

6 Der Biografiebogen in der Pflegedokumentation enthält eine Vielzahl von biografierelevanten Daten. Einen kleinen Auszug finden Sie in der Übersicht. Füllen Sie die Fragen einmal aus Ihrer Sicht und einmal aus der Sicht einer Bewohnerin/eines Bewohners aus. Vergleichen Sie die Einträge im Unterrichtsgespräch.

	Antworten des Bewohners	Antworten des Schülers
Essen – Lieblingsessen – Abneigungen		
Liebe/Heirat/Geburt – positive Erinnerungen – negative Erinnerungen		
Vorlieben/Abneigungen im täglichen Leben		

7 Lesen Sie das Fallbeispiel der Bewohnerin Frau Tuchel aus einem Seniorenheim in Hannover. Tragen Sie dann die biografierelevanten Daten in den Biografiebogen auf Seite 15 ein.

Frau Erna Tuchel wurde am 22.05.1928 in Gütersloh als Jüngste von vier Geschwistern geboren. Ihr Vater arbeitete als Anwalt, die Mutter war Hausfrau. Frau Tuchel hat ihre Kindheit in sehr angenehmer Erinnerung. Ihre drei Schwestern leben leider nicht mehr.
Nach der Ausbildung heiratete sie ihren Mann Karl, der vor 12 Jahren an einem Herzinfarkt verstarb. Noch heute spricht sie gern über die gemeinsamen Jahre mit ihm. Sie hat zwei Kinder, Sohn Rolf, der in München lebt und sie immer zu den Feiertagen besucht, und Tochter Franziska, die auch in Hannover lebt und wöchentlich zweimal bei ihr vorbeischaut. Frau Tuchel hatte einen großen Freundeskreis, der in den letzten Jahren auf zwei alte Schulfreundinnen schrumpfte. Noch heute treffen sie sich einmal im Jahr. Dieses Treffen bedeutet ihr sehr viel.
Als ehemalige Deutsch- und Geschichtslehrerin liest sie noch immer sehr gern und ist auch am aktuellen Zeitgeschehen interessiert. Sie nutzt die Zeit nach dem Frühstück, um ausgiebig die Tageszeitung zu lesen. Dazu braucht sie allerdings ihre Brille, da ihr Sehvermögen eingeschränkt ist. Durch eine fortgeschrittene Arthrose in den Kniegelenken fällt ihr das Laufen zunehmend schwerer. Deshalb nutzt sie häufig einen Rollator. Sie bedauert das sehr, da sie früher sehr sportlich war und sich in einer Gymnastikgruppe bis zu ihrem 75. Lebensjahr fit hielt. Auch heute noch nimmt sie an den Sportveranstaltungen, die das Heim anbietet, teil.
Durch die Schmerzen in den Kniegelenken hat sie oft Probleme beim Ein- und Durchschlafen. Daher schaut sie meist lange fern, um sich von dem Problem abzulenken und sich „müde" zu sehen. Sie mag dann nicht vor 8.00 Uhr geweckt werden. Bei der Körperpflege freut sie sich, wenn sie von der Altenpflegerin Frau Beier, ihrer Bezugspflegerin, betreut wird. Sie findet es sehr angenehm, gemeinsam mit ihr die tägliche Garderobe zusammenzustellen, denn ansprechend gekleidet zu sein, ist für sie sehr wichtig. Von männlichen Pflegern möchte sie nicht gewaschen werden.

Biografiebogen der Bewohnerin			
Name: Vorname:		Geburtsdatum: Geburtsort:	
Eltern (Beruf) Vater:		Eltern (Beruf) Mutter:	
Geschwister:			
Eigene Familie (verheiratet/verwitwet/geschieden und Kinder):			
Beruf:			
Kontaktpersonen/ Freundeskreis:			
Hilfsmittel:			
Hobbys/Beschäftigungen, Interessen früher:			
Hobbys/Beschäftigungen, Interessen heute:			
Gewohnheiten im Tagesablauf:			
Gewohnheiten bei der Körperpflege und Bekleidung:			

Auswertung des Tests von Seite 9/10

Für jede Frage wird jeweils einmal die höchste erreichte Punktzahl addiert. Bei Antworten, die mit einem Minuszeichen versehen sind, muss die entsprechende Punktzahl abgezogen werden. Die Summe ergibt Ihre persönliche Risikoeinschätzung.

0–4 Punkte:	Herzlichen Glückwunsch! Ihr Risiko für Herz-Kreislauf-Erkrankungen ist unterdurchschnittlich. Weiter so!
5–8 Punkte:	Ihr Risiko ist durchschnittlich. Versuchen Sie beeinflussbare Risikofaktoren auszuschalten.
9–16 Punkte:	Ihr Risiko ist erhöht. Besprechen Sie mit Ihrem Arzt eine Strategie zur Verminderung Ihres Risikos und achten Sie auf Ihren Lebensstil.
17 Punkte und mehr:	Ihr Risiko ist deutlich erhöht. Sprechen Sie bald mit Ihrem Arzt, wie eine Verminderung Ihres erhöhten Risikos für Herzinfarkt erreicht werden kann. Für Sie ist ein gesunder Lebensstil besonders wichtig.

Wenn Sie Ihre Werte für Blutdruck, Blutzucker und Blutfette nicht wissen, sollten Sie diese unbedingt bestimmen lassen. Bei zu hohen Werten können Sie sich durch gegensteuernde Maßnahmen vor dem Herzinfarkt schützen.

TIPP: Wie Sie Ihr Herz schützen können, erfahren Sie im kostenlosen Newsletter der Deutschen Herzstiftung. www. herzstiftung.de/Newsletter

7 Pflegerelevante Grundlagen der Ethik

1 Finden Sie im Suchworträtsel sechs Begriffe rund um den Fachbereich „Ethik" heraus (ä = ae; ö = oe; → ↓ ↘). Vervollständigen Sie im Anschluss die Begriffserläuterungen, indem Sie die herausgefundenen Begriffe korrekt einsetzen.

Q	S	M	F	G	U	K	R	X	A	O	L
T	Z	O	X	A	V	M	L	B	I	M	L
P	R	R	T	N	E	I	S	Y	B	W	J
E	F	A	Z	J	U	T	D	H	W	E	Q
A	S	L	P	V	R	U	H	S	K	R	B
K	C	X	E	H	B	V	Q	O	J	T	U
R	H	D	Z	G	E	W	I	S	S	E	N
B	P	R	W	B	E	X	S	P	A	H	L
C	V	N	O	R	M	E	N	W	K	R	V
J	Z	S	H	K	X	C	T	J	A	L	S
W	L	X	J	Z	Q	D	V	H	L	W	E
E	V	D	U	K	V	S	P	C	I	P	A
P	U	C	V	J	W	E	Q	B	Z	K	X

______________________ wird als besondere Fähigkeit des menschlichen Bewusstseins bezeichnet, um in bestimmten Situationen richtig urteilen zu können.

______________________ sind konkrete Vorschriften bzw. Leitlinien für menschliches Verhalten in der Gesellschaft, die den Anspruch erheben, befolgt zu werden.

______________________ beschreibt den Grundbestand an sittlichen Normen, Werten und Grundsätzen, die das zwischenmenschliche Handeln bestimmen.

______________________ ist eine wissenschaftliche Disziplin, die sich u. a. mit dem verantwortlichen Handeln im Rahmen der Berufsausübung in Pflegebereichen beschäftigt.

______________________ sind Vorstellungen, Tugenden und Ideale, die das menschliche Handeln beeinflussen und leiten können.

______________________ bezeichnet ethisches Bewusstsein (= Orientierungsrahmen für berufliches Handeln).

2 Formulieren Sie drei Schwerpunktbereiche (nach eigener Wahl), mit denen sich die Pflegeethik auseinandersetzt.

____

____

____

3 Im ICN-Ethik-Kodex (International Council of Nurses) sind vier grundlegende Aufgaben für Pflegende festgelegt. Geben Sie diese an.

____

____

____

____

Lernfeld 1.2 Pflege alter Menschen planen, durchführen, dokumentieren und evaluieren

1 Wahrnehmen und Beobachten

1 Wahrnehmung ist die Aufnahme von Reizen aus der Umgebung mithilfe der Sinnesorgane und deren Verarbeitung. Betrachten Sie die Abbildungen aus dem Augenwinkel einer Pflegekraft. Welche Reize lösen die Wahrnehmung der Pflegekraft aus? Welche Sinnesorgane werden jeweils genutzt?

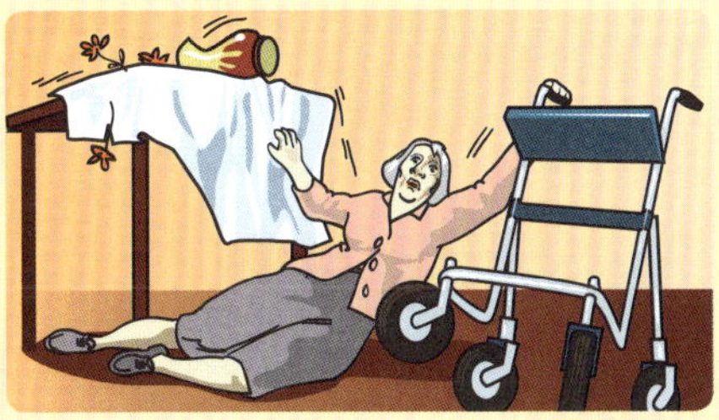

Was nimmt die Pflegekraft wahr?

____

____

____

Sinnesorgan: ______________________________

Was nimmt die Pflegekraft wahr?

____

____

____

Sinnesorgan: ______________________________

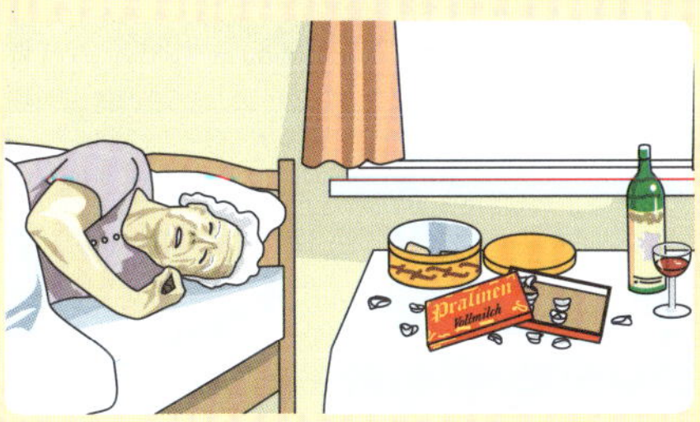

Was nimmt die Pflegekraft wahr?
(Zwei Hinweise zur Abbildung: Blutzucker-Wert der Bewohnerin sehr hoch, Wahrnehmung bezieht sich auf den Geruch der Raumluft)

____

____

Sinnesorgan: ______________________________

2 Mitunter kann uns unsere Wahrnehmung auch Streiche spielen, wie man an optischen Täuschungen erkennen kann. Was sehen Sie?

____

____

____

____

____

____

3 Kreuzen Sie nach dem Lesen die korrekten Aussagen zur Wahrnehmung an. Korrigieren Sie die falschen Ausführungen im Unterrichtsgespräch.

	Mit der olfaktorischen Wahrnehmung können Hitze oder Kälte wahrgenommen werden.
	Die auditive Wahrnehmung dient u. a. der Wahrnehmung von Geräuschen.
	Mit der gustatorischen Wahrnehmung können unterschiedliche Geschmacksqualitäten wahrgenommen werden.
	Durch vestibuläre Wahrnehmung werden Kontraste, Formen und Farben wahrgenommen.

4 Beobachtung ist eine zielgerichtete, geplante Wahrnehmung und die anschließende Bewertung der Ergebnisse. Lesen Sie das Fallbeispiel. Arbeiten Sie die Beobachtungsergebnisse heraus und ordnen Sie diese den vorgegebenen Beobachtungskriterien zu.

Frau Krämer, 76 Jahre, hat eine fortgeschrittene Osteoporose, die u.a. durch den ausgeprägten Rundrücken erkennbar ist. Durch die Veränderungen der Wirbelkörper hat Frau Krämer trotz medikamentöser Therapie häufig starke Rückenschmerzen. Heute ist wieder so ein Tag. Frau Krämer sitzt abseits der anderen Bewohner und meidet jeden Kontakt. Sie hat eine nach vorn gebeugte Schonhaltung eingenommen. Die Augen sind geschlossen und das Gesicht ist schmerzlich verkrampft. Nach wiederholter Ansprache der Bewohnerin ist ein Wimmern, ein leiser Hinweis auf die Rückenschmerzen und die Bitte, sie auf ihr Zimmer zu begleiten, zu vernehmen. Mit kleinen, trippelnden Schritten geht sie, unterstützt durch die Pflegekraft, in ihr Zimmer. Dort lässt sie sich beim Ablegen ihrer Kette und ihres Armbands helfen. Schmuck und gepflegte Kleidung sind Frau Krämer, einer ehemaligen Sekretärin, noch immer sehr wichtig. Dann legt sie sich in ihren Liegesessel und versucht, eine schmerzarme Position zu finden.

Sprache und Stimme: ______________________________

Äußeres Erscheinungsbild: ______________________________

Kommunikations- und Kontaktfähigkeit: ______________________________

Haltung: ______________________________

Gangbild: ______________________________

Mimik: ______________________________

5 Betrachten Sie die Personen. Notieren Sie Ihre Beobachtungen hinsichtlich des Gesichtsausdrucks.

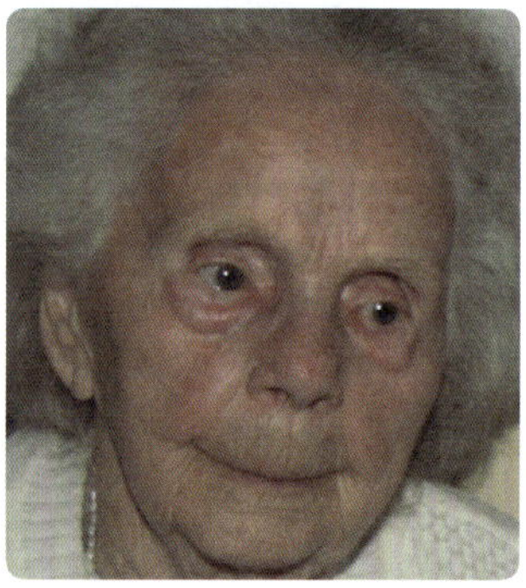

6 Geben Sie weitere Möglichkeiten des Gesichtsausdrucks an.

7 Kreuzen Sie an, ob es sich um objektive oder subjektive Beobachtungen handelt. Begründen Sie Ihre Entscheidung im Unterrichtsgespräch. Ergänzen Sie die letzten beiden Vorgaben durch eigene Beispiele.

Beobachtung	objektiv	subjektiv
Frau Braune hat mit 165/95 mmHg einen zu hohen Blutdruckwert.		
Herr Günther wirkt in letzter Zeit sehr verschlossen und einsilbig. Wahrscheinlich sehnt er sich die Frühlingszeit herbei, dann kann er wieder im Hausgarten aktiv werden.		
Frau Scheller zieht ständig dunkle Sachen an. Das macht sie bestimmt, weil sich der Todestag ihres Sohnes nähert.		
Der Urin des Bewohners ist dunkel und riecht stark. Er trinkt laut Protokoll zu wenig.		
Die Rötung und die Schwellung im Bereich des Nagelbettes am linken Zeigefinger haben im Vergleich zu gestern deutlich zugenommen, es könnte ein Panaritium sein.		
		X
	X	

8 Im Fallbeispiel ist eine Pflegesituation geschildert. Geben Sie an, was Altenpfleger Michael wahrnimmt bzw. beobachtet.

Altenpfleger Michael begrüßt wie jeden Morgen den Bewohner Herrn Meier. Herr Meier liegt noch im Bett, die Vorhänge am Fenster sind noch geschlossen, was der Pflegekraft ungewöhnlich erscheint, da Herr Meier sonst immer schon im Bad ist. Er bemerkt sein hochrotes Gesicht und die schweißige Haut, der Bewohner ist apathisch. Michael fühlt einen schnellen Pulsschlag und die heiße Stirn. Mit einem Fieberthermometer kontrolliert er die Körpertemperatur, sie beträgt 38,8°C. Die Pulsfrequenz liegt bei 104 Schlägen pro Minute. Daraufhin informiert er den Hausarzt, bestellt einen Hausbesuch und leitet die erforderlichen pflegerischen Maßnahmen ein.

Wahrnehmung	Beobachtung	

Kreuzen Sie in der Spalte „Beobachtung" die objektiven Aussagen an.

2 Pflegeprozess

1 Der Pflegeprozess ist die Arbeitsgrundlage in der professionellen Pflege. Die notwendigen Einzelschritte können in einem Regelkreis dargestellt werden. Bringen Sie die vorgegebenen Begriffe in eine logische Reihenfolge.

Planung von Zielen; Planung von Maßnahmen; Einschätzung/Informationssammlung; Überprüfung und Beurteilung der Wirkung der Pflege; Durchführung der Pflegemaßnahmen; Benennung der Ressourcen und Probleme

1. ______________________________

2. ______________________________

3. ______________________________

4. ______________________________

5. ______________________________

6. ______________________________

2 Für die Entbürokratisierung der Pflegedokumentation wurde das „Strukturmodell" entwickelt, das sowohl in der ambulanten als auch in der stationären Altenpflege angewandt werden kann. Dieses Modell ist wieder 4-schrittig und löst sich vom 6-Phasen-Modell, das sich an den ABEDLs® orientiert (siehe Aufgabe 1).

a) Zeigen Sie zum Vergleich zu Aufgabe 1 die Teilschritte des Strukturmodells auf.
b) Fallen die zwei zusätzlichen Teilschritte des 6-Phasen-Modells im Strukturmodell ersatzlos weg?

a) Der 4-phasige Pflegeprozess im Sinne des Strukturmodells

1. ______________________________

2. ______________________________

3. ______________________________

4. ______________________________

b) ______________________________

3 Pflegeeinrichtungen, die sich am Strukturmodell orientieren, erstellen als ersten Schritt die sogenannte Strukturierte Informationssammlung (SIS®). Sie besteht aus drei Kernelementen und erfasst den aktuellen Pflegebedarf. Erklären Sie kurz die Inhalte der drei Kernelemente.

SIS® – stationär –
Strukturierte Informationssammlung

Name der pflegebedürftigen Person	Geburtsdatum	Gespräch am/ Handzeichen Pflegeflachkraft	pflegebedürftige Person/Angehöriger/ Betreuer

Was bewegt Sie im Augenblilck? Was brauchen Sie? Was können wir für Sie tun?

Themenfeld 1 – kognitive und kommunikative Fähigkeiten

Themenfeld 2 – Mobilität und Beweglichkeit

Themenfeld 3 – krankheitsbezogene Anforderungen und Belastungen

Themenfeld 4 – Selbstversorgung

Themenfeld 5 – Leben in sozialen Beziehungen

Themenfeld 6 – Wohnen/Häuslichkeit

Erste fachliche Einschätzung der für die Pflege und Betreuung relevanten Risiken und Phänomene																					Sonstiges			
	Dekubitus				Sturz				Inkontinenz				Schmerz				Ernährung							
			weitere Einschätzung notwenig				weitere Einschätzung notwenig				weitere Einschätzung notwenig				weitere Einschätzung notwenig				weitere Einschätzung notwenig				weitere Einschätzung notwenig	
	ja	nein	ja	nein	ja	nein	ja	nein	ja	nein	ja	nein	ja	nein	ja	nein	ja	nein	ja	nein	ja	nein	ja	nein
1. kognitive und kommunikative Fähigkeiten	☐	☐	☐	☐	☐	☐	☐	☐	☐	☐	☐	☐	☐	☐	☐	☐	☐	☐	☐	☐	☐	☐	☐	☐
2. Mobilität und Beweglichkeit	☐	☐	☐	☐	☐	☐	☐	☐	☐	☐	☐	☐	☐	☐	☐	☐	☐	☐	☐	☐	☐	☐	☐	☐
3. krankheitsbezogene Anforderungen und Belastungen	☐	☐	☐	☐	☐	☐	☐	☐	☐	☐	☐	☐	☐	☐	☐	☐	☐	☐	☐	☐	☐	☐	☐	☐
4. Selbstversorgung	☐	☐	☐	☐	☐	☐	☐	☐	☐	☐	☐	☐	☐	☐	☐	☐	☐	☐	☐	☐	☐	☐	☐	☐
5. Leben in sozialen Beziehungen	☐	☐	☐	☐	☐	☐	☐	☐	☐	☐	☐	☐	☐	☐	☐	☐	☐	☐	☐	☐	☐	☐	☐	☐

1. ______________________

2. ______________________

3. ______________________

4 Pflegeeinrichtungen, die das 6-Phasen Modell als Arbeitsgrundlage nutzen, erstellen eine herkömmliche Informationssammlung unter Nutzung der in Aufgabe 2, Seite 26 abgebildeten Formulare. In der Informationssammlung werden Daten zur Einschätzung der Bewohnersituation zusammengetragen. Dabei unterscheidet man zwischen subjektiven und objektiven Daten. Erklären Sie den Unterschied der beiden Begriffe.

Subjektive Daten: ______________________________

____

____

Objektive Daten: ______________________________

____

5 Lesen Sie das Fallbeispiel und ordnen Sie die von Ihnen herausgefundenen Informationen in die Übersicht ein.

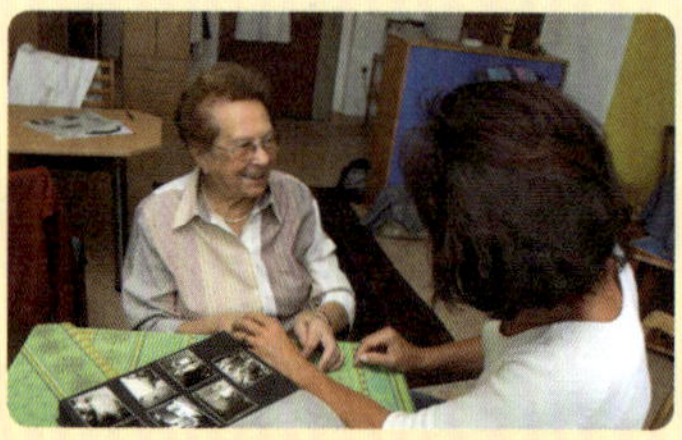

Frau Poerschke, 86 Jahre, kann sich nach einem komplizierten Oberschenkelhalsbruch nicht mehr allein im häuslichen Bereich versorgen. Das bedauert sie sehr, da sie bisher noch allein ihren Haushalt, ihren Garten und ihre Hühner versorgen konnte. Sie ist sehr traurig, da sie weiß, dass der Einzug in das Seniorenheim „Abendrot" eine endgültige Entscheidung ist. Zu ihrer Tochter Hannelore hat sie nach eigenen Angaben einen sehr guten Kontakt. Diese besuchte sie bisher zweimal in der Woche. Dann sprachen sie viel über die alte Heimat von Frau Poerschke. Gern sah sie sich mit ihrer Tochter die wenigen, bereits vergilbten Fotos an. Aus dem Überweisungsschreiben des Krankenhauses kann die Pflegefachkraft Frau Beyer, die das Aufnahmegespräch führt, des Weiteren entnehmen, dass Frau Poerschke erhöhte Blutdruckwerte von 150/90 mmHg hat und an einem Diabetes mellitus Typ II erkrankt ist. Dabei hat Frau Poerschke nach eigenem Bekunden so gern Kuchen und Süßspeisen gegessen. Diese Leckereien gönnt sie sich heute nur noch zu besonderen Anlässen.

Subjektive Daten	
Objektive Daten	

6 Welche Informationen benötigen Sie darüber hinaus, um biografieorientiert pflegen zu können? Tragen Sie sechs Angaben zusammen.

____

____

____

____

____

____

____

7 Tragen Sie die aktuellen Probleme im nachfolgenden Fallbeispiel zusammen. Versuchen Sie danach potenzielle Probleme abzuleiten.

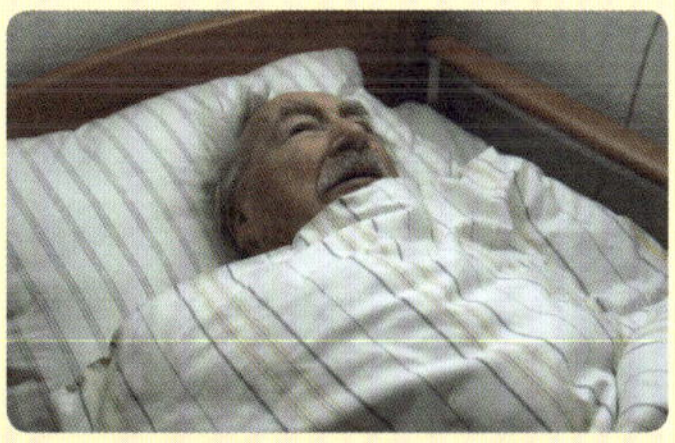

Herr Meier, 92 Jahre, lebt seit vier Jahren im Seniorenheim „Alpenrose". Er hat zu vielen Bewohnern einen guten Kontakt aufgebaut. Regelmäßig nimmt er an den wöchentlich stattfindenden Skatabenden teil. Dabei kann er seine bestehende Schwerhörigkeit mit einem Hörgerät ausgleichen. Seit einem Jahr nutzt Herr Meier für längere Strecken einen Rollator. Dadurch kann er wieder das Heim verlassen und dreimal in der Woche mit seinem Sohn im angrenzenden Park spazieren gehen. Vor zwei Wochen rutschte Herr Meier jedoch bei der Körperpflege auf dem nassen Boden des Bades aus. Der Arzt stellte eine Verstauchung und Bänderdehnung im linken Sprunggelenk fest. Die starken Schmerzen lassen Herrn Meier trotz der Schmerzmedikamente kaum zur Ruhe kommen. Schlaflosigkeit plagt ihn. Er ist oft launisch und ungehalten. Alle Versuche, Herrn Meier zum Aufstehen zu bewegen, scheitern. Er verschließt sich dem Pflegepersonal zunehmend, versteckt das Hörgerät und liegt vollkommen passiv im Bett.

Aktuelle Probleme	______________________________ ______________________________ ______________________________
Potenzielle Probleme	______________________________ ______________________________ ______________________________

8 Welche Ressourcen könnte man bei Herrn Meier versuchen zu nutzen?

____

____

____

____

____

____

9 Vervollständigen Sie den Lückentext zum Thema „Pflegediagnosen" unter Nutzung der vorgegebenen Begriffe.

Pflegediagnosen, ABEDLs, Pflegebedarf, Reaktion, Erkrankungen, Problemen, Gesundheitsprobleme

Anstelle von frei formulierten ____________ werden im zweiten Schritt des Pflegeprozesses immer häufiger ____________ verwendet. Sie beschreiben und beurteilen die ____________ eines Menschen auf aktuelle oder potenzielle ____________ oder Lebensprozesse, die Folgen der auftretenden Probleme in den ____________ und den daraus resultierenden ____________. Damit grenzen sie sich von den medizinischen Diagnosen ab, die sich grundsätzlich an den ____________ bzw. Gesundheitsstörungen selbst orientieren.

10 Bestimmend für die Formulierung und Entwicklung von Pflegediagnosen war die NANDA International. Wer oder was ist NANDA International (siehe www.nanda.org)?

- N = ______________________
- A = ______________________
- N = ______________________
- D = ______________________
- A = ______________________
- I = ______________________

NANDA International

11 Der Aufbau einer Pflegediagnose nach dem sogenannten PESR-Format (oder PÄSR-Format) besteht aus drei Bausteinen. Ergänzen Sie die fehlenden Begriffe in der Tabelle und geben Sie Beispiele für die Arten der Pflegediagnosen an.

Pflegediagnose ↓	P = ____________ Was hat der Bewohner? ↓	E = ____________ ____________ Ä = ____________ Warum hat der Bewohner das Problem? ↓	S = ____________ ____________ Wie äußert sich das Problem? ↓	R = ____________ Welche Fähigkeiten hat der Bewohner? ↓
Beispiel: ____________ = aktuelle Pflegediagnose	Bewohner trinkt zu wenig bei bestehendem Flüssigkeitsdefizit durch Diarrhoe.	Bewohner hat seit zwei Tagen Diarrhoe.	trockene Haut; trockene, belegte Zunge; erhöhte Harnkonzentration	Bewohner kennt die Bedeutung der Flüssigkeitsaufnahme zur Vermeidung eines Flüssigkeitsdefizits.
Aktuelle Pflegediagnose	Beispiel: ______________________			
Hochrisiko-Pflegediagnose	Beispiel: ______________________			
Syndrom-Pflegediagnose	Beispiel: ______________________			
Wellness-Pflegediagnose	Beispiel: ______________________			
Verdachts-Pflegediagnose	Beispiel: ______________________			

12 Ergänzen Sie den Lückentext zum Thema „Pflegeziele“, indem Sie die vorgegebenen Wörter sinnvoll einsetzen.

Ergebnis, konkret, Fernziele, Teilschritte, Zeitraum, erreichbar, Pflegeteams, Nahziele

Ein Ziel ist ein angestrebtes ______________, das der pflegebedürftige Mensch mit Unterstützung des ______________ in einem bestimmten ______________ erreichen soll. Eine Unterscheidung in Nah- und Fernziele ist möglich.
______________ beschreiben einzelne ______________ auf dem Weg zum Erreichen eines Fernziels. Langfristig orientierte Ziele bezeichnet man als ______________. Pflegeziele müssen ______________, überprüfbar und ______________ formuliert sein.

13 Nach der Festlegung von Pflegezielen können konkrete Pflegemaßnahmen zugeordnet werden. Finden Sie die passenden Kombinationen aus Zielen und Maßnahmen heraus und verbinden Sie diese durch Linien. Geben Sie anschließend die jeweils zugehörige ABEDL® an.

ABEDL®	Pflegeziel		Pflegemaßnahme
	Frau Meier fühlt sich verstanden		Aktivierungsangebote der Einrichtung aufzeigen und zur Teilnahme motivieren
	Frau Meier hat regelmäßigen Stuhlgang		In Gesprächen auch auf nonverbale Äußerungen achten
	Frau Meier fühlt sich sauber und wohl		Verwendung eines Rollators während der Mobilisation
	Frau Meier findet sinnvolle Beschäftigung in der für sie neuen Umgebung		Hilfestellung während der Körperpflege geben
	Frau Meier fühlt sich sicher bei der Mobilisation		Auf regelmäßige Flüssigkeitsaufnahme achten

14 Pflegemaßnahmen werden in Abhängigkeit von der Pflegebedürftigkeit ausgeführt. Geben Sie je zwei Beispiele für die einzelnen Abstufungen der Pflegeübernahme an. Nutzen Sie dabei Ihre Praxiserfahrungen.

Vollständige Übernahme der Pflegemaßnahmen	
Teilweise Übernahme der Pflegemaßnahmen	
Unterstützung bei der selbstständigen Durchführung von Handlungen	

15 Der folgende Text zum Thema Pflege- und Expertenstandards enthält sechs inhaltliche Fehler. Unterstreichen Sie die Textpassagen und korrigieren Sie diese im Unterrichtsgespräch.

Pflegestandards werden von Pflegeteams entwickelt und haben ihren Gültigkeitsbereich in der jeweiligen Pflegeeinrichtung. Einmal erarbeitet, behalten sie dauerhaft ihre Gültigkeit. Pflegestandards werden in vier Bereiche aufgeteilt: den Ergebnisbereich, den Anwendungsbereich, den Strukturbereich und den Prozessbereich. Die Anwendung von Pflegestandards fördert die Qualität der pflegerischen Arbeit, macht Pflege sichtbar und beurteilbar, hat aber den Nachteil, dass die Dokumentation deutlich an Umfang zunimmt. Expertenstandards werden von Pflegeexperten auf wissenschaftlicher Basis erarbeitet. Es sind Instrumente zur Qualitätsentwicklung und –sicherung auf internationaler Ebene. Beispiele sind u.a. die Expertenstandards für „Dekubitusprophylaxe", „Pneumonieprophylaxe" und „Sturzprophylaxe".

3 Dokumentation

1 Kreuzen Sie an, ob die Aussagen zur Dokumentation und Überprüfung der Pflegemaßnahmen richtig oder falsch sind. Falsche Aussagen korrigieren Sie im Unterrichtsgespräch.

	richtig	falsch
Alle Pflegemaßnahmen werden am Dienstende von der Wohnbereichsleiterin/dem Wohnbereichsleiter in den Dokumentationsunterlagen mit Handzeichen, Datum und Uhrzeit abgezeichnet.		
Die Ergebnisse (Wirkungen) werden im Pflegebericht dokumentiert.		
Stimmt das Pflegeergebnis nicht mit der Zielstellung überein, muss überlegt werden, bei welchem Schritt im Problemlösungsprozess eine Überarbeitung notwendig ist.		
Die Pflegedokumentation dient lediglich dem Pflegeteam als Arbeitsgrundlage. Weiteren Personen ist die Einsicht in diese Unterlagen untersagt.		
Durch die Pflegedokumentation werden alle Schritte des Pflegeprozesses nachvollziehbar und überprüfbar.		

2 Herkömmliche Dokumentationssysteme enthalten im Minimum fünf Formulare, auf denen alle für die Pflege notwendigen Eintragungen erfasst werden können. Geben Sie diese an.

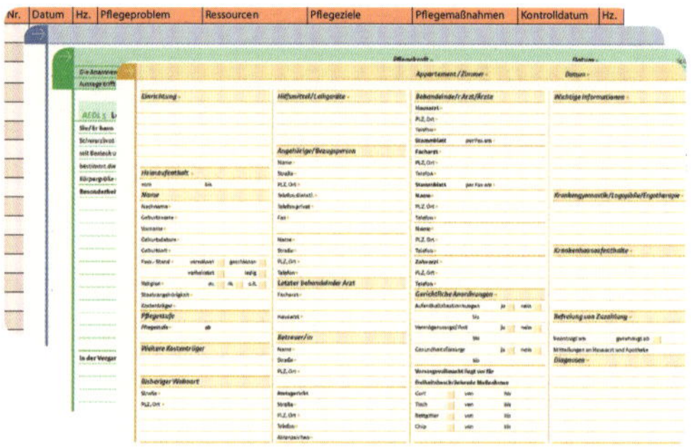

Nennen Sie weitere ergänzende Vordrucke.

3 Beantworten Sie die folgenden Fragen zur Pflegedokumentation.
Wie muss bei einer versehentlich falschen Dokumentation vorgegangen werden?

Welche Anforderungen werden an die schriftliche Dokumentation und an die Schreibutensilien, die zur Dokumentation genutzt werden gestellt?

In welchem Zeitrahmen muss die Dokumentation erfolgen?

4 Überleitungspflege und Case Management

1 Füllen Sie den Lückentext zum Thema „Überleitungspflege" mit den im Suchworträtsel (ä = ae; ü = ue → ↓ ↘) enthaltenen Begriffen sinngebend aus.

A	S	W	E	W	E	B	T	Z	Q	W	U	I	O	P	V	D	E
C	V	R	B	E	T	R	E	U	U	N	G	S	F	O	R	M	F
N	U	T	Z	I	E	E	R	R	S	A	X	Y	S	D	C	X	G
F	M	J	K	T	L	K	J	U	A	G	F	D	S	A	V	P	H
V	G	J	M	E	Z	E	E	R	T	T	D	D	X	D	V	F	J
U	E	B	E	R	G	A	N	G	L	M	U	O	P	I	Y	L	K
B	K	A	S	V	C	X	X	V	B	G	T	N	C	E	S	E	I
R	E	R	A	E	T	G	G	E	H	J	K	L	G	N	B	G	U
X	H	X	G	R	R	T	Z	T	I	R	S	E	A	S	F	E	Z
M	R	Y	E	S	Z	T	T	K	O	N	T	A	K	T	S	K	I
J	T	K	L	O	G	T	R	E	Y	X	B	A	E	E	I	A	O
Q	X	E	R	R	T	Z	U	I	R	E	X	R	Y	A	W	S	L
A	W	E	R	G	C	F	R	E	X	S	W	G	U	V	G	S	K
M	I	C	A	U	F	R	E	C	H	T	D	A	F	E	Y	E	K
X	C	D	E	N	N	F	R	W	A	S	C	D	E	E	C	N	M
P	F	L	E	G	E	Q	U	A	L	I	T	A	E	T	N	H	B
T	E	S	W	Q	A	X	C	V	B	H	J	U	Z	T	R	L	E

Die Überleitungspflege soll im Bedarfsfall die Betreuungs- und ______ ____________ des Betroffenen ____________ erhalten und Versorgungs____________ verhindern. Sie tritt beim ______ ____________ von der Krankenhausentlassung in eine andere ____________ wie ambulante ____________ oder stationäre Pflegeeinrichtungen (oder ____________, z.B. Pflegeheim - Krankenhaus) in Kraft. Die Aufgaben der Überleitungspflege bestehen u.a. in der Hilfestellung bei der ____________ der Betroffenen, in der ____________ der Angehörigen bei ____________aufnahme mit den ____________ und sonstigen Behörden oder in der Informationsweitergabe an den behandelnden ____________.

2 Ordnen Sie die Ziffern der vorgegebenen Begriffe folgerichtig ein, um so die Bedeutung der Überleitungspflege als Bindeglied in der professionellen Pflege ableiten zu können.

① Versorgung der festgestellten Fraktur, ② Planung der Entlassung, ③ Nachsorge und Qualitätskontrolle, ④ Überleitungspflege, ⑤ Aufnahme im Krankenhaus, ⑥ Rückverlegung in die Pflegeeinrichtung „Gartenblick"

Situationsdarstellung:
schwerer Sturz der Bewohnerin Frau Tornow im Park der Pflegeeinrichtung „Gartenblick".

3 Welche Aussagen zum Case Management sind korrekt? Kreuzen Sie an.

	Case Management ist ein internes Versorgungssystem einer Pflegeeinrichtung ohne Bezug zu anderen Berufsgruppen des geriatrischen Pflegeteams.
	Case Management ist eine auf den Einzelfall gerichtete Methode zur koordinierten Bearbeitung komplexer Fragestellungen im Gesundheitsbereich.
	Case Management orientiert sich als vernetztes, regionales Versorgungssystem über die Grenzen der Pflegeeinrichtung hinweg.

Lernfeld 1.3 Alte Menschen personen- und situationsbedingt pflegen

1 Grundlagen der Pflegepraxis

1.1 Aufbau eines Pflegebetts

Für einige Pflegebedürftige ist das Bett krankheitsbedingt zum Lebensmittelpunkt geworden. Um den individuellen Bedürfnissen in Bezug auf die Lagerung des Betroffenen nachkommen zu können, muss sich eine Pflegefachkraft mit dem Aufbau und der Funktion eines Pflegebetts auskennen.

1 Beschriften Sie die fehlenden Angaben zum Aufbau eines Pflegebetts.

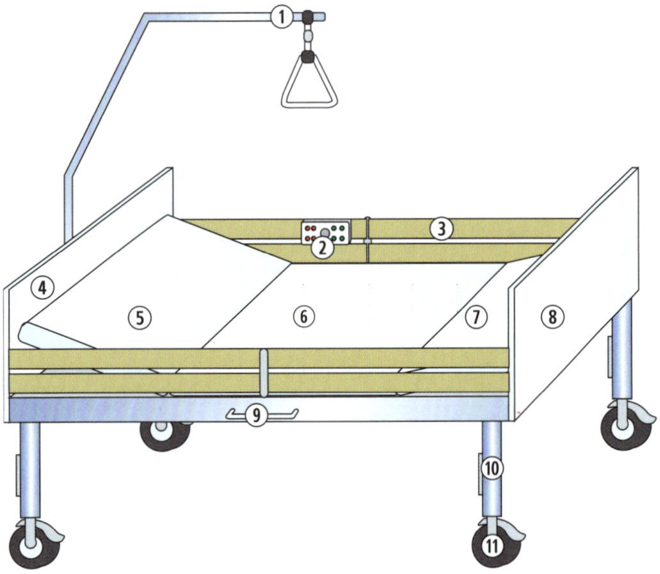

① ______

② ______

③ ______

④ ______

⑤ ______

⑥ ______

⑦ ______

⑧ ______

⑨ ______

⑩ ______

⑪ ______

2 Welche Funktionen lassen sich mit einem Pflegebett ausführen? Geben Sie mindestens vier Funktionen an.

______

______

______

3 Folgendes Zubehör gehört zur Ausstattung eines Pflegebetts. Lesen Sie die Umschreibung und notieren Sie anschließend die Zubehörteile.

Besteht meist aus Schaumstoff; gibt es in verschiedenen Härtegraden	______
Findet Anwendung bei Inkontinenz oder starkem Schwitzen	______
Müssen aus bis 95° waschbaren Synthetikmaterialien bestehen	______

4 Geben Sie drei Ziele an, die man mit dem Einsatz von Pflegebetten erreichen will.

______

______

______

1.2 Ausgestaltung eines Pflegezimmers

1 Gestalten Sie ein Pflegezimmer. Versuchen Sie dabei sowohl den pflegerischen Anforderungen, z. B. beim Betten, als auch dem Wohlfühl-Empfinden des Betroffenen gerecht zu werden.

2 Zeichnen Sie die von Ihnen aus der Liste ausgewählten Einrichtungsgegenstände im Maßstab 1:25* auf ein kariertes Blatt. Ordnen Sie die Gegenstände unter Angabe der Ziffern nach dem Ausschneiden in dem leeren Zimmer an. Stellen Sie Ihre Variante im Unterrichtsgespräch vor.

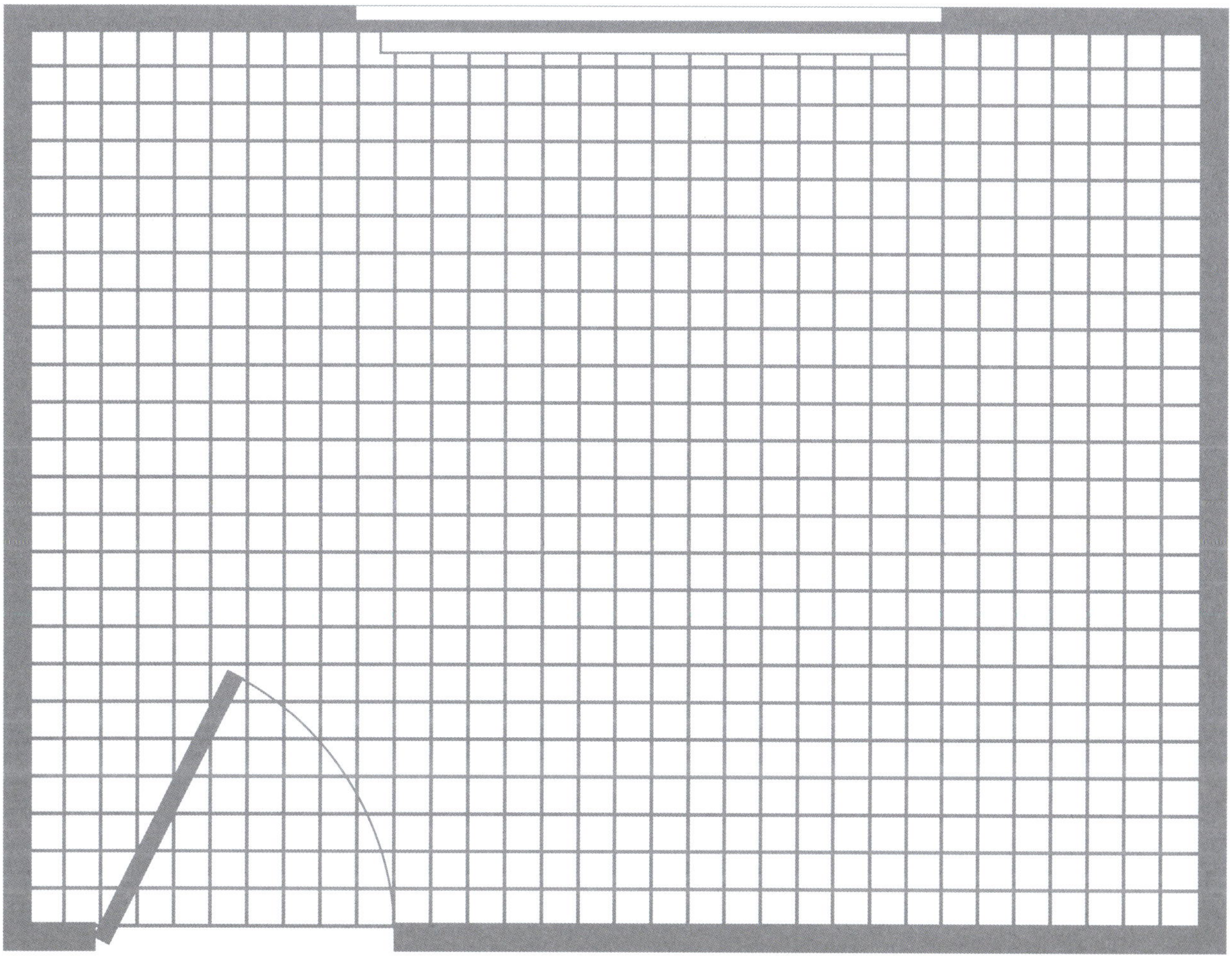

1 Schrank, 2 Gardinen, 3 Blumenbank, 4 Tisch, 5 Sessel, 6 Stuhl (Stühle), 7 Bett, 8 Nachttisch, 9 Regal, 10 Fernseher/Radio, 11 Lampe, 12 Bilder (oder Fotos der Familie), 13 Uhr oder Kalender

Ergänzen Sie ggf. weitere Gestaltungselemente:

____

____

3 Welche Farben würden Sie bei der Gestaltung des Pflegezimmers wählen? Begründen Sie Ihre Antwort.

____

____

____

* Maßstab 1 : 25 bedeutet, 1 cm auf Ihrem Blatt entspricht 25 cm in der Realität.

1.3 Das Betten

1 Frau Meier lädt gern Mitbewohnerinnen zu kleinen Plauderrunden zu sich ein. Sie bewohnt ein Einzelzimmer im Wohnbereich. Großen Wert legt sie auf eine gemütliche Atmosphäre. Dazu gehört für sie auch das tägliche Herrichten eines Tagesbetts.

Sie sind mit dieser Aufgabe beauftragt. Welche Arbeitsschritte sind notwendig? Bringen Sie die nachfolgenden Aussagen in die richtige Reihenfolge, indem Sie Zahlen in die Kästchen eintragen.

- Bei Verschmutzungen Lakenwechsel ☐
- Bettdecke ausschütteln und auf Verschmutzungen achten ☐
- Laken wieder straff und faltenfrei einspannen ☐
- Bett mit einer Tagesdecke abdecken ☐
- Lagerungshilfsmittel wieder im Bett positionieren ☐
- Nachbereitung der Materialien und abschließende Händedesinfektion ☐
- Bett in die von der Bewohnerin gewünschte Höhe bringen ☐

- Wäschewagen und Wäschesack bereitstellen ☐
- Bettdecke halbieren oder der Länge nach über das Bett legen ☐
- Dokumentation der Pflegemaßnahmen ☐
- Kopfteil flach stellen und Laken ausspannen ☐
- Lüften des Zimmers und Herausfahren des Wäschewagens ☐
- Kissen, Bettdecke, Lagerungshilfsmittel aus dem Bett entfernen ☐
- Kopfkissen aufschütteln und auf Verschmutzungen achten ☐
- Schmuckkissen, Nackenrolle, Plüschtiere etc. wieder hinlegen ☐
- Bett auf Arbeitshöhe einstellen ☐

2 Beim Herrichten des Bettes bei einem immobilen Bewohner ist abschließend oft ein Hochziehen des Bewohners notwendig. In den Abbildungen sind zwei mögliche Grifftechniken abgebildet. Worauf sollten Sie aber in jedem Fall achten?

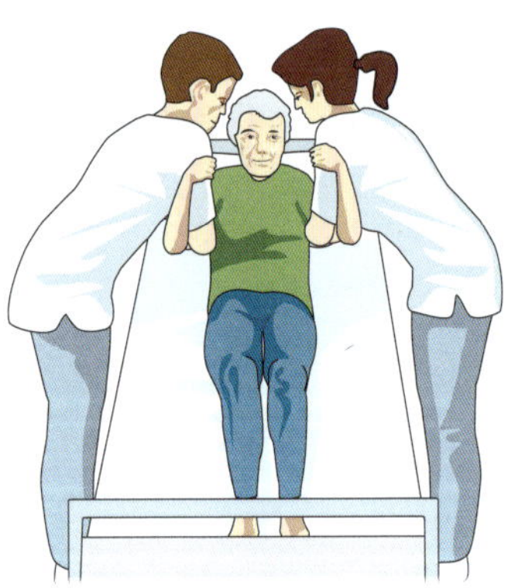

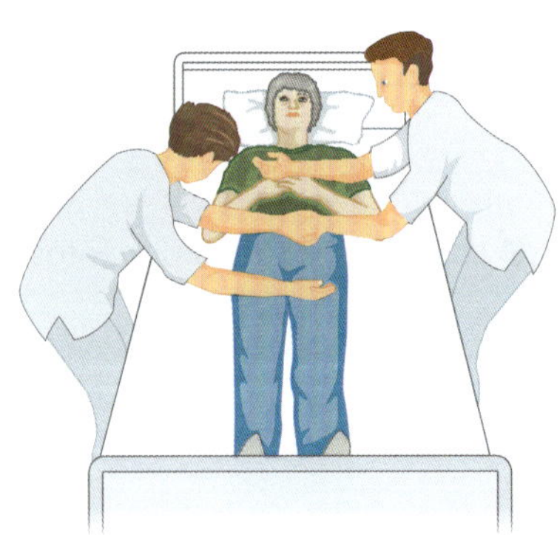

____

____

____

____

____

____

____

1.4 Körperpflege

1 Markieren Sie in dem Suchworträtsel 19 weitere Begriffe zum Thema „Körperpflege" (ö = oe; → ↓ ↘).

P	J	S	F	H	A	N	K	L	E	I	D	E	N	V	M
O	K	N	K	E	S	I	S	N	M	L	U	H	A	F	E
E	H	A	U	T	P	F	L	E	G	E	S	B	G	I	W
M	E	S	M	E	I	B	S	R	I	P	C	D	E	O	A
C	E	S	L	M	E	I	A	F	N	F	H	K	L	I	N
B	W	R	A	A	G	F	C	R	E	M	E	E	P	M	N
O	C	A	B	M	E	R	S	I	T	W	N	H	F	H	E
D	U	S	S	U	L	O	P	S	M	P	L	E	L	R	N
Y	A	U	S	C	B	G	R	U	B	N	F	E	E	U	L
L	U	R	R	E	H	I	M	R	L	X	E	L	G	K	I
O	W	V	B	N	I	L	E	A	K	M	F	E	E	Z	F
T	P	K	A	I	M	H	A	N	D	T	U	C	H	G	T
I	S	J	D	Z	A	H	N	P	A	S	T	A	B	L	E
O	E	L	E	A	F	D	E	P	P	I	U	T	W	A	R
N	O	I	N	T	I	M	P	F	L	E	G	E	X	G	I
I	N	W	A	X	L	P	I	E	D	V	N	A	P	O	L

2 Eine Bewohnerin Ihres Wohnbereichs muss nach einem Schlaganfall im Bett gewaschen werden. Um eine angenehme Atmosphäre und einen störungsfreien Ablauf zu ermöglichen, ist es sehr wichtig, alle Materialien vollständig vorzubereiten. Ergänzen Sie die Materialien, die Sie für eine Körperpflege im Bett benötigen.

Materialien für die Mundpflege: ______________________________

____

____

Materialien für die Ganzkörperwaschung: ______________________________

____

____

Materialien für die Haarpflege: ______________________________

____

3 Geben Sie die Reihenfolge der zu waschenden Körperpartien an. Beachten Sie dabei die Einhaltung der Hygienevorschriften.
(Da bei der Ganzkörperwaschung die spezifischen Pflegestandards der Einrichtungen und die individuellen Wünsche des zu Pflegenden zu berücksichtigen sind, können im praktischen Alltag Abweichungen auftreten.)

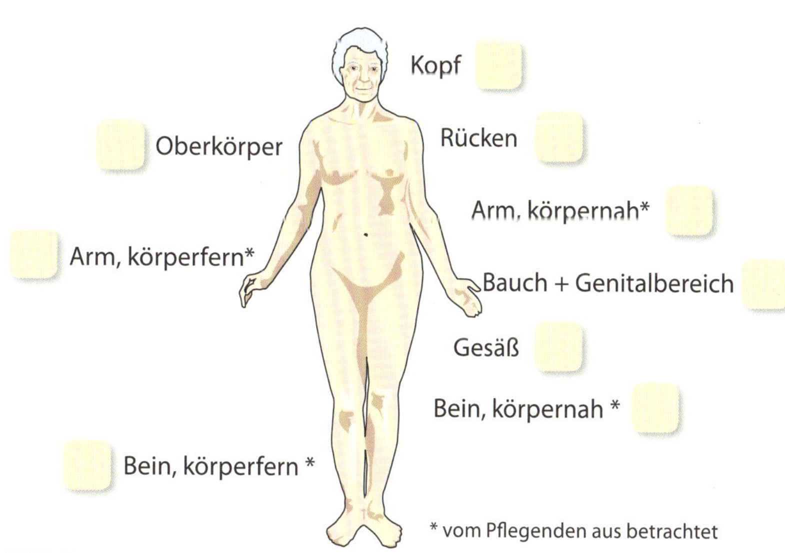

4 Entscheiden Sie, ob die nachfolgenden Aussagen richtig oder falsch sind, und korrigieren Sie gegebenenfalls. Unterstreichen Sie die entsprechenden Lösungsbuchstaben und tragen Sie diese zu einem Lösungswort zusammen.

Aussage	richtig	falsch	Korrektur
Die Fußnagelpflege gehört generell in den Aufgabenbereich der Pflegekräfte.	K	H	
Antithrombosestrümpfe sind vor dem Aufstehen anzuziehen.	Y	O	
Nach dem Auftragen von Rasierschaum sind die Barthaare gegen die Haarwuchsrichtung zu entfernen.	M	G	
Die Intimpflege wird vom Anus zur Harnröhre hin ausgeführt.	R	I	
Bei Zahnlosigkeit können vorgefertigte Mundpflegesticks verwendet werden.	E	A	
Die Wassertemperatur beim Duschen und Baden sollte ca. 39°C betragen.	U	N	
Der Waschzusatz sollte pH-neutral sein.	E	P	

Lösung: _ _ _ _ _ _ _

5 Bei wahrnehmungsbeeinträchtigten Bewohnern, z. B. nach einem Apoplex, versucht man, mit der belebenden oder beruhigenden Teil- oder Ganzkörperwaschung, als einer Form der Basalen Stimulation, positive Erlebnisse in Bezug auf das eigene Körpergefühl zu erzielen. Tragen Sie die wesentlichen Unterschiede der beiden Arten mithilfe der vorgegebenen Kriterien zusammen.

	Belebende Waschung	Beruhigende Waschung
Wassertemperatur		
Waschrichtung		
Waschutensilien (Lappen, Handtuch)		
Zusätze im Wasser (falls angewendet)		

6 Die gezielte Auswahl von Badezusätzen kann die Wirkung der Körperpflege beeinflussen. Bestimmen Sie die Kräuter und geben Sie jeweils an, ob sie eine belebende oder beruhigende Wirkung haben.

7 Nun wird es richtig schwierig ☺. Kennen Sie sich mit diesen pflanzlichen Badezusätzen aus? Bestimmen Sie die Pflanzen und ihre Wirkung auf den Körper. Kreuzen Sie jeweils die richtige Antwort an.

	Blaubeeren
	Wacholder
	muskellockernd
	herzstärkend

	Eucalyptus
	Salbei
	gegen Blähungen
	schleimlösend

	Ackerschachtelhalm
	Zinnkraut
	entzündungshemmend
	juckreizstillend

1.5 Prophylaktische Maßnahmen

1 Ergänzen Sie die Übersicht über die prophylaktischen Maßnahmen, indem Sie entweder den Begriff oder die Begriffserläuterung eintragen.

Prophylaxe		Begriffserläuterung
		Maßnahmen zur Vermeidung eines Druckgeschwürs
Pneumonieprophylaxe		
		Maßnahmen zur Vermeidung einer Aspiration
		Maßnahmen zur Verhütung einer Thrombose
		Maßnahmen zur Vermeidung von Stürzen
Intertrigoprophylaxe		
Parotitis-, Stomatitis- und Soorprophylaxe	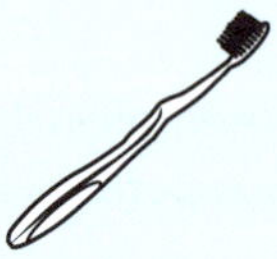	
Zystitisprophylaxe	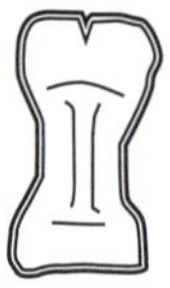	
		Maßnahmen zur Verhütung einer Stuhlverstopfung
Kontrakturenprophylaxe	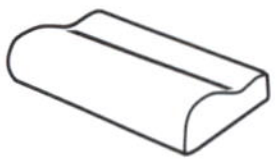	
Exsikkoseprophylaxe		

2 Setzen Sie die Wörter aus dem Kasten sinnvoll in den Lückentext ein.

Druckentlastung, Durchblutungsstörungen, 1. Grades, Lagern, Wundliegegeschwür, Hautpflege, Fingertest, Umlagerung, Weichlagerung, Unterhautfettgewebe, Mobilisieren

Ein Dekubitus ist ein Druck- oder ______________. Besonders gefährdet sind Hautareale mit wenig ______________ und Knochenvorsprünge. Der sogenannte „______________“ gibt Aufschluss über bestehende ______________, die auf einen Dekubitus ______________ hinweisen.
Die wichtigsten Maßnahmen dieser Prophylaxe umfassen das ______________, das ______________, den Hilfsmitteleinsatz und die sorgfältige ______________. Bei der Lagerung wird zwischen der Freilagerung, der ______________, der Hohllagerung und der ______________ unterschieden. Oberstes Ziel der Dekubitusprophylaxe ist das Erreichen einer ______________ in den gefährdeten Bereichen.

3 Beurteilen Sie die Aussagen zu den Risikofaktoren für einen Dekubitus nach ihrem Wahrheitsgehalt. Markieren Sie die entsprechenden Lösungsbuchstaben. Korrekt zusammengesetzt ergeben sie den Hauptrisikofaktor bei der Entstehung eines Dekubitus.

	richtig	falsch
Neuropathien und Angiopathien im Rahmen eines Diabetes mellitus erhöhen das Risiko erheblich.	U	E
Ein Vitamin-D-Mangel begünstigt die Entstehung eines Druckgeschwürs.	B	C
Im Gegensatz zu Reibungskräften, spielen Scherkräfte eine untergeordnete Rolle bei der Entwicklung eines Dekubitus.	R	D
Übertriebene Körperhygiene kann zu Schädigungen der Haut führen und damit nachfolgend die Ausbildung eines Dekubitus begünstigen.	K	T
Falsche Hebe- und Lagerungstechniken können der Entstehung eines Dekubitus Vorschub leisten.	R	O

Lösung: _ _ _ _ _

4 Markieren Sie in der Abbildung die dekubitusgefährdeten Körperstellen.

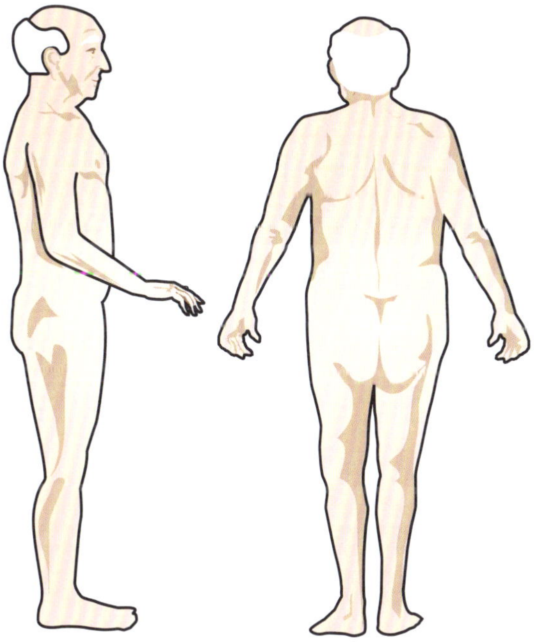

5 Was versteht man unter „Mazeration“? Bei welchen Prophylaxen spielt dieser Faktor eine Rolle?

Mazeration: ______________________________

Relevante Prophylaxen: ______________________________

6 Die Lungenentzündung ist laut WHO (World Health Organisation = Weltgesundheitsorganisation) die häufigste zum Tode führende Infektionskrankheit in Westeuropa. Deshalb müssen die Maßnahmen der Pneumonieprophylaxe bei gefährdeten Personen konsequent angewendet werden.
Ordnen Sie den Zielen der Pneumonieprophylaxe die entsprechenden Maßnahmen zu, indem Sie Verbindungslinien ziehen.

Ziele	Maßnahmen
Verbesserung bzw. Förderung der Lungenbelüftung	atemunterstützende Lagerungen
	Oberkörperhochlagerung
	ausreichende Flüssigkeitszufuhr
Verhinderung von Sekretansammlungen	gründliche Mundpflege
	Unterstützung beim Abhusten
	Lüften des Zimmers
Verhinderung der Keimverschleppung	Nahrungsreste nach der Mahlzeit aus dem Mundraum entfernen
	Absaugen im Mund- und Rachenbereich
Vermeidung einer Aspiration	atemstimulierende Einreibung
	Atemübungen

7 Geben Sie Risikofaktoren bzw. Ursachen für die Entstehung einer Lungenentzündung an.

____

____

____

____

8 Geben Sie fünf Schwerpunkte der Kontrakturenprophylaxe an.

____

____

____

____

____

9 Erklären Sie Unterschiede der folgenden Bewegungsübungen (= B.) zum Vermeiden einer Kontraktur.

Passive B. - ______

Aktive B. - ______

Isotonische B. - ______

Isometrische B. - ______

10 Beantworten Sie die Fragen zum korrekten Anlegen eines Pütter-Verbands.

Wie viele Binden benötigt man für einen Pütter-Verband am Unterschenkel? Welche Art von Binden werden verwendet?

______

Wo beginnt man mit dem Verband?

______

Wie muss die Binde in der Hand gehalten werden?

______

Wird der Verband unter Zug angelegt? Begründen Sie Ihre Antwort.

______

______

Wie ist das Bein während des Verbandes zu lagern?

______

11 Finden Sie im nachfolgenden Fallbeispiel die Risikofaktoren, die Frau Meier in Bezug auf eine Thrombose hat und tragen Sie diese unten ein.

Frau Meier ist 76 Jahre alt und lebt seit zwei Jahren im Pflegeheim „Regenbogen". Sie trägt Kompressionsstrümpfe wegen ihrer seit Jahren bestehenden Krampfadern. Anfangs war sie täglich mit dem Rollator im Wohnbereich unterwegs. Seit einer Unterschenkelfraktur vor einem halben Jahr ist sie kaum noch zu motivieren, das Bett zu verlassen. Eine Ausnahme macht sie nur, wenn sie ihrem „geliebten Laster", dem Rauchen, nachkommen möchte.

______

______

12 Tragen Sie die unterschiedlichen Merkmale von MT-Strümpfen und Kompressionsstrümpfen zusammen. Nutzen Sie die Vorgaben im Kasten.

mobilen, nachts ausziehen, geringer Kompressionsdruck (= Ruhedruck), 24 Stunden, weiß, immobilen, hoher Kompressionsdruck (= Arbeitsdruck), braun

Kriterien	MT-Strümpfe	Kompressionsstrümpfe
Höhe des Kompressionsdrucks		
Tragedauer pro Tag		
Farbe der Strümpfe		
Anwendung bei … Bewohnern		

13 Interpretieren Sie die Abbildung zum Thema „Obstipationsprophylaxe". Ergänzen Sie weitere Maßnahmen dieser Prophylaxe.

Im Bild erkennbare Maßnahmen:

____

____

____

Weitere Maßnahmen:

____

____

14 Lösen Sie das Kreuzworträtsel. Die markierten Felder ergeben in der richtigen Reihenfolge einen wichtigen Aspekt in der Pflege (bei Umlauten: Ä=AE, Ü=UE, Ö=OE).

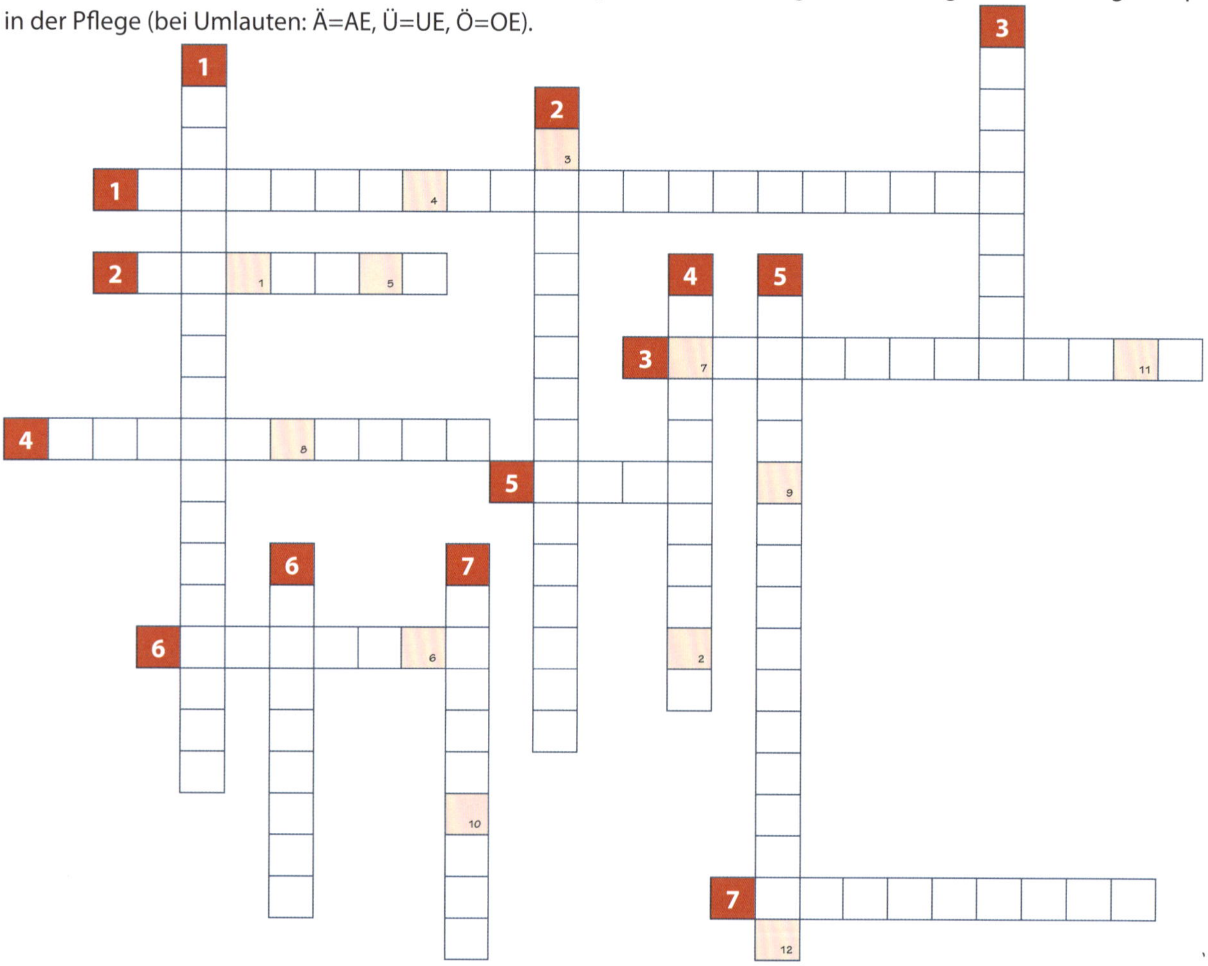

Waagerecht	Senkrecht
1 Ursache für eine Exsikkose	1 Die Kost bei einer Obstipation sollte … sein
2 Inhalationszusatz	2 Häufige Ursache einer Thrombose
3 Erste Maßnahme der Sturzprophylaxe ist das Erfassen des ...	3 Entzündung der Harnblase
4 Bleibende Bewegungseinschränkung	4 Begriff für das Eindringen von flüssigen oder festen Stoffen in die Atemwege
5 Pilzinfektion im Bereich der Mundschleimhaut	5 Schutzpolster zur Vermeidung von Schenkelhalsfrakturen
6 Komplikation einer Thrombose	6 Maßnahme zur Verringerung der Sekretansammlung
7 Stehende Hautfalten – typisches Zeichen einer …	7 Fachbegriff für ein Druckgeschwür

Lösung: _ _ _ _ _ _ _ _ _ _ _ _

1.6 Mobilisation und Transfer

1 Kreuzen Sie an, ob die Aussagen zur Mobilisation richtig oder falsch sind.

	richtig	falsch
Die Mobilisation verfolgt das Ziel, dass der Betroffene in seiner Selbstständigkeit und Unabhängigkeit im Rahmen seiner Ressourcen gefördert wird.		
Die Planung der Mobilisationsmaßnahmen übernehmen die Pflegekräfte in Absprache mit den Angehörigen.		
Bewegungsübungen dürfen einmal wöchentlich auch über die Belastungsgrenze gehen, damit eine Steigerung der Mobilisationsmaßnahmen möglich ist		
Jeder Pflegebedürftige erhält einen individuell ausgearbeiteten Mobilisationsplan.		
Erkrankungen wie Thrombose oder Pneumonie können durch Mobilisationsmaßnahmen kaum verhindert werden.		
Aufgaben aus der Selbstpflege wie Ankleiden oder Körperpflege gehören nicht zu den Mobilisationsmaßnahmen.		
Bei ersten Gehübungen müssen die Vitalwerte überprüft werden.		

2 Beschriften Sie die Abbildung zum Aufbau eines Rollstuhls. Nutzen Sie dabei die vorgegebenen Begriffe.

Antriebsrad, Fußstütze, Sitzfläche, Schiebegriff, Rückenlehne, Greifreifen, Bremse, Armlehne, Fersenband, Beinstütze, Schwenklenkrad

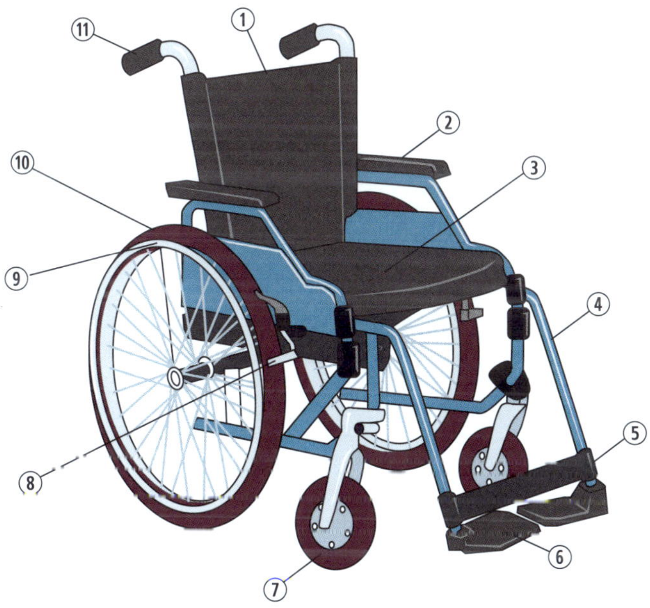

① ______________________

② ______________________

③ ______________________

④ ______________________

⑤ ______________________

⑥ ______________________

⑦ ______________________

⑧ ______________________

⑨ ______________________

⑩ ______________________

⑪ ______________________

3 Der Begriff Kinästhetik ist ein Kunstwort und besteht aus den Begriffen „kinesis" (Bewegung) und „aesthesie" (Wahrnehmung). Nutzen Sie diese Hilfestellung, um eine Definition für den Begriff Kinästhetik abzuleiten.

____

____

____

4 Vervollständigen Sie den Lückentext unter Nutzung der im Kasten vorgegebenen Wörter bzw. Wortgruppen.

Ressourcen, Eigenbeweglichkeit, schrittweise, geringeren Kraftaufwand, chronischen Rückenschmerzen, Aufstehen, Rollstuhl, hohen Kraftaufwand

Bei zahlreichen Tätigkeiten im Pflegealltag, z. B. beim ______________ oder beim Transfer eines Bewohners in den ____________, beklagen viele Pflegekräfte den ______________________. Einige von ihnen leiden bereits nach wenigen Jahren an ______________________________.
Die kinästhetische Mobilisation macht es möglich, durch gezielte, ______________ interaktive Bewegungsabläufe, Erleichterung und ____________________________ für Pflegende und Betroffene zu erzielen. ______________ und die noch vorhandene ______________________ des Pflegebedürftigen werden optimal genutzt.

5 Die Kinästhetik beschreibt mithilfe ihrer Konzepte menschliche Bewegung aus sechs verschiedenen Blickwinkeln. Tragen Sie die sechs Konzepte in die Abbildung ein.

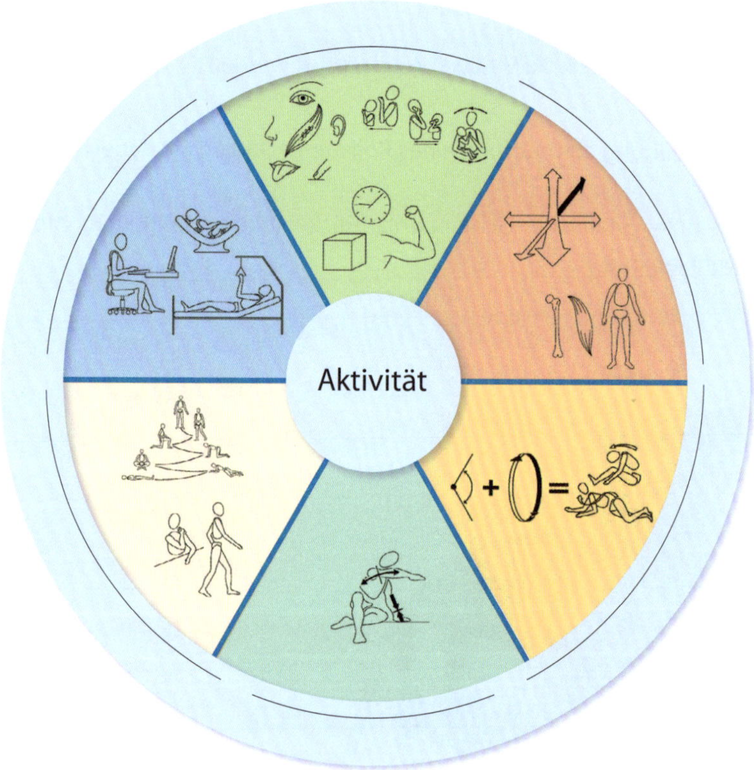

6 In der Kinästhetik wird der menschliche Bewegungsapparat in Massen (Stabilität) und Zwischenräume (Beweglichkeit) eingeteilt. Ordnen Sie die Strukturen korrekt zu.

Der Körper wird unterteilt in	sieben Massen	sechs Zwischenräume
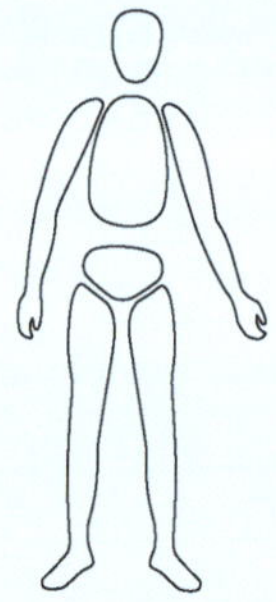		

1.7 Lagerungsarten und Lagerungshilfsmittel

1 Geben Sie die Fachbegriffe und jeweils mindestens ein Anwendungsbeispiel für die dargestellten Lagerungsarten an.

Lagerungsarten	Anwendungsbeispiele
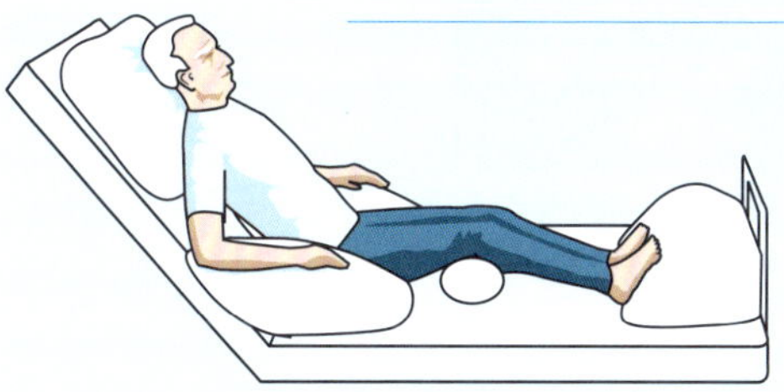	
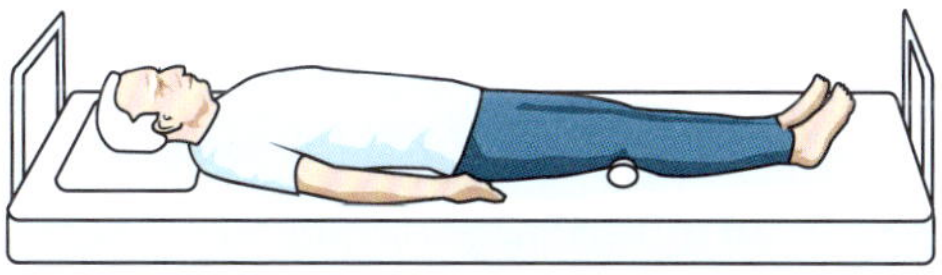	
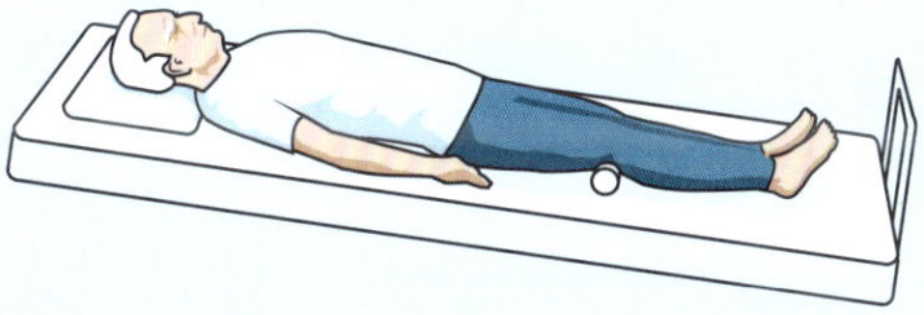	
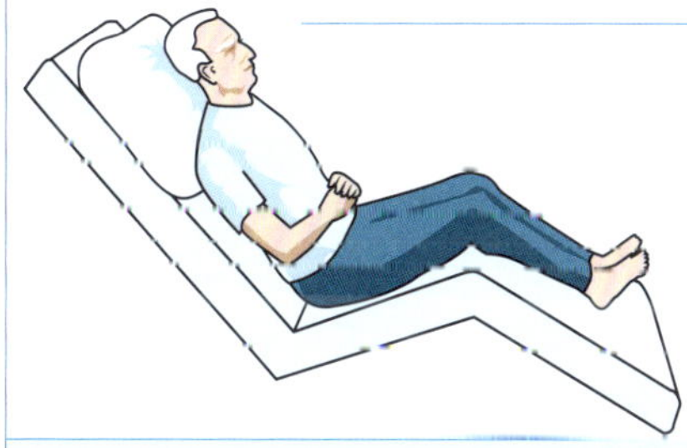	
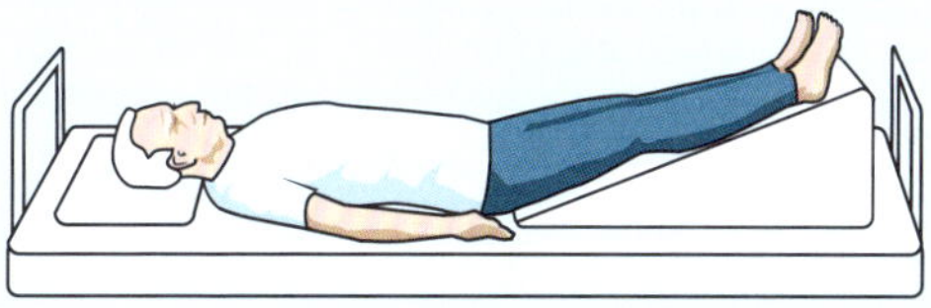	

2 Welche Lagerungshilfsmittel sind auf den Fotos abgebildet? Vervollständigen Sie die Abbildungen durch Ergänzen der Begriffe und nutzen Sie diese anschließend im Lückentext.

____

____

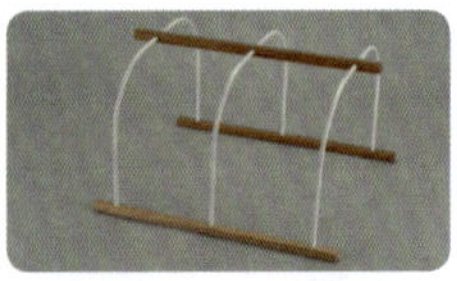
____

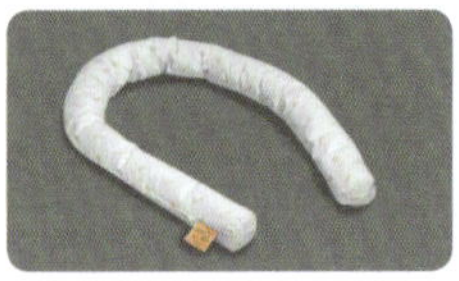
____

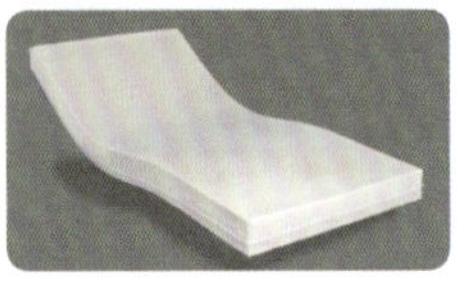
____

Der ______________ wird genutzt, um den Druck der Bettdecke auf die Füße zu minimieren. Bei Venenerkrankungen kann ein __________ aus Schaumstoff Anwendung finden. Körperregionen wie Bauchdecke oder Halswirbelsäule können durch eine __________ entlastet werden. Um gezielt eine Weich-, Frei- oder Hohllagerung vornehmen zu können, benötigt man __________. ______________ mit Wechseldrucksystemen dienen der Entlastung dekubitusgefährdeter Körperregionen bei immobilen Pflegebedürftigen.

3 Benennen Sie die auf den Abbildungen erkennbaren sechs atemunterstützenden Lagerungen.

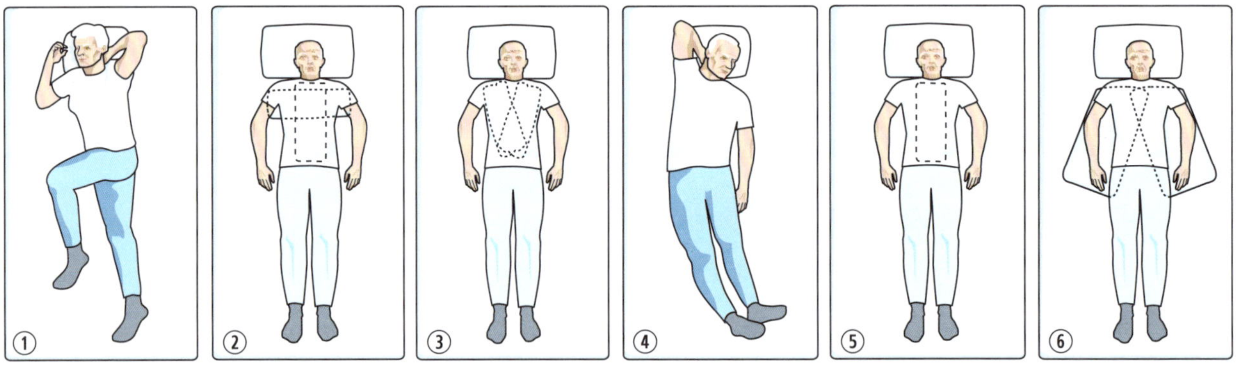

① ______________________________ ④ ______________________________

② ______________________________ ⑤ ______________________________

③ ______________________________ ⑥ ______________________________

Welche dieser Lagerungen ist für den Betroffenen sehr anstrengend und daher nur kurzzeitig einzusetzen?

____

Für welche Prophylaxe sind diese Lagerungen relevant?

____

1.8 Orthopädietechnische Hilfsmittel

1 Zu den orthopädietechnischen Hilfsmitteln gehören u.a. Prothesen, Orthesen und Epithesen. Erklären Sie die drei Begriffe und geben Sie jeweils zwei Beispiele an.

Prothesen: ____________________

____

Beispiele: ____________________

Orthesen: ____________________

____

Beispiele: ____________________

Epithesen: ____________________

____

Beispiele: ____________________

2 Finden Sie drei inhaltliche Fehler zum korrekten Anlegen einer Unterschenkelprothese heraus, unterstreichen Sie diese und korrigieren Sie anschließend.

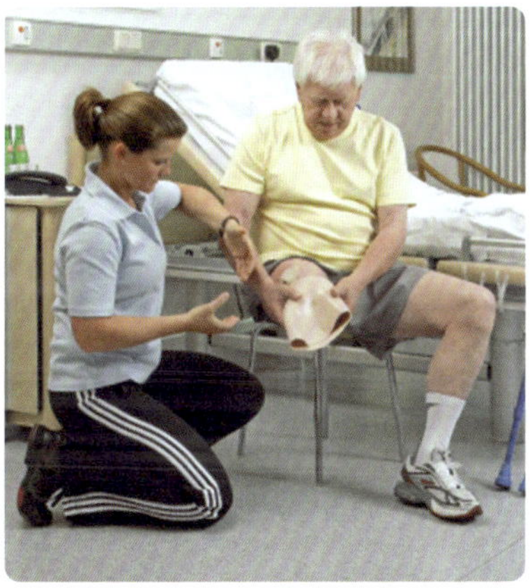

Prothesen, die mithilfe eines Silikon-Liners getragen werden, bedürfen eines Schutzstrumpfes aus stabiler Baumwolle. Mit einer speziellen Anziehhilfe schlüpft der Betroffene in den Liner, bis er allseitig guten Kontakt spürt. Anschließend wird der so vorbereitete Stumpf in den Prothesenschaft eingeführt, bis der Pin des Liners einrastet. Zum Ablegen benötigt der Betroffene einen Spezialschlüssel, der die Arretierung wieder löst.

Korrektur: ____________________

____

____

3 Benennen Sie die abgebildeten Geh- und Fortbewegungshilfen.

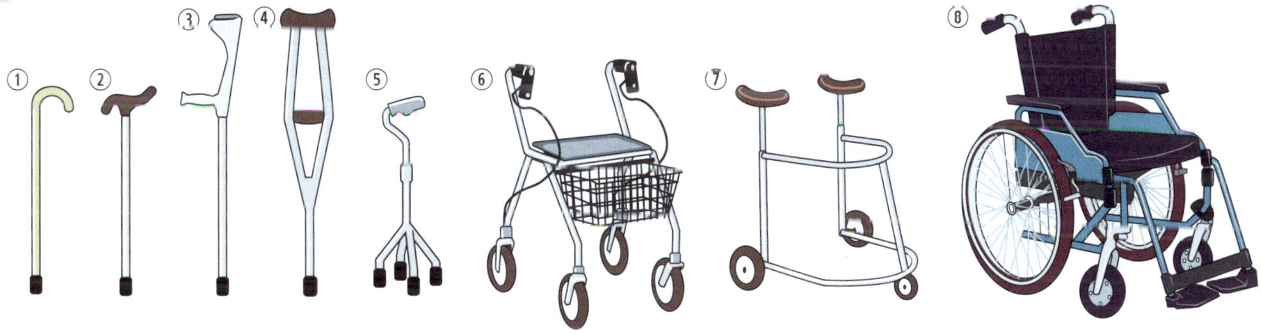

____

____

____

2 Grundlagen der allgemeinen Anatomie

2.1 Orientierung am menschlichen Körper

1 Ordnen Sie die Fachbegriffe zur Gliederung des menschlichen Körpers richtig zu.

Thorax, Collum, Pelvis, Caput, Abdomen, Truncus, Dorsum

Körper
- Stamm
  - Kopf ______
  - Hals ______
  - Rumpf ______
    - Rücken ______
    - Brustkorb ______
    - Bauch ______
    - Becken ______
- Extremitäten

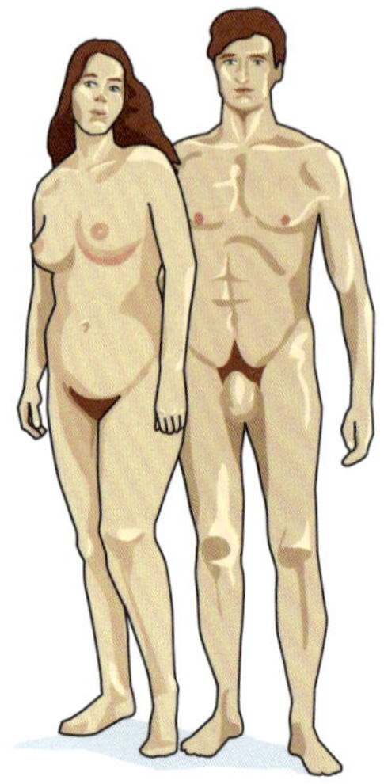

2 Um eine sprachlich korrekte und umfassende Pflegedokumentation führen zu können, muss jede Pflegefachkraft die notwendigen Begriffe für die Lage- und Richtungsbezeichnungen kennen. Vervollständigen Sie in diesem Zusammenhang die Abbildung unter Verwendung der vorgegebenen Begriffe. Schreiben Sie die deutsche Bedeutung jeweils in Klammern dahinter.

distal, lateral 2x, dexter, caudal, sinister, dorsal, anterior, medial, cranial, posterior, ventral, proximal, frontal

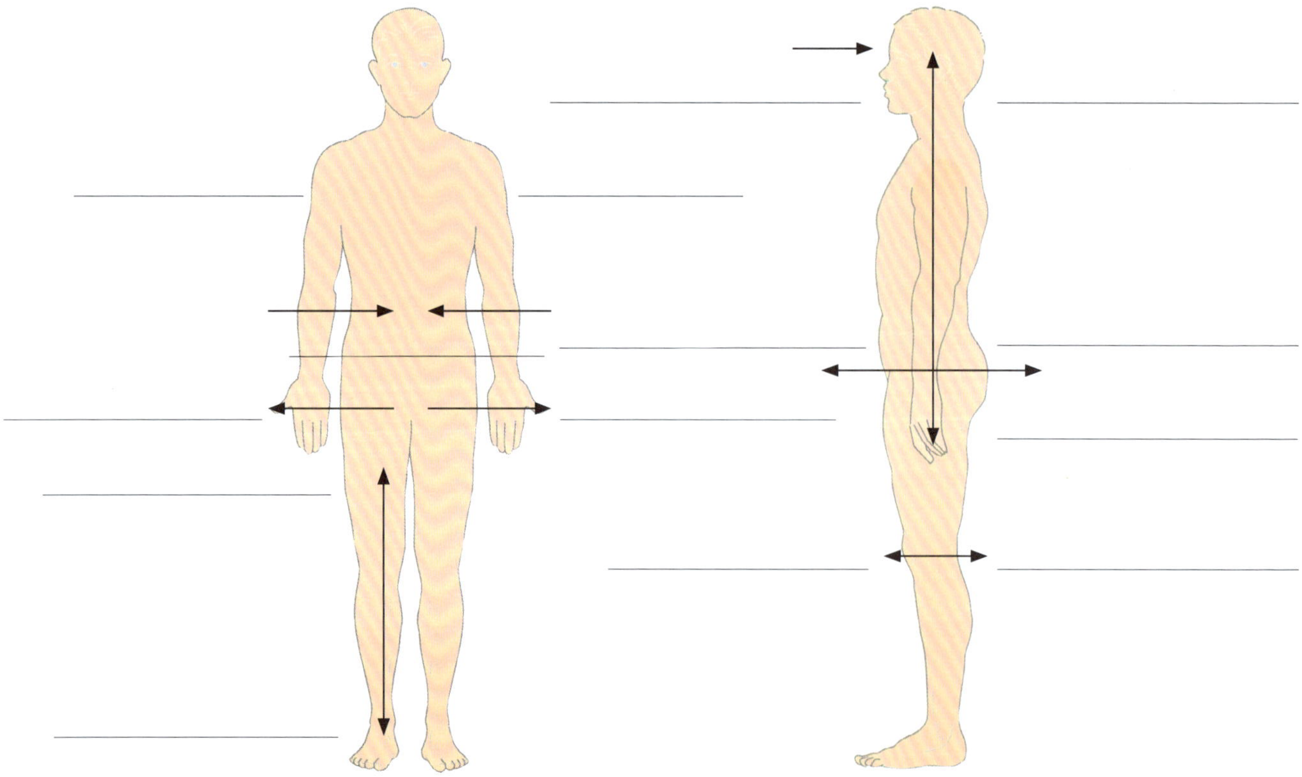

2.2 Von der Zelle zum Organismus

1 Die Zelle ist die kleinste Bau- und Funktionseinheit des Organismus. Kennzeichnen Sie die Strukturen entsprechend den Angaben farbig und geben Sie anschließend die Ziffern an.

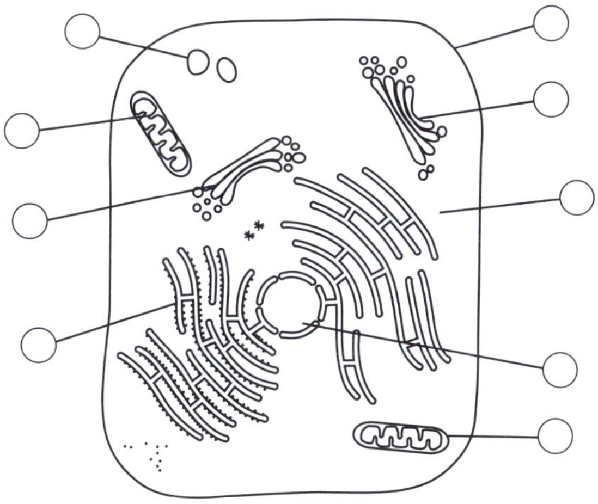

① Zellkern (rot)

② Zellmembran (blau)

③ Zellplasma (gelb)

④ Mitochondrien (braun)

⑤ endoplasmatisches Retikulum (orange)

⑥ Golgi- Apparat (lila)

⑦ Lysosomen (grün)

2 Zellen besitzen Fähigkeiten, die man auch als die Kennzeichen des Lebens bezeichnet. Tragen Sie diese zusammen.

____

____

3 Benennen Sie die in der Zeichnung abgebildeten Zelltypen.

Muskelzelle, Nervenzelle, Knochenzelle, Blutzellen, Samenzelle, Drüsenzelle, Eizelle, Epithelzelle

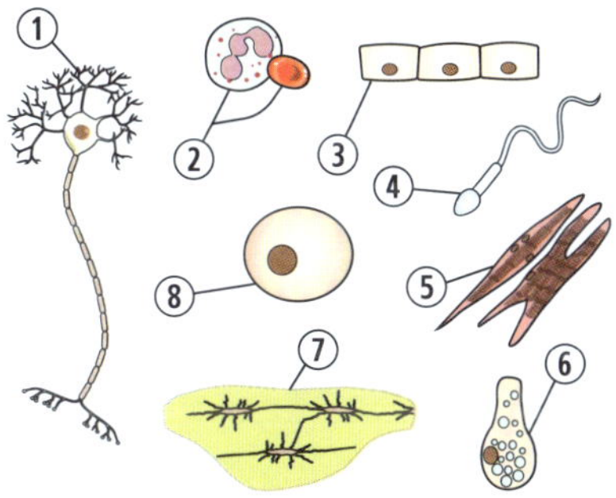

① ____________ ⑤ ____________

② ____________ ⑥ ____________

③ ____________ ⑦ ____________

④ ____________ ⑧ ____________

4 Fügen Sie die fehlenden Organisationseinheiten zwischen der Zelle und dem komplexen Organismus ein.

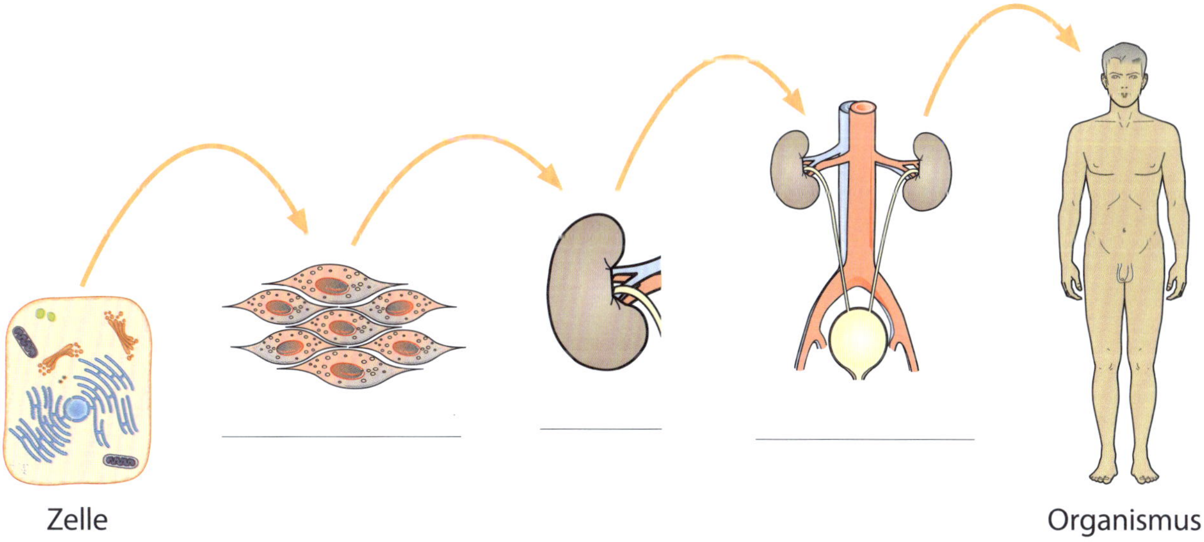

5 Ein Gewebe ist ein Zusammenschluss von Zellen, die sich auf spezifische Funktionen spezialisiert haben. Ordnen Sie den Gewebearten die Funktionen zu.

A Epithelgewebe, z. B. mehrschichtiges Plattenepithel	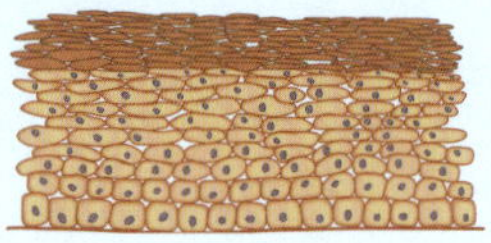	Aufnahme, Weiterleitung und Verarbeitung von elektrischen Impulsen
B Binde- und Stützgewebe, z. B. Knochengewebe	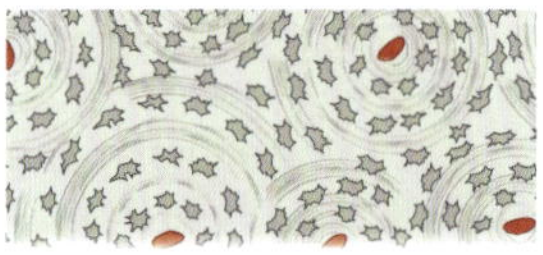	Fähigkeit der Bewegung (durch Kontraktionen)
C Muskelgewebe, z. B. Skelettmuskulatur	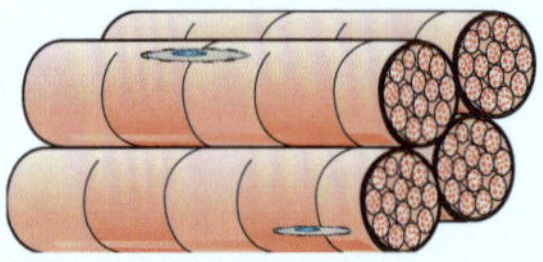	Schutz der Haut, Produktion von Sekreten, Fähigkeit der Resorption, Sinnesorgan
D Nervengewebe		Umhüllung und Verbindung der Organe, Gerüstsubstanz, Speicher und Schutz

6 Ein Organ, z. B. die Niere, ist der Zusammenschluss mehrerer Gewebe zu einer geschlossenen Einheit mit spezifischen Funktionen. Sind mehrere Organe für einen ganzen Aufgabenbereich zuständig, spricht man von einem Organsystem. Benennen Sie die abgebildeten Organsysteme.

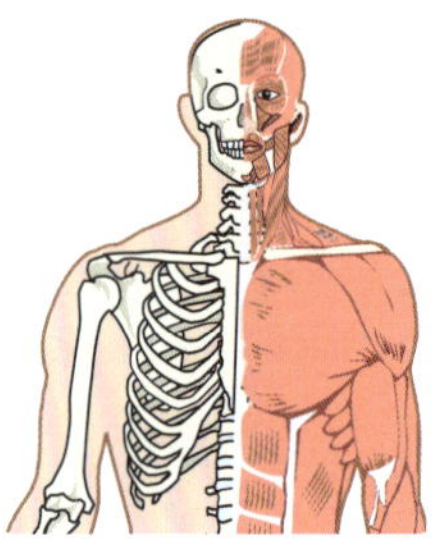

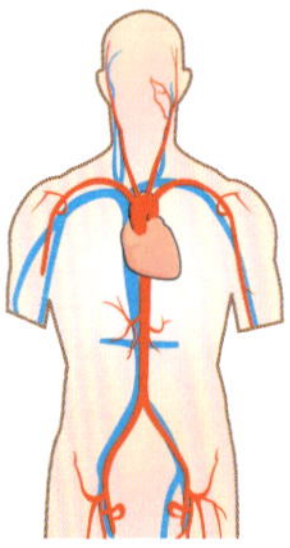

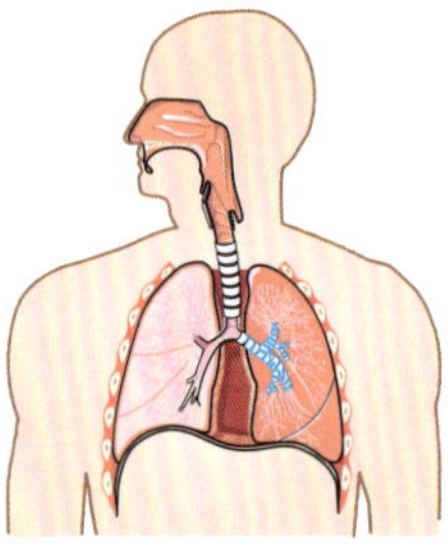

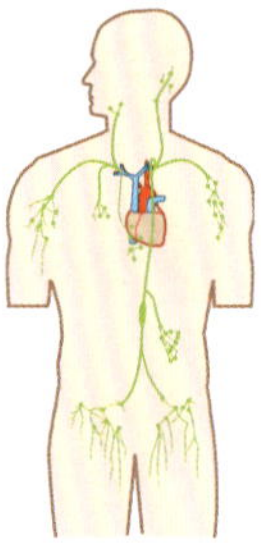

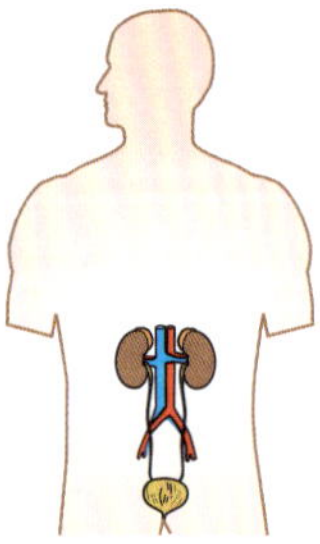

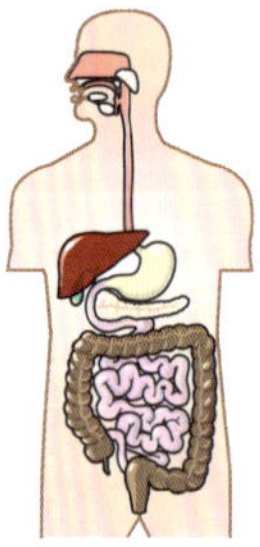

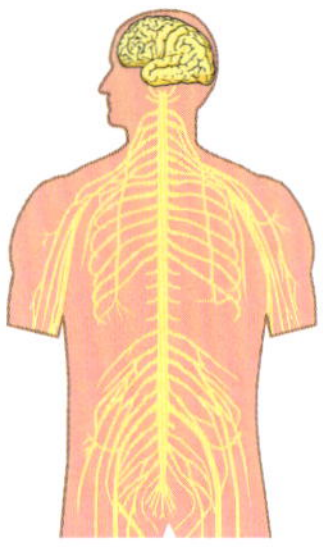

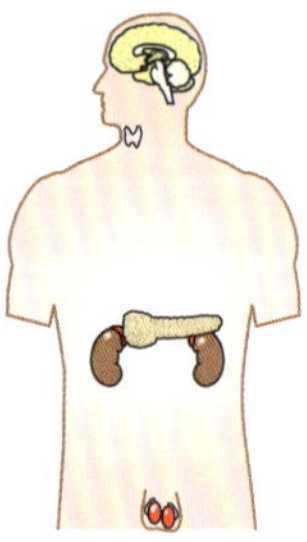

3 Grundlagen der allgemeinen Krankheitslehre

3.1 Krankheitsursachen

1 Ordnen Sie die im Kasten aufgeführten Krankheitsursachen in die Übersicht ein.

Laugen, Mobbing, Rauchen, Pilze, Zellentartung, Säuren, Suchtmittelmissbrauch, Quetschung, Bakterien, Genveränderungen, Arbeitslosigkeit, Hitze, Alkoholmissbrauch, Parasiten, Viren, Disposition, Stress, Konstitution, Isolation, Fehlernährung

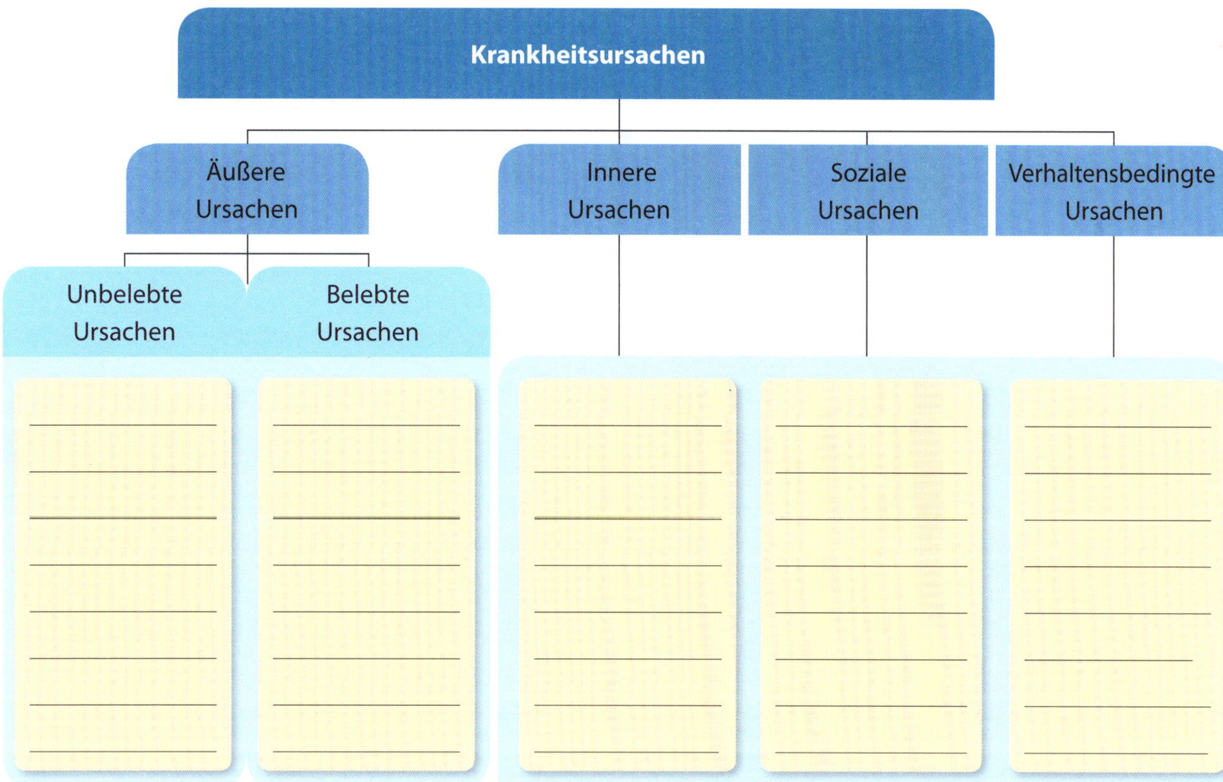

2 Finden Sie im Suchworträtsel sechs Folgen der in der Tabelle zusammengetragenen Krankheitsursachen heraus (→ ↓ ↘).

F	H	E	R	T	S	G	A	V	X	J	U	G	O	L	H	B	E	G	T
T	U	H	R	Z	U	H	E	A	L	X	V	N	F	D	H	T	R	H	J
J	A	H	T	V	C	M	U	J	N	O	D	A	R	M	F	O	M	C	U
W	Z	U	S	R	H	L	O	M	X	D	T	U	W	B	N	V	M	U	P
Z	M	H	K	V	T	B	E	R	B	K	R	A	N	K	H	E	I	T	S
I	R	D	A	T	E	C	H	N	E	R	U	L	P	G	V	K	C	A	P
K	H	E	U	M	R	R	V	E	M	N	K	Y	R	C	U	L	Q	E	G
L	A	M	M	I	K	A	B	D	A	N	T	D	E	R	A	U	L	I	R
G	U	F	O	X	R	G	A	R	U	I	T	W	A	G	E	N	H	E	B
S	D	B	T	R	A	M	P	I	E	R	S	C	I	H	F	Z	Y	S	T
N	A	H	E	R	N	S	T	O	F	N	E	R	I	C	H	E	N	S	R
Y	I	N	F	E	K	T	I	O	N	S	N	E	U	N	K	I	R	C	H
F	L	Y	N	D	U	R	S	T	I	G	T	U	B	N	A	L	T	Z	I
V	E	R	E	I	N	S	A	M	U	N	G	C	N	M	E	R	U	N	D
W	R	I	N	D	G	U	T	J	O	S	Y	N	W	G	M	U	A	N	D
A	F	L	O	K	E	C	K	T	U	S	M	L	W	T	O	P	S	A	G

1 ______
2 ______
3 ______
4 ______
5 ______
6 ______

3.2 Krankheitsverlauf/Krankheitszeichen

1 In den letzten Wochen traten in Ihrem beruflichen Umfeld verstärkt Erkältungskrankheiten auf. Nun bemerken Sie selbst erste Anzeichen einer beginnenden Infektion. Erläutern Sie in diesem Zusammenhang den Verlauf einer Infektionskrankheit, z. B. grippaler Infekt.

Infektion		
Inkubationszeit	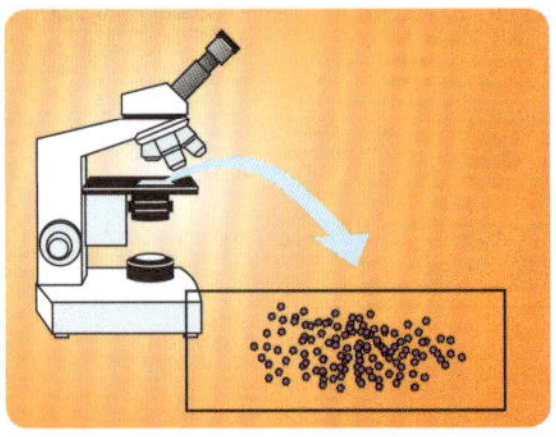	
Krankheitsphase		
Krankheitsende		

2 Krankheiten äußern sich durch unterschiedliche Krankheitszeichen (= Symptome). Diese können nach unterschiedlichen Kriterien eingeteilt werden. Erläutern Sie die Begriffe und geben Sie Beispiele an.

Krankeitszeichen/ Symptome	Erläuterung	Beispiele
Allgemeine Symptome		
Kardinalsymptome		
Subjektive Symptome		
Objektive Symptome		

handwerk-technik.de

3.3 Entzündung

1 Lesen Sie das Fallbeispiel.

Herr Müller, ein 81-jähriger Bewohner des Altenheims „Morgenrot", hilft gern bei der Beetpflege im angrenzenden Gartengrundstück. Vor zwei Tagen hat er sich versehentlich an einer Dornenhecke eine kleine Rissverletzung am Zeigefinger zugezogen. Da er niemanden mit dieser Bagatellverletzung belästigen wollte, versorgte er die Wunde allein mit einem Pflaster. Bei der Körperpflege bemerkt die Pflegefachkraft am Morgen, dass Herr Müller beim Waschen schmerzbedingt die Hand zurückzieht. Nach Entfernung des Pflasters wird außerdem eine starke Schwellung sichtbar.

Welche Zeichen der Entzündung sind im Fallbeispiel beschrieben?

____

Nennen Sie die drei fehlenden typischen Entzündungszeichen.

____

____

____

2 Viele Entzündungen erkennt man an der Endung „-itis". Es gibt aber auch Ausnahmen. Finden Sie im Suchworträtsel 10 Fachbegriffe für spezifische Entzündungen heraus. Arbeiten Sie im Anschluss mithilfe eines medizinischen Wörterbuchs oder des Internets die deutsche Bedeutung heraus (→ ↓ ↘).

P	H	L	E	B	I	T	I	S	D	A	F	S	B
N	B	D	I	N	S	A	L	T	O	N	E	T	R
E	K	Z	Y	S	T	I	T	I	S	A	R	B	O
U	N	D	I	R	P	E	B	A	S	R	K	L	N
M	T	U	W	E	V	K	R	A	U	T	E	I	C
O	E	A	T	U	K	Z	V	I	E	H	A	T	H
N	O	N	E	G	E	E	R	A	T	R	E	S	I
I	M	G	I	P	F	M	A	R	S	I	S	I	T
E	G	I	D	N	E	R	B	O	H	T	S	N	I
N	U	N	A	G	G	A	S	T	R	I	T	I	S
E	K	A	G	E	H	I	B	I	I	S	T	U	J
X	R	A	Y	T	U	H	T	L	P	E	Q	M	R
T	V	G	U	R	A	S	T	I	T	I	S	E	T
H	D	E	W	N	I	G	U	T	S	K	A	R	L

1 ______________________________

2 ______________________________

3 ______________________________

4 ______________________________

5 ______________________________

6 ______________________________

7 ______________________________

8 ______________________________

9 ______________________________

10

3 Eine besondere Form der Entzündung läuft unter Bildung von Eiter ab. Lesen Sie die Charakteristik der vorgestellten eitrigen Entzündungen und benennen Sie diese im Anschluss.

Lokale, abgegrenzte Eiteransammlung in einem durch krankhafte Prozesse entstandenen Hohlraum im Gewebe.

____

Lokale, abgegrenzte Eiteransammlung in einem natürlich vorgebildeten Hohlraum, z. B. Gallenblase, Gelenk.

____

Diffuse, sich infiltrativ im Bindegewebe ausbreitende Eiteransammlung.

____

3.4 Wundheilung (reparative Regeneration)

1 Ordnen Sie die Abbildungen und die Aussagen der primären und sekundären Wundheilung zu, indem Sie Verbindungslinien ziehen.

klaffender Wundspalt

Wunde ist frei von Infektionen

bei aseptischen Wunden

Wunde ist gut durchblutet

kein Wundverschluss

bei septischen Wunden

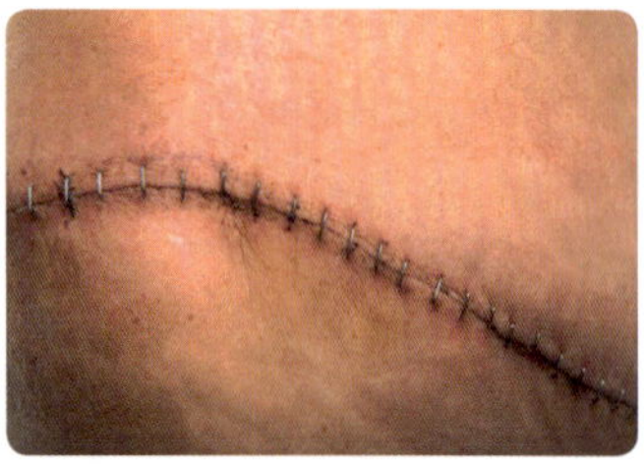

Primäre Wundheilung

Sekundäre Wundheilung

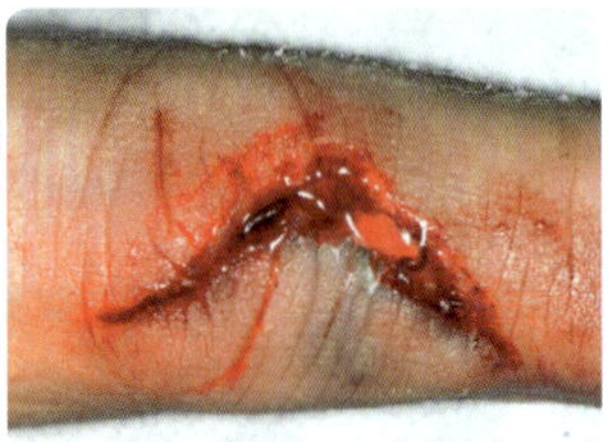

Wunde ist oft schlecht durchblutet und infektiös

verzögerte Wundheilung

Wundränder sind durch Nähte, Klammern, Pflaster … verbunden

Wunde ist nicht älter als 6 Stunden (bei unfallbedingten Wunden)

2 Entscheiden Sie bei den Fallbeispielen, ob eine primäre oder sekundäre Wundheilung ablaufen muss.

Hundebissverletzung ______________________

Dekubitus 4. Grades ______________________

Operative Leberfleckentfernung ______________________

Abszesseröffnung ______________________

Platzwunde (nicht älter als 6 Stunden) ______________________

Operativer Gelenkersatz (z. B. Knieendoprothese) ______________________

3 Die Wundheilung hängt von einer Vielzahl von Faktoren ab, die man in lokale und systemische Einflussfaktoren unterteilen kann. Nehmen Sie diese Einteilung mit den im Kasten stehenden Begriffen vor.

systemische Infektionen (z. B. Sepsis), Zustand des Wundbetts, Alter der Wunde, psychosoziale Situation, Grad der Keimbesiedelung der Wunde, Grunderkrankungen (z. B. Diabetes mellitus), Zustand der Wundränder, Ausmaß der Schädigung (Größe, Tiefe), Immunstatus, Ernährungszustand, Alter des Betroffenen, Lokalisation der Wunde, Medikamente (z. B. Zytostatika), Qualität des Wundmanagements

Systemische (allgemeine) Einflussfaktoren	Lokale Einflussfaktoren

3.5 Tumoren

1 In der linken Spalte sind Skizzen eines gutartigen und eines bösartigen Tumors erkennbar. Ordnen Sie die Begriffe „gutartiger Tumor" und „bösartiger Tumor" den Abbildungen zu. In der rechten Spalte der Übersicht sind die Merkmale von Tumoren aufgeführt. Entscheiden Sie durch Setzen des Buchstabens „G" oder „B", für welchen Tumor das Merkmal charakteristisch ist (G = gutartiger Tumor, B = bösartiger Tumor).

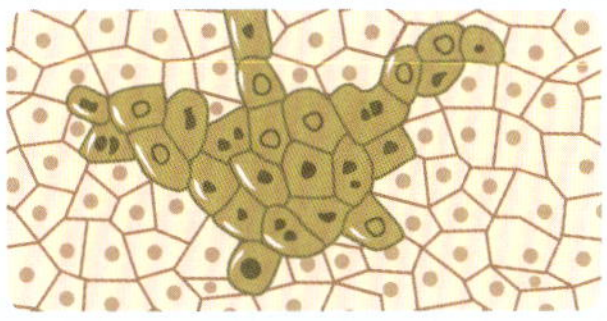		meist langsames Wachstum
		die Bildung von Tochtergeschwülsten ist charakteristisch
		destruierendes Wachstum (zerstört gesundes Nachbargewebe)
		keine Tendenz zur Bildung von Tochtergeschwülsten
		infiltrierendes Wachstum (in gesundes Gewebe hineinwachsend)
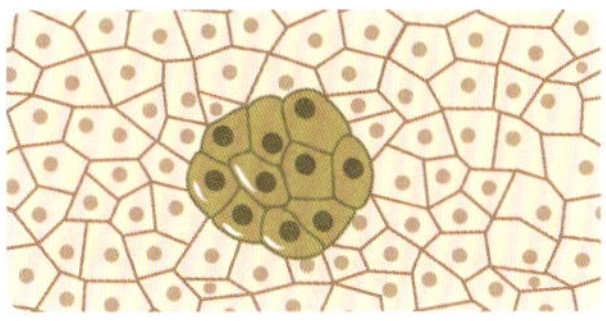		meist schnelles Wachstum
		nach Entfernen keine Rezidivneigung (Rückfall)
		klare Abgrenzung zum gesunden Gewebe
		Rezidivneigung (Rückfall) vorhanden
		Tumor wächst expansiv (verdrängt gesundes Nachbargewebe)

2 Erläutern Sie mithilfe der Abbildungen die Phasen der Metastasierung.

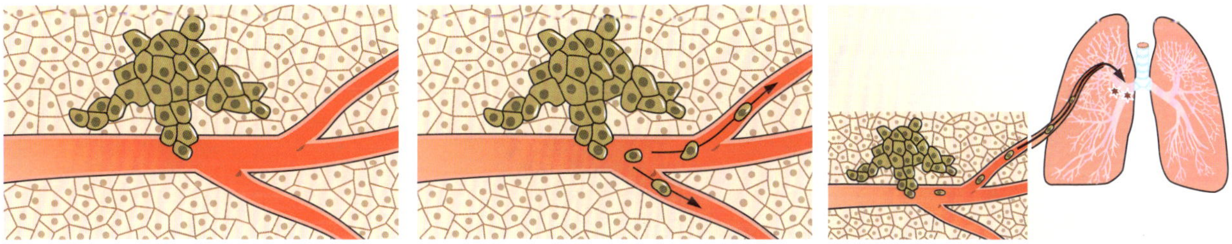

3 Bei gutartigen Tumoren kann man das Herkunftsgewebe ableiten. Von welchem Gewebe geht ein … aus?

Fibrom	
Myom	
Osteom	
Lipom	

4 Geben Sie Schwerpunkte der Krebsbehandlung an.

3.6 Nekrose

1 Ergänzen Sie den Lückentext. Nutzen Sie dazu die vorgegebenen Wörter.

Schlaganfall, Bakterien, Ischämie, Hirninfarkt, Strahlung, Zellen, Toxine, Nekrose, Herzinfarkt,Apoptose, Infarkt

Der Zelltod ist der Untergang einzelner ☐☐☐☐☐☐ oder Zellverbände in einem lebenden Organismus. Ist er physiologisch bedingt, spricht man von der sogenannten ☐☐☐☐☐☐☐☐. Der pathologische Untergang von Zellen wird als ☐☐☐☐☐☐☐ bezeichnet. Zahlreiche Faktoren können Auslöser von Nekrosen sein, z. B. Hitze, ☐☐☐☐☐☐☐☐☐, ☐☐☐☐☐☐ oder ☐☐☐☐☐☐☐☐☐. Am häufigsten treten Nekrosen jedoch bei unzureichender Blutversorgung, der sogenannten ☐☐☐☐☐☐☐☐, auf. Sind die arteriellen Gefäße komplett verschlossen, spricht man vom ☐☐☐☐☐☐☐. Typische Beispiele sind der ☐☐☐☐☐☐☐☐☐☐☐ und der ☐☐☐☐☐☐☐☐☐☐☐ (auch ☐☐☐☐☐☐☐☐☐☐☐☐ genannt).

2 Ordnen Sie die markierten Buchstaben aus den Lösungen der Aufgabe 1 in richtiger Reihenfolge, so ergibt sich als Lösungswort die häufigste Folge bzw. Komplikation bei einer Nekrose.

_ _ _ _ _ _ _

3 Nekrosen weisen typische Merkmale auf. Nutzen Sie die Abbildung, um diese erkennen und notieren zu können.

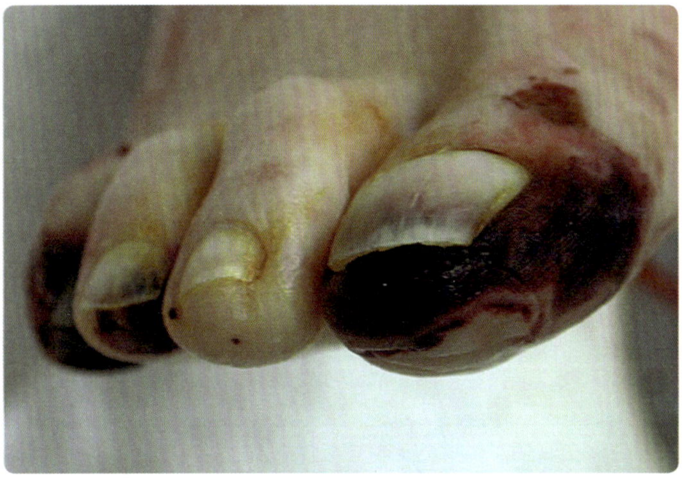

4 Erläutern Sie den Unterschied zwischen einer Koagulations- und einer Kolliquationsnekrose.

Koagulationsnekrose:

Kolliquationsnekrose:

4 Grundlagen der Hygiene

1 Ordnen Sie den Begriffen **Desinfektion** und **Sterilisation** die korrekten Aussagen zu, indem Sie Verbindungslinien ziehen.

Inaktivierung aller Mikroorganismen

Antiseptik

„Totes oder lebendes Material in einen Zustand (zu) versetzen, dass es nicht mehr infizieren kann." (Deutsches Arzneibuch)

Desinfektion

Sterilisation

… ist das Freimachen eines Gegenstandes von vermehrungsfähigen Organismen

Keimreduktion

Aseptik

Minimierung des Infektionsrisikos

antiseptische Maßnahmen

2 Bestimmen Sie die jeweilige Art der Desinfektion.

Eine Bewohnerin zieht in einen anderen Wohnbereich. Sie haben die Aufgabe, im Zimmer eine ______________________ vorzunehmen.
Nach dem Entfernen des Verbandes und der Beurteilung der Wundverhältnisse erfolgt die ______________________.
Sie haben den Urinbeutel des Bewohners entleert. Bevor Sie das Frühstück austeilen, muss eine ______________________ erfolgen.
Herr Müller hat sich mit Ihrer Hilfe am Waschbecken gewaschen. Er hat Soor in den Körperfalten. Bevor der Mitbewohner Herr Schmidt zur Körperpflege in das Bad begleitet wird, müssen Sie eine ______________________ durchführen.
Thermometer oder Instrumente, wie wiederverwendbare Pinzetten, werden nach Gebrauch einer ______________________ unterzogen.

3 Welche Grundsätze müssen vom Pflegepersonal in Bezug auf die Personalhygiene eingehalten werden? Gehen Sie dabei von Ihren bisherigen Erfahrungen aus.

Persönliche Hygiene: ______________________

____

Bekleidung: ______________________

____

Schuhwerk: ______________________

____

Hygienemaßnahmen bei infektiösen Erkrankungen: ______________________

____

4 Sie sollen eine Desinfektionslösung herstellen. Errechnen Sie in den zwei Beispielen die benötigte Menge an Wasser und Desinfektionsmittel.

1. Beispiel:
Es soll ein Liter 2 %ige Desinfektionslösung hergestellt werden.

Lösungsweg:

2. Beispiel:
Es soll eine 0,5 %ige Desinfektionslösung zur Flächendesinfektion hergestellt werden. Die Gesamtmenge beträgt fünf Liter.

Lösungsweg:

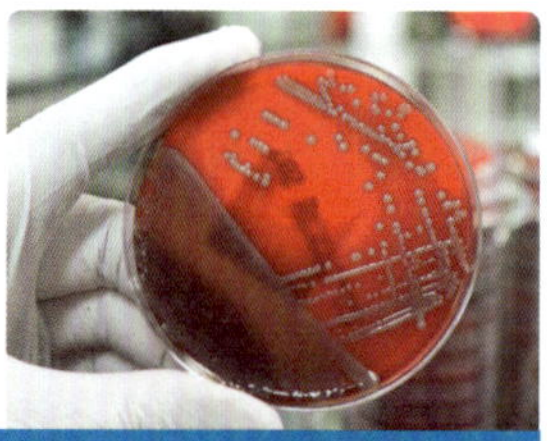

5 Welche Aussagen zum MRSA-Keim sind korrekt?

	richtig	falsch
Die Infektionsrate durch multiresistente Erreger, wie z. B. MRSA, konnte in den letzten Jahren im Pflegebereich deutlich gesenkt werden.		
Die Abkürzung MRSA steht für … … Methicillin-resistenter Staphyloccus aureus		
… Multi-resistenter Streptococcus aureus.		
Bewohner, die einen positiven MRSA-Nachweis haben, dürfen trotzdem am Gemeinschaftsleben im Wohnbereich teilnehmen, sofern die Infektionsquelle zur Außenwelt abgeschottet wird (z. B. geschlossene Harnableitung).		
Eine lang anhaltende Antibiotikatherapie erhöht das MRSA-Risiko.		
Der MRSA-Keim wird grundsätzlich über einen Abstrich im Bereich der Nasenschleimhaut nachgewiesen.		
Eine Infektion mit dem MRSA-Keim verursacht auch bei gesunden Personen eitrige Infektionen wie Furunkel oder Abszesse.		
Eine hygienische Händedesinfektion ist unbedingt vor und nach jeder Tätigkeit beim Kontakt mit bekannten MRSA-Trägern durchzuführen.		

5 Grundlagen der Ernährungslehre

1 Finden Sie im Suchworträtsel die sechs Nährstoffe von Lebensmitteln heraus. Ordnen Sie diese anschließend in energieliefernde und nicht energieliefernde Nährstoffe (ß = ss; → ↓ ↘).

W	F	U	O	P	M	C	V	J	N	L	P	A	Q
R	V	K	L	O	I	D	Z	M	V	E	T	F	D
K	O	H	L	E	N	H	Y	D	R	A	T	E	H
J	F	N	Z	I	E	T	L	N	F	V	T	E	W
P	L	K	H	Z	R	E	S	F	Z	I	M	B	A
Y	C	V	I	T	A	M	I	N	E	R	U	Z	S
J	N	X	U	Q	L	L	U	W	A	T	B	J	S
E	I	W	E	I	S	S	V	R	T	J	T	P	E
Q	D	R	T	E	T	I	L	S	V	M	N	E	R
H	G	R	W	Q	O	A	Z	J	K	I	N	G	T
Q	W	T	Z	V	F	D	A	L	E	N	B	C	Y
U	O	H	R	X	F	N	I	U	E	X	K	L	O
I	U	R	W	X	E	E	Q	J	Z	N	M	K	S

Energieliefernde Nährstoffe

____

____

____

Nicht energieliefernde Nährstoffe

____

____

____

2 Kohlenhydrate sind neben den Fetten die wichtigsten Energielieferanten (Energiegehalt liegt bei 4,1 kcal/g). Sie bestehen aus einzelnen, aus zwei oder aus mehreren Zuckerbausteinen. Ergänzen Sie die Übersicht, indem Sie die abgebildeten Lebensmittel den drei Gruppen richtig zuordnen.

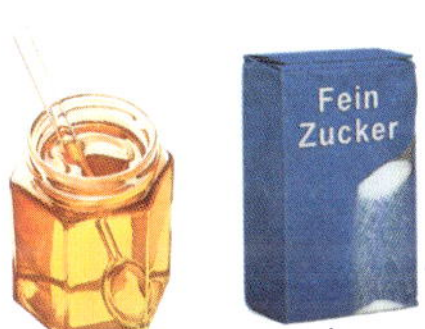

Kohlenhydrate

Einfachzucker

____

____

Doppelzucker

____

____

Vielfachzucker

____

____

3 Lösen Sie das Kreuzworträtsel zum Thema „Kohlenhydrate". Das Lösungswort ergibt ein gesundes Nahrungsmittel, das viele Ballaststoffe enthält (ä = ae; ü = ue; ß = ss).

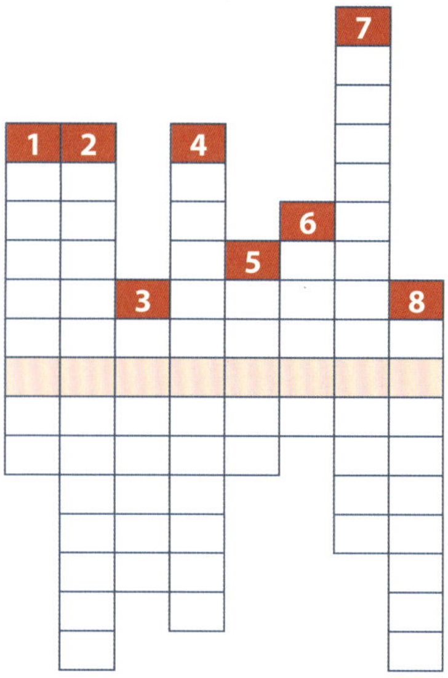

1 Speicherform der Kohlenhydrate
2 schneller Energielieferant; Energiespender für Sportler
3 Beispiel für einen Vielfachzucker
4 aus ihnen wird Haushaltszucker gewonnen
5 Geschmacksrichtung des Zuckers
6 leckere Mischung aus Frucht- und Traubenzucker, von Bienen hergestelltes Naturprodukt
7 Sammelbegriff für Zucker, Stärke und Zellulose
8 unverdauliche Bestandteile im Obst

Lösung: _ _ _ _ _ _ _ _

4 Der folgende Text zur Bedeutung der Fette in der Ernährung enthält vier inhaltliche Fehler. Unterstreichen Sie die Textpassagen und korrigieren Sie diese im Unterrichtsgespräch.

Fette liefern mit 9,3 kcal/g mehr als das Dreifache an Energie als die gleiche Menge an Kohlenhydraten. Daher sollte man die Empfehlungen der Deutschen Gesellschaft für Ernährung (DGE) beachten und den täglichen Konsum von Fetten auf ca. 1 g/kg Normalgewicht beschränken. Das ergibt eine durchschnittliche Menge von 160-180 g pro Tag. Hält man sich nicht an diese Empfehlungen, speichert der Körper das nicht unmittelbar benötigte Nahrungsfett als Depot. Als Folge könnte es zum Übergewicht kommen. Fette bauen sich im Wesentlichen aus Glycerin und vier Fettsäuremolekülen auf. Einige dieser Fettsäuren sind für die Aufrechterhaltung wichtiger Körperfunktionen unerlässlich (essenziell) und müssen mit der Nahrung aufgenommen werden, da der Körper diese Fettsäuren nicht selber bilden kann. Bei der täglichen Ernährung sind Produkte mit vielen ungesättigten Fettsäuren zu bevorzugen, wie z. B. Distelöl, Seefisch, Schweineschmalz oder Leinöl.

Korrektur: ____

____

5 Kreuzen Sie die jeweils richtige Antwort zum Thema „Eiweiße" an.

Eiweiße (Proteine) werden vom Körper aus einzelnen Aminosäuren aufgebaut.	
○ richtig	○ falsch
Um den Körper ausreichend mit Aminosäuren zu versorgen, sollten alte Menschen täglich … Eiweiß zu sich nehmen.	
○ 3 Gramm pro kg Körpergewicht	○ 1 Gramm pro kg Körpergewicht
Enzyme sind Eiweißverbindungen, die Stoffwechselvorgänge im Körper steuern.	
○ richtig	○ falsch
Bei einem Dekubitus …	
○ wird der Eiweißbedarf nicht beeinflusst.	○ steigt der Eiweißbedarf stark an.
Eiweiße pflanzlicher Herkunft sind enthalten in …	
○ Kartoffeln, Sojabohnen, Nudeln.	○ Müsli, Quark, Bohnen.
Veganer lehnen den Konsum von … ab.	
○ Fetten pflanzlicher Herkunft	○ Eiweißen tierischer Herkunft
Eiweißmangel kann sich durch … äußern.	
○ Ödeme, Haarausfall, verschlechterte Wundheilung	○ Fettsucht, glänzende Haut oder Schweißausbrüche

6 Vitamine und Mineralstoffe sind Wirk- und Reglerstoffe, die für viele unterschiedliche Körperfunktionen benötigt werden. Verbinden Sie die Substanzen mit den jeweiligen Aufgaben.

Vitamine		
Vitamin A		Auf- und Abbauvorgänge des KH-, Eiweiß und Fettstoffwechsels, Reizleitung im Nervensystem
Vitamin B (B-Gruppe)		Knochenaufbau, Calciumhaushalt
Vitamin C		Sehvorgang, körpereigene Abwehr
Vitamin D		Knochenbildung, Blutgerinnung
Vitamin K		Unterstützung des Immunsystems, Eisenstoffwechsel

Mineralstoffe		
Calcium		Aktivierung von Enzymen, Muskelkontraktion, Erregungsleitung im Nervensystem
Magnesium		Magensäurebildung
Natrium		Aufbau von Knochen und Zähnen, Erregungsleitung im Nervensystem, Blutgerinnung
Jod		Produktion der Schilddrüsenhormone
Chlor		Regulation Wasserhaushalt, Erregungsleitung im Nervensystem

7 Finden Sie im Suchworträtsel acht Begriffe zum Thema „Ballaststoffe" und setzen Sie diese anschließend in den Lückentext ein (ä= ae; → ↓ ↘).

G	E	W	I	C	H	T	S	R	E	G	U	L	A	T	I	O	N
J	G	R	P	S	T	U	H	L	V	O	L	U	M	E	N	P	N
Y	S	W	E	W	Q	S	V	E	L	M	T	I	P	A	U	N	V
M	J	U	R	D	E	R	A	T	E	S	A	E	W	Q	A	Q	E
C	F	G	A	C	H	O	L	E	S	T	E	R	I	N	N	M	R
Z	I	V	O	P	H	A	W	S	T	C	T	V	F	R	E	W	S
K	L	E	P	Z	T	O	N	D	E	T	S	I	B	G	T	R	T
D	A	R	M	P	A	S	S	A	G	E	I	E	G	R	T	Z	O
B	V	S	N	H	Z	R	T	R	E	I	O	G	N	U	M	J	P
A	Y	T	W	E	F	T	B	M	L	B	N	E	U	O	N	M	F
G	A	O	Q	R	T	Z	G	F	I	G	M	Z	E	N	J	G	U
M	I	P	A	S	W	S	R	I	G	Z	U	N	B	S	G	E	N
B	L	F	I	O	B	R	T	O	A	S	R	M	R	W	Q	Y	G
B	I	U	T	N	N	B	U	R	I	P	N	A	A	Q	Y	X	E
E	R	N	B	E	N	H	Z	A	Z	X	S	I	L	T	P	O	N

Der Begriff „Ballaststoffe" wird auch heute noch oft fälschlicherweise als „unnützer oder überflüssiger Ballast" verstanden. Dabei haben diese unverdaulichen Nahrungsbestandteile viele positive Auswirkungen auf den menschlichen Körper. Durch die Ballaststoffe in der Nahrung wird länger und intensiver gekaut.

Die ____________________ setzt dadurch schneller und anhaltender ein, sodass eine ballaststoffreiche Kost auch eine wirksame Methode zur ______________________________ ist. Des Weiteren bilden sie Nährboden für eine Reihe wichtiger Darmbakterien und fördern so den Erhalt einer gesunden ____________________. Ballaststoffe binden _______________ und Substanzen wie z. B. _____________________ und begünstigen deren Ausscheidung. Zudem erhöhen sie das _________________________ und fördern bei gleichzeitig ausreichender Flüssigkeitszufuhr eine schnellere _________________________ und beugen dadurch _________________________ vor.

8 Wasser ist unerlässlich für die Aufrechterhaltung der Körperfunktionen. 60 bis 70 % des menschlichen Körpers bestehen aus Wasser, wobei mit zunehmendem Alter der Wassergehalt abnimmt. Der tägliche Flüssigkeitsbedarf liegt im Mittel bei 35 ml pro kg Körpergewicht, bei älteren Menschen liegt er bei 30 ml pro kg Körpergewicht (unter normalen Bedingungen). Errechnen Sie den Flüssigkeitsbedarf

a) des Bewohners Herrn Brode, der 75kg wiegt.

b) der Bewohnerin Frau Schulz, die 68 kg wiegt.

> **Wichtig!**
> Flüssigkeiten in Speisen (ca. 700 ml) und Flüssigkeit aus dem Körperstoffwechsel (ca. 300 ml) zählen mit dazu!

c) Errechnen Sie Ihren eigenen Flüssigkeitsbedarf.
Erreichen Sie bei der täglichen Flüssigkeitsaufnahme annähernd diesen Wert?
(Beachten Sie dabei den Hinweis rechts.)

9 Wird dem Körper zu wenig Flüssigkeit zugeführt, können schwerwiegende Folgen auftreten. Geben Sie Symptome eines Flüssigkeitsmangels an.

10 Das Durstgefühl nimmt im Alter ab, oft wird das Trinken einfach vergessen. Diese Beobachtung haben Sie sicher in Ihren Praxiseinsätzen auch schon gemacht. Unterbreiten Sie Vorschläge, wie man den Flüssigkeitsbedarf bei gefährdeten alten Menschen absichern kann.

Trinkplan

Name: *Hohlmeier, Werner* **Geb. Dat.:** *23.7.19..* ______

Tageszeit	Getränkevorschlag	12. Dezember 2...		13. Dezember 2...	
		Getränke (ml) / Zeichen		Getränke (ml) / Zeichen	
7.00 Uhr	*1 Glas Wasser*	*200*	*B*	*200*	*B*
8.30 Uhr	*1 Tasse Milchkaffee / Tee* *1 Glas Fruchtsaft*	*150 Kaffee* *200 Saft*	*B*	*150 Tee* *200 Saft*	*B*
10.30 Uhr	1 Glas Buttermilch, Mineralwasser, Obstsaft	200 Wasser	*B*		
12.30 Uhr	*1 Glas Mineralwasser, Fruchtsaftschorle*	*200 Saft*	*RM*		
14.30 Uhr	*1 Tasse Milchkaffee / Tee oder* *1 Glas Mineralwasser*	*150 Tee*	*RM*		
18.00 Uhr	*2 Tassen Frucht- oder Kräutertee*	*300 Tee*	*H*		
20.00 Uhr (zwei Stunden vor Schlafen)	*1 Tasse Tee oder* *1 Glas Mineralwasser*	*200 Wasser*	*H*		
Gesamtmenge/Tag	*1600 ml*	*1600*	*H*		

1 Glas = ca. 200 ml, 1 Tasse = ca. 150 ml

11 Bei alten Menschen sollte wöchentlich einmal das Körpergewicht und der BMI (Body-Mass-Index) ermittelt werden, um den Ernährungszustand einschätzen und ggf. verbessern zu können. Errechnen Sie mithilfe der Formel den BMI und schätzen Sie anschließend die Werte ein.

$$\text{BMI} = \frac{\text{Körpergewicht in kg}}{\text{Körpergröße x Körpergröße in m}}$$

a) Frau Borek, 82 Jahre
Körpergröße: 1,51 m, Körpergewicht: 62 kg

b) Herr Günther, 63 Jahre
Körpergröße: 1,73 m, Körpergewicht: 98 kg

c) Frau Mangelsdorf, 67 Jahre
Körpergröße: 1,63 m, Körpergewicht: 46 kg

12 Der Anamnesebogen zur Bestimmung des Ernährungszustandes (s. Seite 59) ist eine bewährte Methode, um Ernährungsdefizite bei älteren Menschen rechtzeitig erkennen zu können. Beurteilen Sie nach dem Lesen des Fallbeispiels und dem Ausfüllen des MNA- Bogens (kurze Version) den Ernährungszustand von Frau Bergmann.

Frau Charlotte Bergmann, 89 Jahre, ist seit einer Woche Bewohnerin der Seniorenresidenz „Regenbogen". Vor einem halben Jahr wurde bei ihr ein Kolonkarzinom festgestellt. Bei der Operation musste ein künstlicher Darmausgang angelegt werden. Von diesem schweren Eingriff hat sie sich bis heute nicht wieder richtig erholt. Sie hat kaum Appetit und seit der Operation durchschnittlich 3 Pfund pro Monat abgenommen. Die Situation belastet sie sehr. Sie hatte zwar vor der Operation ein leichtes Übergewicht, aber mit dem momentanen Gewicht von 51 kg bei 1,63m Körpergröße fühlt sie sich eindeutig zu dünn. Sie hofft, nun ein wenig Ruhe zu finden und sich schnell an die neue Umgebung zu gewöhnen. Sie freut sich schon darauf, mithilfe ihres Rollators an den täglichen Aktivitäten teilnehmen zu können. Vor allem auf den Lesezirkel ist die geistig rege Dame schon sehr gespannt.

Berechnen Sie zunächst den Body-Mass-Index:

Mini Nutritional Assessment
MNA®

Nestlé NutritionInstitute

Name:			Vorname:	
Geschlecht:	Alter (Jahre):	Gewicht (kg):	Größe (m):	Datum:

Füllen Sie den Bogen aus, indem Sie die zutreffenden Zahlen in die Kästchen eintragen. Addieren Sie die Zahlen, um das Ergebnis des Screenings zu erhalten.

Screening

A Hat der Patient während der letzten 3 Monate wegen Appetitverlust, Verdauungsproblemen, Schwierigkeiten beim Kauen oder Schlucken weniger gegessen?
0 = starke Abnahme der Nahrungsaufnahme
1 = leichte Abnahme der Nahrungsaufnahme
2 = keine Abnahme der Nahrungsaufnahme ☐

B Gewichtsverlust in den letzten 3 Monaten
0 = Gewichtsverlust > 3 kg
1 = nicht bekannt
2 = Gewichtsverlust zwischen 1 und 3 kg
3 = kein Gewichtsverlust ☐

C Mobilität
0 = bettlägerig oder in einem Stuhl mobilisiert
1 = in der Lage, sich in der Wohnung zu bewegen
2 = verlässt die Wohnung ☐

D Akute Krankheit oder psychischer Stress während der letzten 3 Monate?
0 = ja 2 = nein ☐

E Neuropsychologische Probleme
0 = schwere Demenz oder Depression
1 = leichte Demenz
2 = keine psychologischen Probleme ☐

F1 Body Mass Index (BMI): Körpergewicht (kg) / Körpergröße² (m²)
0 = BMI < 19
1 = 19 ≤ BMI < 21
2 = 21 ≤ BMI < 23
3 = BMI ≥ 23 ☐

WENN KEIN BMI-WERT VORLIEGT, BITTE FRAGE F1 MIT FRAGE F2 ERSETZEN.
WENN FRAGE F1 BEREITS BEANTWORTET WURDE, FRAGE F2 BITTE ÜBERSPRINGEN.

F2 Wadenumfang (WU in cm)
0 = WU < 31
3 = WU ≥ 31 ☒

Ergebnis des Screenings
(max. 14 Punkte) ☐

12-14 Punkte: Normaler Ernährungszustand
8-11 Punkte: Risiko für Mangelernährung
0-7 Punkte: Mangelernährung

Für ein tiefergehendes Assessment (≤ 11 Punkte), bitte die vollständige Version des MNA® ausfüllen, die unter www.mna-elderly.com zu finden ist.
Wurde das Screening mit Beantwortung der Frage F2 (Wadenumfang) durchgeführt, ist die MNA® - Long Form für ein tiefer gehendes Assessment nicht geeignet, bei Bedarf ein anderes Assessment (z.B. PEMU) durchführen.

Ref. Vellas B, Villars H, Abellan G, et al. *Overview of the MNA® - Its History and Challenges.* J Nutr Health Aging 2006;10:456-465.
Rubenstein LZ, Harker JO, Salva A, Guigoz Y, Vellas B. *Screening for Undernutrition in Geriatric Practice: Developing the Short-Form Mini Nutritional Assessment (MNA-SF).* J. Geront 2001;56A: M366-377.
Guigoz Y. *The Mini-Nutritional Assessment (MNA®) Review of the Literature - What does it tell us?* J Nutr Health Aging 2006; 10:466-487.
Kaiser MJ, Bauer JM, Ramsch C, et al. *Validation of the Mini Nutritional Assessment Short-Form (MNA®-SF): A practical tool for identification of nutritional status.* J Nutr Health Aging 2009; 13:782-788.

Mehr Informationen unter: www.mna-elderly.com

Ihre Einschätzung: ______________________________

13 Um die Energiemenge, die ein Mensch pro Tag braucht, berechnen zu können, muss man zunächst den Grundumsatz ermitteln. Berechnen Sie mithilfe der vorgegebenen Formel den Grundumsatz für
a) den Bewohner Herrn Schmidt; 74 Jahre, 78 kg, noch sehr aktiv (tägliche Spaziergänge),
b) die Bewohnerin Frau Ritter; 82 Jahre, 62 kg, bettlägerig.
Runden Sie die Ergebnisse.

Formel

Frauen:
(11,2 x Gewicht) – (3,47 x Alter) + 770
Männer:
(11,2 x Gewicht) – (3,47 x Alter) + 1010

a) Herr Schmidt

b) Frau Ritter

14 Um den Gesamtenergiebedarf ermitteln zu können, muss der Grundumsatz mit dem Leistungsumsatz multipliziert werden. Dies ist ein variabler Wert, der sich an der körperlichen Aktivität orientiert. In der Altenpflege bewährt sich die Anwendung des PAL-Faktors (Persönlicher Aktivitäts-Level), d.h., bei hohem Alter und Immobilität ist der Wert 1,2 und bei normaler Alltagsaktivität im Alter der Wert 1,4 anzuwenden. Errechnen Sie den Gesamtenergiebedarf für die beiden Bewohner.

a) Herr Schmidt

b) Frau Ritter

15 Errechnen Sie Ihren Gesamtenergiebedarf. Gehen Sie dabei von einem PAL-Wert von 1,8 (vorwiegend gehende und stehende Tätigkeiten) aus.

16 Der Ernährungskreis der Deutschen Gesellschaft für Ernährung e. V. (DGE) dient als Wegweiser für eine vollwertige Ernährung. Er teilt das reichhaltige Lebensmittelangebot in sieben Gruppen ein und erleichtert so die tägliche Lebensmittelauswahl. Je größer ein Kreissegment ist, desto größere Mengen sollten täglich aus der Gruppe verzehrt werden. Lebensmittel aus kleinen Segmenten sollten sparsam verwendet werden. Für eine abwechslungsreiche Ernährung sollte die Lebensmittelvielfalt der einzelnen Gruppen genutzt werden.

DGE-Ernährungskreis®, Copyright: Deutsche Gesellschaft für Ernährung, Bonn

Lebensmittelgruppen

1

2

3

4

5

6

7

6 Grundlagen der Ersten Hilfe

1 In einer Notfallsituation ist es von entscheidender Bedeutung, dass die Ersthelfer besonnen und folgerichtig handeln. Beschriften Sie in diesem Zusammenhang die einzelnen Handlungsschritte der Rettungskette.

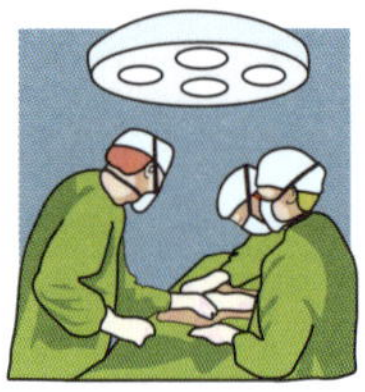

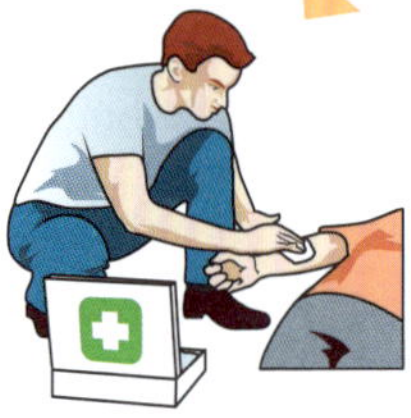

2 Welche Angaben müssen bei einem Notruf gemacht werden? Geben Sie dazu die sogenannten „5 W's" an.

W

W

W

W

W

3 An welchen Symptomen erkennt man einen Schock?

4 Beschreiben Sie die wesentlichen Maßnahmen bei einer Reanimation.

5 Finden Sie im Suchworträtsel Ursachen für sofortiges Handeln im Rahmen der Ersten Hilfe heraus und setzen Sie diese anschließend im Lückentext ein (ä= ae; ü = ue; → ↓ ↘).

U	I	Z	M	U	E	O	K	A	R	D	I	T	I
R	N	D	V	R	U	K	E	V	I	W	N	V	S
U	S	T	D	E	F	T	L	A	T	I	M	E	A
G	E	M	E	C	R	R	F	U	D	R	C	R	P
H	K	D	H	R	A	G	M	R	T	U	G	A	E
P	T	V	O	X	K	M	I	O	L	L	I	E	E
O	E	J	L	D	E	U	V	F	F	T	R	T	N
M	N	H	G	B	F	B	E	R	T	S	P	Z	D
C	S	T	E	F	F	I	V	H	N	U	N	U	I
H	T	E	R	A	S	U	P	S	L	I	N	N	X
E	I	V	E	R	B	R	E	N	N	U	N	G	E
R	C	Z	J	E	R	C	U	P	U	N	N	O	S
Z	H	E	R	Z	I	N	F	A	R	K	T	G	H

Kalte Umschläge um Hals und Nacken können bei einem ______________ in den Atemwegen lebensrettend sein.

Bei einer ______________ der Speiseröhre darf kein Erbrechen ausgelöst werden.

Der betroffene Körperteil wird bei einer kleinen ______________ unter kaltes, fließendes Wasser gehalten.

Bei einer ______________ werden dem ansprechbaren Betroffenen warme, gezuckerte Getränke gereicht.

Der Oberkörper wird bei Verdacht auf ______________ erhöht gelagert.

Bei einer ______________ wird, bis der Notarzt eintrifft, die betroffene Person in die stabile Seitenlage gebracht und beim Erbrechen unterstützt.

6 Lesen Sie die folgenden Fallbeispiele aufmerksam durch. Welche Notfallsituation liegt jeweils vor? Notieren Sie anschließend die notwendigen Erste-Hilfe-Maßnahmen.

Fallbeispiel 1:
Sie finden den völlig apathisch wirkenden Heimbewohner Herrn Bremer vor dem Frühdienst auf einer Bank vor dem Altenheim liegen. Die Außentemperaturen liegen nahe dem Gefrierpunkt. Herr Bremer ist nur mit Schlafanzug und Bademantel bekleidet.

Welche Notfallsituation liegt Ihrer Meinung nach vor?

____

Erste-Hilfe-Maßnahmen:

____

____

____

Fallbeispiel 2:
Die Pflegefachkraft möchte bei der Bewohnerin Frau Schmidt wie gewohnt die Körperpflege durchführen. Als sie jedoch das Zimmer betritt, sieht sie die Bewohnerin wimmernd am Boden liegen. Am Arm entdeckt sie eine klaffende, blutende Wunde. Frau Schmidt hat kalte, schweißige Hände. Der Puls ist kaum fühlbar, stark erhöht und sie ist kaum ansprechbar.

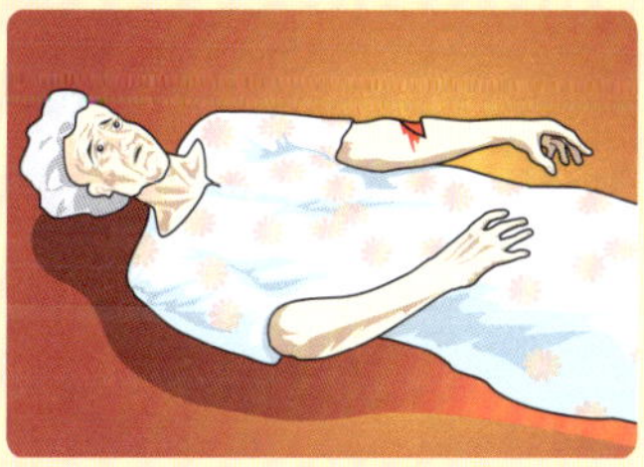

Welche Notfallsituation liegt Ihrer Meinung nach vor?

Erste-Hilfe-Maßnahmen:

Fallbeispiel 3:
Ihre Mitschülerin ist im Wohnbereich umgeknickt. Sie kann den Fuß kaum belasten. Innerhalb kurzer Zeit tritt eine sichtbare Schwellung auf.

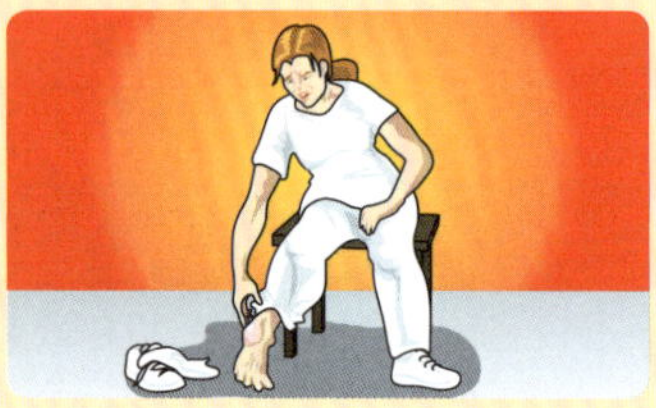

Welche Notfallsituation liegt Ihrer Meinung nach vor?

Erste-Hilfe-Maßnahmen:

Fallbeispiel 4:
Frau Heinrich fällt beim Frühstück plötzlich die Tasse aus der Hand. Der Arm liegt kraftlos auf dem Tisch. Ein Mundwinkel hängt herab. Sie kann auf Nachfrage nur „verwaschen" antworten.

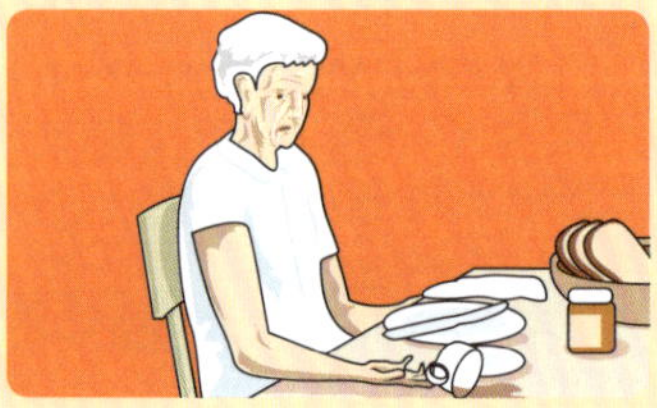

Welche Notfallsituation liegt Ihrer Meinung nach vor?

Erste-Hilfe-Maßnahmen:

7 Anatomie, Krankheitslehre und Pflege bei Erkrankungen der Atmungsorgane

1 Geben Sie die anatomischen Strukturen des Atmungssystems an.

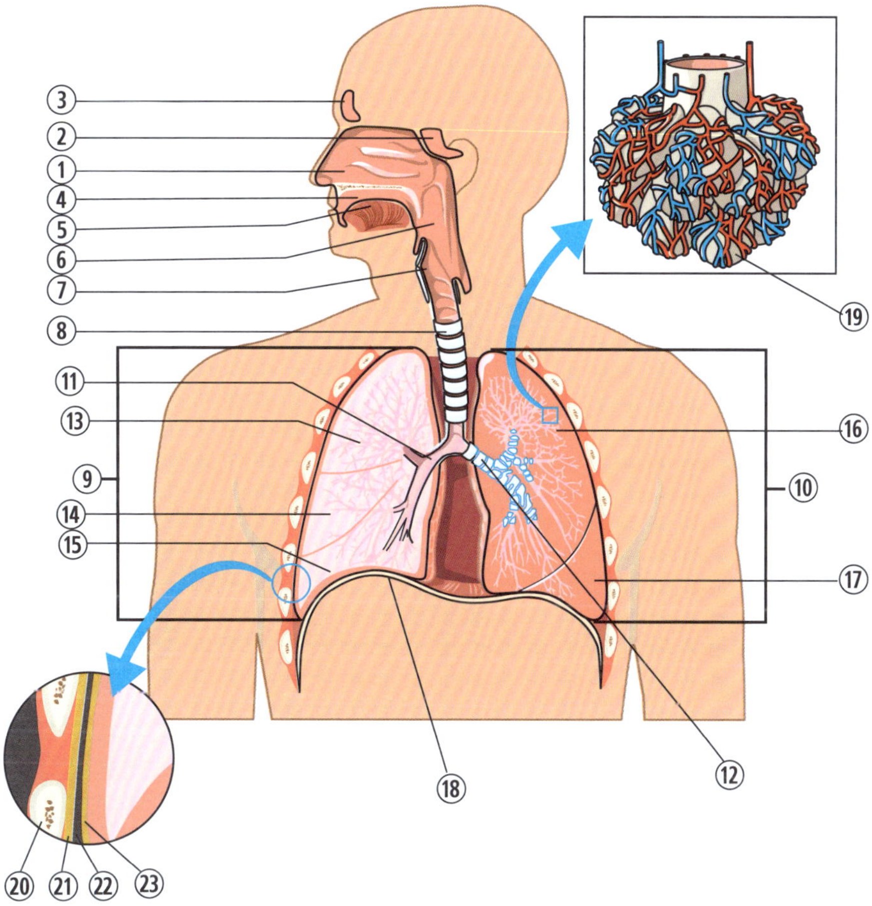

① ______________________

② ______________________

③ ______________________

④ ______________________

⑤ ______________________

⑥ ______________________

⑦ ______________________

⑧ ______________________

⑨ ______________________

⑩ ______________________

⑪ ______________________

⑫ ______________________

⑬ ______________________

⑭ ______________________

⑮ ______________________

⑯ ______________________

⑰ ______________________

⑱ ______________________

⑲ ______________________

⑳ ______________________

㉑ ______________________

㉒ ______________________

㉓ ______________________

2 Vervollständigen Sie die Tabelle zu den Atemvolumina und ordnen Sie anschließend die Volumenangaben aus dem Kasten zu.

0,5 l   1,5 l   6 l   1,5 l   7,5 l   1,5 l   4,5 l

______________	Luftmenge, die bei normaler Ruheatmung bei einem Atemzug bewegt wird	ca. ______
Inspiratorisches Reservevolumen	______________	ca. ______
______________	Luftmenge, die nach normalem Ausatmen willkürlich zusätzlich ausgeatmet werden kann	ca. ______
______________	Luftmenge, die nach maximaler Ausatmung in der Lunge zurückbleibt	ca. ______
Vitalkapazität	______________	ca. ______
Totalkapazität	______________	ca. ______
______________	Atemzugvolumen x Anzahl der Atemzüge pro Minute	ca. ______

3 Geben Sie die Fachbegriffe für die umschriebenen Kriterien zur Atembeobachtung an und beschreiben Sie jeweils den Normzustand.

Kriterien	Fachbegriff	Beschreibung
Die … gibt die Anzahl der Atemzüge pro Minute an.		
Die … charakterisieren alle Geräusche, die während der Ein- oder Ausatmung auftreten können.		
Der … charakterisiert das Zeitmaß des Atemvorgangs (regelmäßig, unregelmäßig; gleichmäßig, ungleichmäßig).		

4 Vervollständigen Sie den Lückentext unter Verwendung der vorgegebenen Begriffe.

Erschlaffung, sauerstoffarme, inneren, Alveolen, Thoraxvolumen, Sauerstoff, äußeren, dehnen, Zwerchfells, Ausatmung, Überdruck, Einströmen, Gasaustausch, Einatmung, Kapillargefäßen, Unterdruck

Bei der ________________ weitet und hebt sich der Brustraum durch Kontraktion der ________________ Zwischenrippenmuskeln bei gleichzeitiger Abflachung des ________________. Die Lungen folgen dieser Bewegung und ________________ sich aus. Der daraus resultierende ________________ bewirkt das ________________ der Luft über die Atemwege bis zu den ________________. Dort findet der ________________ statt. Das ________________ Blut aus den ________________ wird in die Alveolen transportiert und kann abgeatmet werden. Im Gegenzug wird der ________________ aus der Atemluft vom Blut aufgenommen. Bei der ________________ nimmt das ________________ durch Kontraktion der ________________ Zwischenrippenmuskeln und ________________ des Zwerchfells ab und bewirkt durch den entstehenden ________________ die Ausatmung der in den Lungen befindlichen Luft.

5 Bei der atemstimulierenden Einreibung (ASE) wird großer Wert auf die korrekte Atemtechnik gelegt, d.h. durch die Nase einatmen und durch den Mund ausatmen. Begründen Sie die Notwendigkeit einer Anleitung, indem Sie auf die Aufgaben der Atemwege eingehen.

Die Anleitung muss erfolgen und kontrolliert werden, da bei korrekter Atemtechnik ________________

____

____

____

____

____

6 Lesen Sie das Fallbeispiel. Arbeiten Sie die Krankheitszeichen heraus.
Auf welche Erkrankung deuten diese Symptome hin?

Frau Schmidt, 83 Jahre alt, wird einmal täglich durch den Pflegedienst „Lichtblick" versorgt. Seit einigen Tagen beobachten die Pflegefachkräfte bei ihr einen trockenen Husten, den die alte Dame aber als harmlos abtut, schließlich möchte sie doch so gern in drei Wochen am Seniorenausflug zum „Waldschlösschen" teilnehmen. Heute bemerkt die Pflegefachkraft jedoch, dass sich der Husten verstärkt hat und auch nicht mehr trocken klingt. Das Nachthemd ist völlig durchgeschwitzt. Mit Unterstützung kann Frau Schmidt gelblichen Auswurf abhusten. Die Kontrolle der Körpertemperatur ergibt einen Wert von 38,9 °C. Die Pflegefachkraft bemerkt außerdem, dass der Puls beschleunigt ist und Frau Schmidt Beschwerden bei der Atmung hat. Auf Nachfrage bestätigt sie Schmerzen beim Ein- und Ausatmen.

Krankheitszeichen:

____

____

____

____

Erkrankung:

____

7 Erstellen Sie eine (Teil-)Pflegeplanung für Frau Schmidt anhand der vorgegebenen Probleme und Ressourcen.

Probleme/Ressourcen	Ziele	Maßnahmen
P: aktuelles Problem Fieber, begleitet durch starkes Schwitzen P: potentielles Problem Gefahr einer Dehydratation		
P: Schmerzen beim Ein- und Ausatmen		
P: eitrige Sekretabsonderung R: kann mit Unterstützung selbstständig abhusten		
P: Gefahr eines Immobilitätssyndroms aufgrund des hohen Alters und der beeinträchtigten körperlichen Mobilität R: Frau Schmidt möchte in drei Wochen am Seniorenausflug teilnehmen		

8 Geben Sie grundlegende Pflegeschwerpunkte beim akuten Asthmaanfall an.

8 Anatomie, Krankheitslehre und Pflege bei Erkrankungen des Herz-Kreislauf-Systems

1 Beschriften Sie die Abbildung zum Aufbau des Herzens. Markieren Sie anschließend die Gefäße, die sauerstoffreiches Blut transportieren, rot, Gefäße, die sauerstoffarmes Blut transportieren, blau.

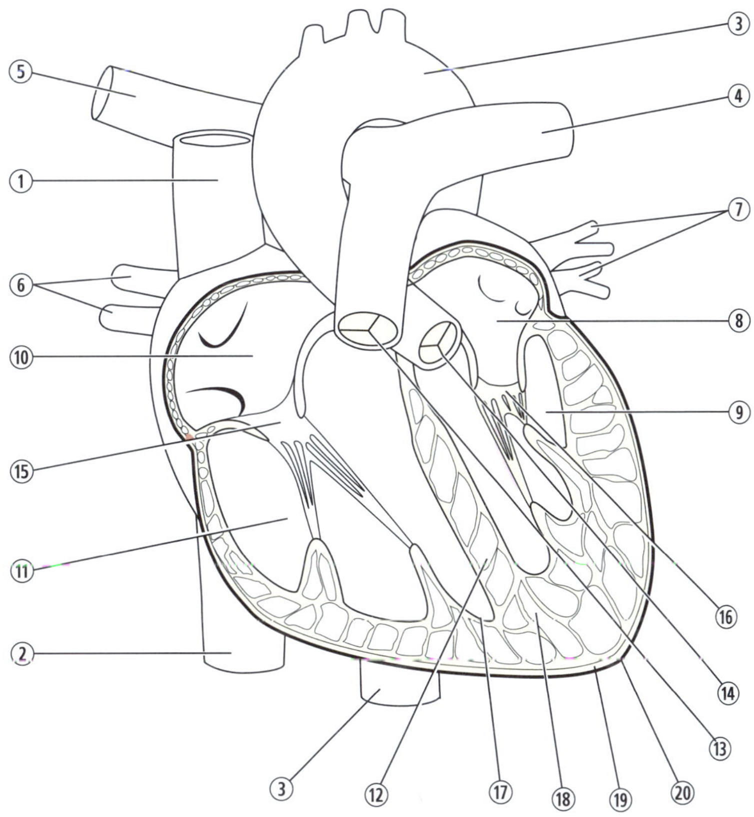

①	______	⑪	______
②	______	⑫	______
③	______	⑬	______
④	______	⑭	______
⑤	______	⑮	______
⑥	______	⑯	______
⑦	______	⑰	______
⑧	______	⑱	______
⑨	______	⑲	______
⑩	______	⑳	______

2 a) Geben Sie die Strukturen des Erregungsleitungssystems des Herzens in der chronologischen Reihenfolge an. Tragen Sie anschließend die Ziffern in die Abbildung ein.

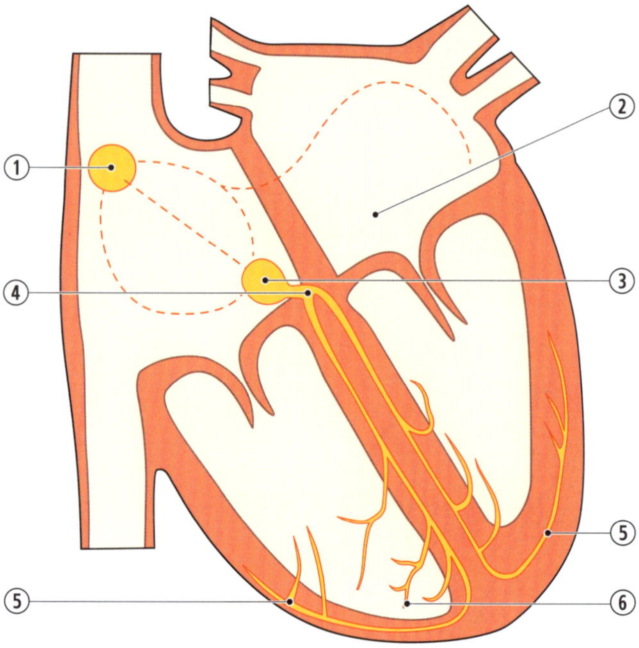

① ______________________

② ______________________

③ ______________________

④ ______________________

⑤ ______________________

⑥ ______________________

b) Welche Frequenz hat der „oberste" Taktgeber in Ruhe?

____

3 Lösen Sie das Rätsel rund um das Thema Herz-Kreislauf-System. Das Lösungswort ergibt ein Vitalzeichen (Hinweis: ö = oe).

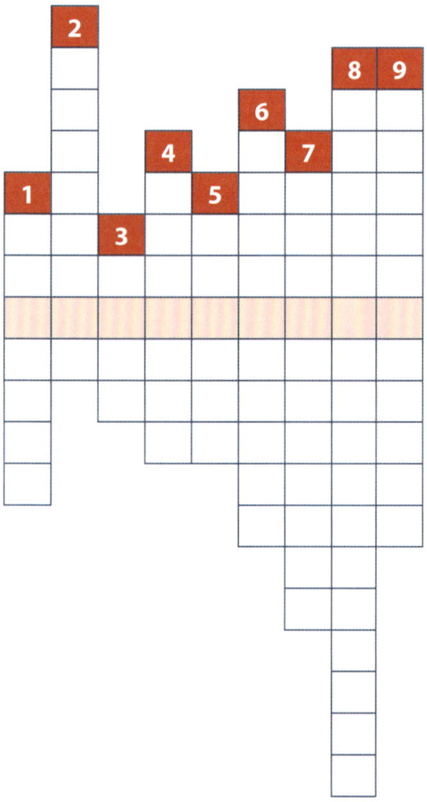

1 Blutgerinnsel, das ein Gefäß verschließt
2 Füllungsphase bei der Herzaktion
3 Anschlag der Blutwelle an den arteriellen Gefäßen
4 Kontraktionsphase bei der Herzaktion
5 typisches Krankheitszeichen bei einer Herzinsuffizienz
6 Fachbegriff für Bluthochdruck
7 erste Schaltstelle des Erregungsleitungssystems
8 medizintechnisches Gerät zur Behandlung einer Bradykardie (wird implantiert)
9 Fachbegriff für eine zu hohe Pulsfrequenz

Lösung: __ __ __ __ __ __ __ __ __

4 Vervollständigen Sie den Lückentext unter Verwendung der vorgegebenen Begriffe.

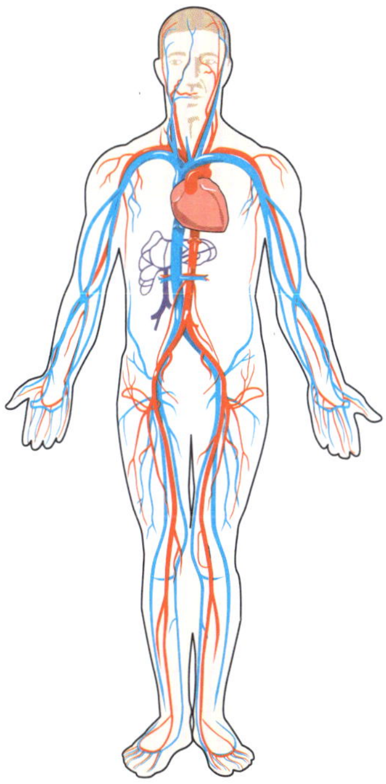

linker Vorhof, Arteriolen, Lungenarterien, sauerstoffreiches, Gasaustausch, Aorta, Lungenvenen, Körperkreislauf, sauerstoffarme, Venolen, rechter Vorhof, Lungenkreislauf, Hohlvene, Kapillaren, Herzkammer

Der Blutkreislauf wird in den ______________________ und in den ____________________ unterschieden. Beim Körperkreislauf pumpt die linke Herzkammer ________________________ Blut über ____________ und Arterien in die kleineren ________________. Von dort aus gelangt der Blutstrom in die ________________, die für den Nährstoff- und ________ ______________ verantwortlich sind. Das nun ______________________ Blut wird über die kleineren ______________ und Venen zur unteren bzw. oberen _______________ geleitet. Diese transportiert das Blut dann über den ______________________ zur rechten Herzkammer, wo sich der Lungenkreislauf anschließt. Hier gelangt das Blut von der rechten ____________________ über die ______________________ zu den Kapillargefäßen der Lunge, wo das Blut wieder mit Sauerstoff angereichert wird. Von dort aus fließt der Blutstrom über die ___________________ zum _____ ______________, wo der Lungenkreislauf endet und der Körperkreislauf anschließt.

5 Finden Sie im Suchworträtsel Risikofaktoren (9) und Symptome (7) eines Herzinfarkts heraus. Tragen Sie diese in die vorbereiteten Tabellen ein (ä = ae; ü = ue; ß bleibt; → ↓ ↘).

G	E	R	H	L	U	V	C	H	A	K	U	N	S	T	B	I	E	R	G
K	B	E	W	E	G	U	N	G	S	M	A	N	G	E	L	J	X	L	M
G	A	B	B	B	A	H	U	S	O	T	A	B	L	A	U	T	F	C	R
A	L	L	I	E	H	S	C	H	M	E	R	Z	E	N	T	O	R	F	I
H	A	U	T	N	R	E	I	N	A	U	S	E	G	B	F	E	H	M	I
N	G	T	O	S	I	B	L	A	E	S	S	E	S	T	E	R	N	Z	K
Q	A	H	B	A	C	H	R	I	R	U	B	T	A	S	T	I	R	N	G
R	W	O	N	L	G	H	I	E	N	D	I	A	B	E	T	E	S	I	E
T	K	C	N	T	C	U	W	E	C	N	E	P	S	C	W	H	E	R	T
N	E	H	R	E	H	Z	K	E	H	H	R	T	A	T	E	M	N	O	T
W	I	D	E	R	U	H	F	G	I	S	E	N	K	G	R	E	H	M	L
U	H	R	W	A	E	R	K	N	U	ß	X	N	R	O	T	P	Q	B	E
R	A	U	C	H	E	N	M	F	A	M	I	L	I	A	E	R	E	G	A
T	A	C	H	O	T	O	D	E	S	A	N	G	S	T	ß	R	B	C	H
Z	N	K	E	R	J	L	A	W	Z	U	V	I	K	E	L	O	A	E	R
Y	S	T	E	D	N	E	N	G	E	G	E	F	U	E	H	L	O	H	R
M	E	A	H	R	K	B	L	U	T	F	L	A	N	E	I	G	L	Q	X
N	U	E	K	L	U	E	B	E	R	G	E	W	I	C	H	T	R	Z	A

Risikofaktoren
Veranlagung
hohe
mellitus

Symptome
im Bereich des Brustkorbs, die nach links ausstrahlen können
Übelkeit/

6 Lesen Sie das Fallbeispiel. Auf welches Krankheitsbild deuten die aufgezeigten Symptome hin? Arbeiten Sie aktuelle und potenzielle Pflegeprobleme heraus. Leiten Sie geeignete Pflegemaßnahmen ab.

Frau Schönsee, eine 93-jährige Bewohnerin der Senioreneinrichtung „Elbeblick", hatte vor zwei Jahren einen schweren Herzinfarkt, nach einem jahrelang bestehenden Bluthochdruck. Von dieser schweren Erkrankung hat sie sich nie wieder richtig erholt. Seit einem halben Jahr klagt sie über ihre stark angeschwollenen Beine, die ihr das Laufen zusätzlich erschweren. Bei kleinsten Wegstrecken hat sie Angst zu fallen. Bei den Mahlzeiten im Wohnbereich spürt sie keinen richtigen Appetit, am liebsten würde sie nur Pfefferminztee und Apfelsaft, ihre bevorzugten Getränke, zu sich nehmen. Ihre Trinkmenge beträgt ca. 3 Liter pro Tag. Sie ist fest davon überzeugt, so ihre bestehende Verstopfung zu beherrschen. Tagsüber ist sie mitunter sehr ungehalten und mürrisch. Darauf angesprochen, macht sie ihre Schlafprobleme und das ständige nächtliche Wasserlassen dafür verantwortlich.

Krankheitsbild: ______________________

Aktuelle Probleme von Frau Schönsee:

____

____

____

____

____

Potenzielle Probleme von Frau Schönsee:

____

____

____

Pflegemaßnahmen:

____

____

____

____

____

____

____

____

____

____

7 Geben Sie Pflegeschwerpunkte bei einem akuten Angina-pectoris-Anfall an.

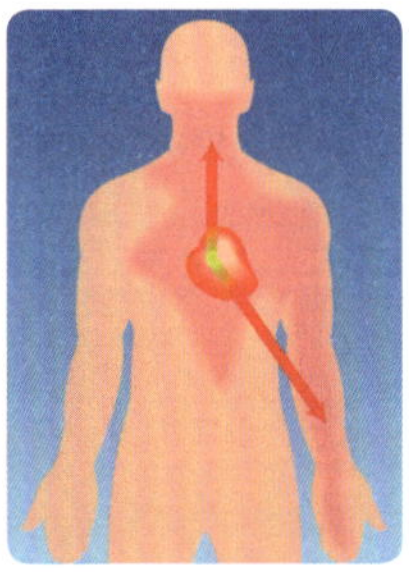

Angina Pectoris

____

____

____

____

____

____

9 Anatomie, Krankheitslehre und Pflege bei Erkrankungen der Gefäße

1 Beschriften Sie die Abbildung vom Aufbau der Blutgefäße.

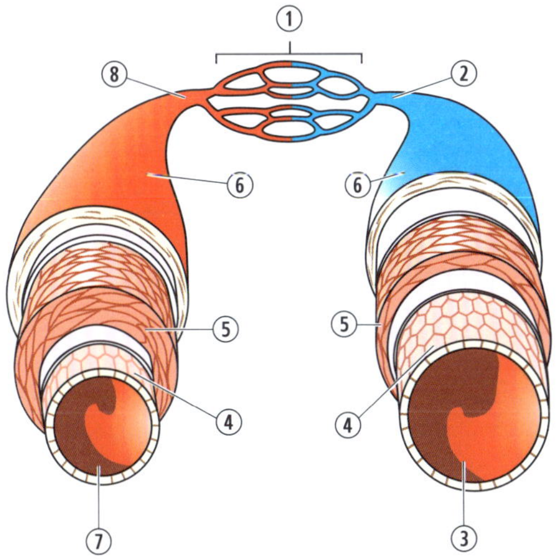

① ______________________

② ______________________

③ ______________________

④ ______________________

⑤ ______________________

⑥ ______________________

⑦ ______________________

⑧ ______________________

2 Welche Aussagen zum Lymphsystem sind richtig? Kreuzen Sie diese an.

	richtig	falsch
Das Lymphsystem und das Blutgefäßsystem sind geschlossene Kreislaufsysteme.		
Die Lymphe transportiert Fette aus dem Körper in den Magen-Darm-Trakt.		
Große Lymphgefäße haben Rückstauklappen, ähnlich wie bei den Venen.		
Das Lymphsystem transportiert Flüssigkeiten in den Zellzwischenraum.		
Das Lymphsystem mündet im Blutkreislauf.		
Die Lymphknoten bilden eine Barriere gegen Krankheitserreger.		

3 Geben Sie die Hauptaufgabe der Blut- und der Lymphgefäße an.

Blutgefäße: ______________________

Lymphgefäße: ______________________

4 Lesen Sie das Fallbeispiel.

Herrn Beier fällt es zunehmend schwerer, längere Wegstrecken zu bewältigen. Immer wieder muss er pausieren, damit die Schmerzen im linken Bein nachlassen. Bei ihm wurde die sogenannte „Schaufensterkrankheit" festgestellt.

Wie lautet die medizinische Bezeichnung für diese Erkrankung?

____

Ordnen Sie die Krankheitszeichen den vier Stadien der Erkrankung zu, indem Sie Verbindungslinien ziehen.

Stadien		Krankheitszeichen
Stadium I		Ruheschmerzen
Stadium II		fast beschwerdefrei, kalte Füße, Kribbeln in den Beinen
Stadium III		Ruheschmerzen, Nekrose
Stadium IV		eingeschränkte schmerzfreie Gehstrecke

5 Leiten Sie auf der Grundlage Ihrer Kenntnisse über die Risikofaktoren für die Entstehung einer Arteriosklerose (siehe auch Risikofaktoren Herzinfarkt Seite 68) Präventionsmaßnahmen ab.

Begründen Sie die Bedeutung dieser Maßnahmen durch Aufzeigen von möglichen Folgeerkrankungen der Arteriosklerose.

6 Das Krampfaderleiden (Varikosis) ist eine sehr häufig auftretende Erkrankung. Oft ist eine vererbte Bindegewebsschwäche die Ursache für die Veränderung der Venen.

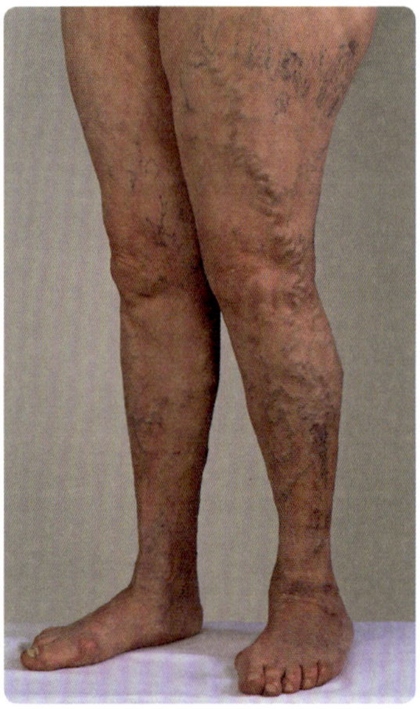

Geben Sie vier Behandlungsschwerpunkte für diese Erkrankung an.

Wie lautet der Fachbegriff für Krampfadern?

7 Welchen entscheidenden Unterschied haben Sie in der Pflege von Bewohnern mit einem arteriellen Ulcus cruris und Bewohnern mit einem venösen Ulcus cruris zu beachten?

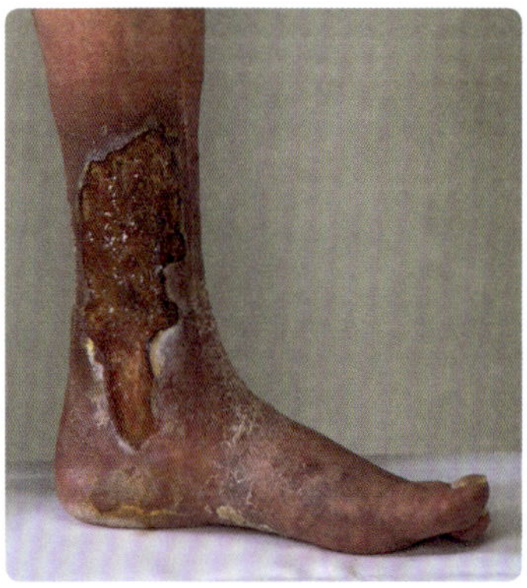

venöses Ulcus cruris:

arterielles Ulcus cruris:

8 Arbeiten Sie nach dem Lesen des Fallbeispiels die Symptome heraus. Auf welches Krankheitsbild deuten sie hin? Welche Faktoren könnten das derzeitige Beschwerdebild mit ausgelöst haben?

Herr Günther, ein 82-jähriger rüstiger Mann, lebt allein in seinem Haus. Seine Frau starb vor sechs Jahren. Trotzdem möchte er, solange es geht, in seinem Haus bleiben. Bis auf einen gut eingestellten Diabetes mellitus und ein seit Jahren ausgeprägtes Krampfaderleiden geht es ihm körperlich recht gut. Kompressionsstrümpfe lehnt er ab, das sei nur „Frauenkram".

Jetzt im Frühjahr hat er viel im Garten zu tun. Gestern hat er ein großes Beet umgegraben.

Beim Aufstehen heute Morgen hat er starke Schmerzen im rechten Bein. Er vermutet, dass dies ein Muskelkater vom Umgraben ist. Die Beschwerden verstärken sich allerdings im Laufe des Vormittags. Jetzt schmerzt sogar die Fußsohle beim Auftreten. Beim Betrachten seines Beines stellt er fest, dass es geschwollen und leicht bläulich verfärbt ist. Er bemerkt auch, dass es deutlich wärmer als das linke Bein ist. Nun ist er doch besorgt, ruft seinen Hausarzt an und bittet um einen Hausbesuch.

Symptome:

Verdacht auf:

Begünstigende Faktoren:

---

9 Welche Pflegemaßnahmen sind in der Akutphase der Behandlung von Herrn Günther von Bedeutung? Welche lebensbedrohliche Komplikation soll dadurch verhindert werden?

Komplikation: ____________________

10 Kreuzen Sie die richtige Aussage an.

	richtig	falsch
Betroffene mit einem Ulcus cruris sollten … … sich an die L-S-Regel (Laufen und Stehen, statt Liegen und Sitzen) halten.		
… mit dem Kompressionsverband möglichst viel herumlaufen.		

10 Anatomie, Krankheitslehre und Pflege bei Erkrankungen des Bewegungsapparats

1 Benennen Sie die Anteile des passiven Bewegungsapparats (Skelett), indem Sie die Begriffe analog des vorgegebenen Beispiels sowohl mit der deutschen Bezeichnung als auch mit dem lateinischen Fachbegriff eintragen. Nutzen Sie dazu ggf. weiterführende Fachliteratur.

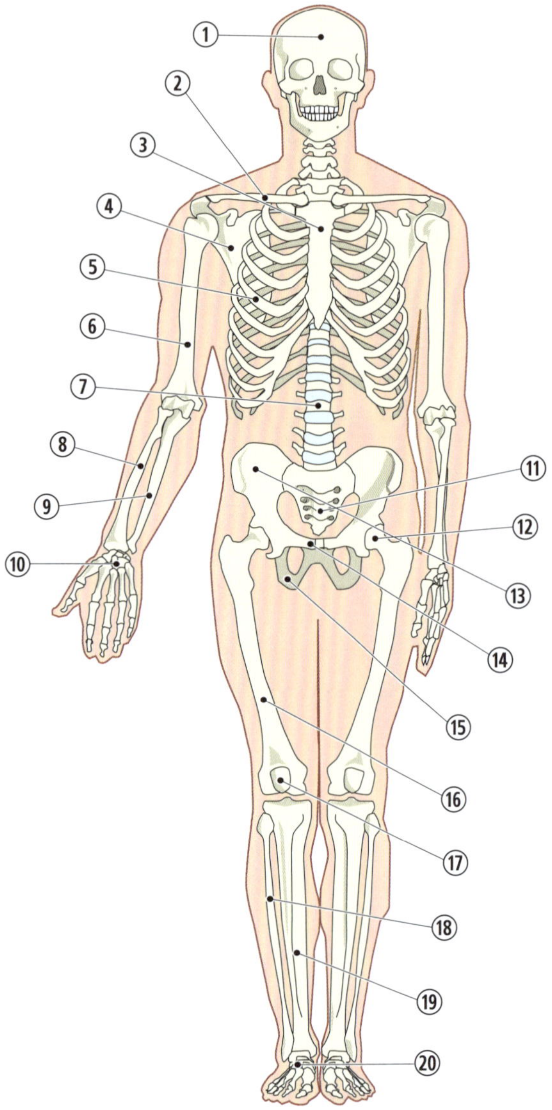

① Schädel ______ Cranium ______

② ______

③ ______

④ ______

⑤ ______

⑥ ______

⑦ ______

⑧ ______

⑨ ______

⑩ ______

⑪ ______

⑫ ______

⑬ ______

⑭ ______

⑮ ______

⑯ ______

⑰ ______

⑱ ______

⑲ ______

⑳ ______

2 Benennen Sie die Anteile des aktiven Bewegungsapparats (Muskulatur), indem Sie die Begriffe analog des vorgegebenen Beispiels sowohl mit der deutschen Bezeichnung als auch mit dem lateinischen Fachbegriff eintragen. Nutzen Sie dazu ggf. weiterführende Fachliteratur.

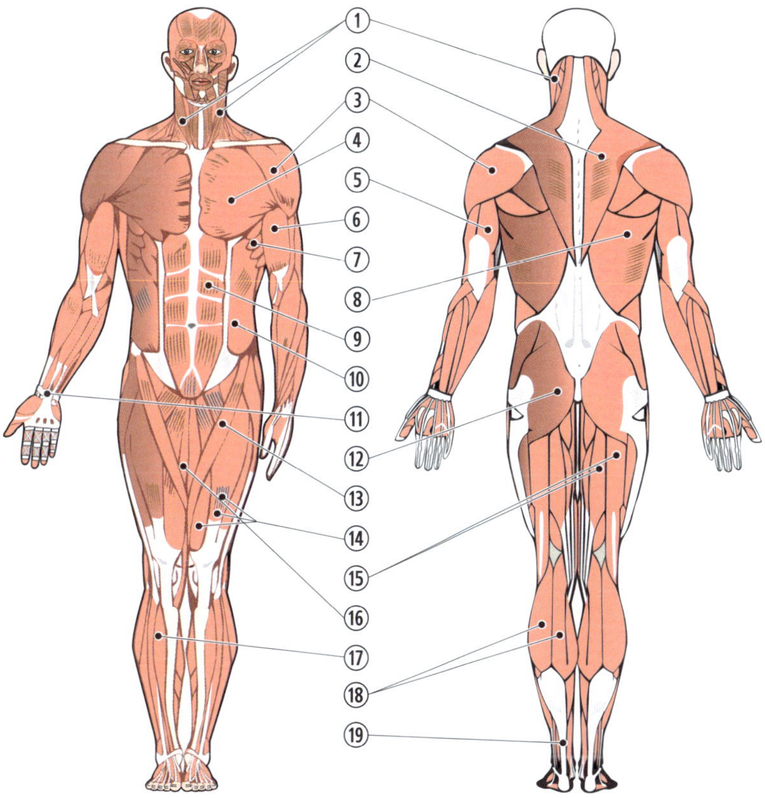

① Kopfwender M. sternocleidomastoideus

② __________

③ __________

④ __________

⑤ __________

⑥ __________

⑦ __________

⑧ __________

⑨ __________

⑩ __________

⑪ __________

⑫ __________

⑬ __________

⑭ __________

⑮ __________

⑯ __________

⑰ __________

⑱ __________

⑲ __________

3 Beschriften Sie die Abbildung zum Aufbau eines Röhrenknochens.

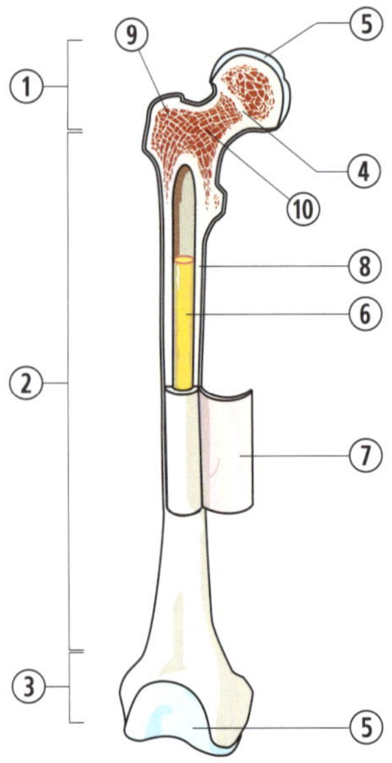

① ______________________

② ______________________

③ ______________________

④ ______________________

⑤ ______________________

⑥ ______________________

⑦ ______________________

⑧ ______________________

____

____

⑨ ______________________

⑩ ______________________

____

4 Der Schädel bildet das knöcherne Grundgerüst für den Kopf und dient als Schutz für das Gehirn und die Hauptsinnesorgane. Im Bereich des Schädels beginnen zudem mit Mund und Nase der Verdauungs- und Atmungstrakt. Der Schädel wird in den Gesichtsschädel und den Gehirnschädel unterteilt. In der Abbildung ist diese Gliederung des Schädels gut erkennbar. Beschriften Sie die Strukturen des Gesichtsschädels und des Gehirnschädels mit dem deutschen und lateinischen Fachbegriff.

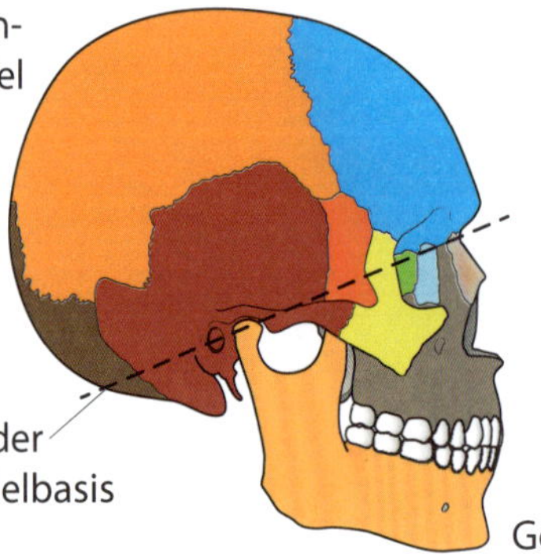

Gehirnschädel	Gesichtsschädel

5 Betrachten Sie die nachfolgenden Abbildungen zu den dargestellten Gelenken.
Geben Sie die physiologischen Strukturen im linken Bild an.
a) Welche Veränderungen sind im rechten Bild erkennbar?
b) Wie heißt die dargestellte Erkrankung?

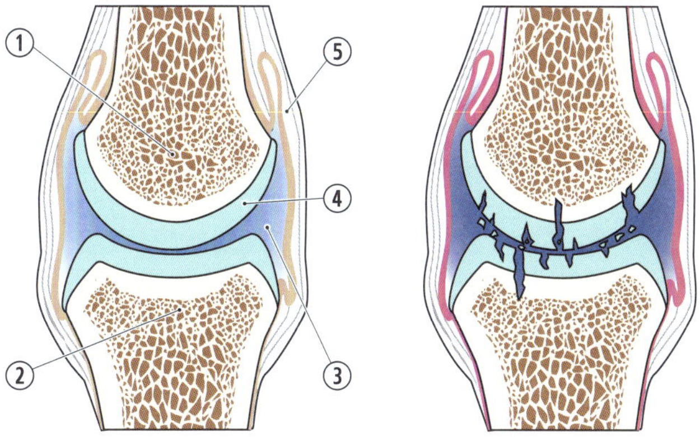

1 ____________________

2 ____________________

3 ____________________

4 ____________________

5 ____________________

a) ____________________

b) ____________________

6 a) Gliedern Sie die Wirbelsäule in ihre 5 Abschnitte. Geben Sie jeweils die Anzahl der Wirbelkörper an.

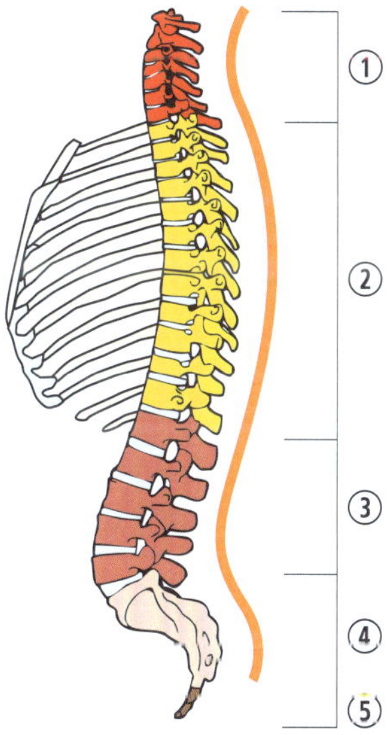

1 ____________________

2 ____________________

3 ____________________

4 ____________________

5 ____________________

b) Erklären Sie in dem Zusammenhang die Begriffe Lordose und Kyphose und ordnen Sie die Begriffe den Abschnitten der Wirbelsäule zu.

Form der Wirbelsäule: ____________________

Lordose: ____________________

Kyphose: ____________________

7 Kreuzen Sie an, ob die Aussagen zum Bewegungsapparat richtig oder falsch sind. Korrigieren Sie falsche Aussagen im Unterrichtsgespräch.

	richtig	falsch
Die bewegliche Verbindung zweier Knochen wird als Gelenk bezeichnet.		
Muskeln sind von einer festen Fettgewebshülle ummantelt.		
Die Gelenkflächen sind mit Knochenhaut überzogen, um so eine optimale Beweglichkeit zu ermöglichen.		
Röhrenknochen setzen sich aus zwei Gelenkköpfen und dem dazwischen befindlichen Knochenschaft zusammen.		
Bei Muskeln, die nicht bewegt werden, entwickelt sich eine Muskelhypertrophie.		
Knochen, Knorpel und Gelenke bilden den passiven Teil des Bewegungsapparats.		
Die Bandscheiben liegen zwischen den Wirbelkörpern und ermöglichen die Beweglichkeit der Wirbelsäule.		
Das Skelett besteht aus unterschiedlich geformten Knochen; u.a. den Röhrenknochen, den Schaltknochen und den Plattenknochen.		
Die Skelettmuskulatur wird auch als unwillkürliche, glatte Muskulatur bezeichnet.		
Die halbmondförmigen Knorpelscheiben im Kniegelenk werden Menisken (Meniskus) genannt.		

8 Lesen Sie das Fallbeispiel. Welche Ursachen können Auslöser für Knochenbrüche im höheren Lebensalter sein (allgemeine und krankheitsbedingte Ursachen)?

Frau Borek, 85 Jahre alt, wird seit vier Jahren von ihrer Tochter betreut. Als diese morgens die Mutter bei der Körperpflege unterstützen will, liegt Frau Borek im Flur und deutet wimmernd auf ihr linkes Bein. Bei der Untersuchung im Krankenhaus stellt sich ein Oberschenkelhalsbruch, eine sehr häufige Fraktur bei älteren Frauen, heraus.

9 Lösen Sie das Kreuzworträtsel und finden Sie das Lösungswort heraus. In der richtigen Reihenfolge ergibt es einen Beobachtungsschwerpunkt für den Haltungs- und Bewegungsapparat (ä=ae; ö=oe).

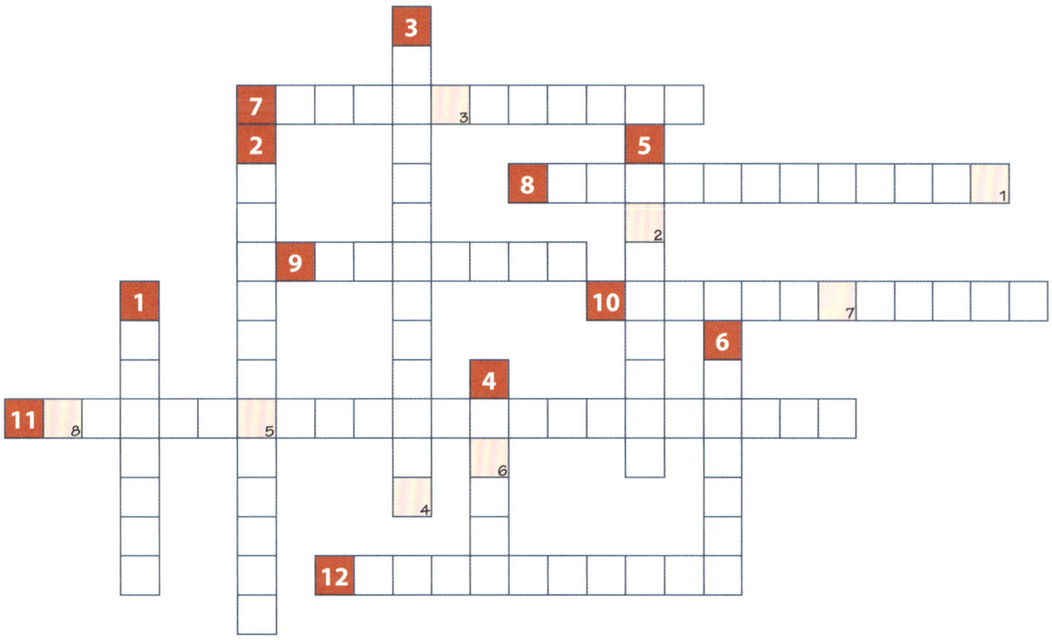

senkrecht	waagerecht
1 schmerzhafte Lageveränderung einer Bandscheibe	7 akuter Schmerz im Lendenwirbelbereich (Volksmund)
2 typisches Symptom bei der Osteoporose	8 sicheres Zeichen eines Knochenbruchs: … des Knochens
3 Gelenkverletzung, die sich durch Schwellung und Schmerz äußert	9 vollständige Durchtrennung eines Knochens (Fachbegriff)
4 eine Stoffwechselstörung mit schmerzhaften Gelenkentzündungen	10 erhöhte oder verminderte Muskelanspannung
5 unsicheres Zeichen eines Knochenbruchs	11 Ursache für Taubheitsgefühl bei frisch angelegten Gipsverbänden
6 Fachbegriff für Muskelzittern	12 Zwangshaltung nach langer Inaktivität

Lösung: _ _ _ _ _ _ _ _

10 Sie haben sicher schon viel über das Krankheitsbild „Osteoporose", den krankhaften Knochenschwund, gehört oder gelesen. Mit welchen vorbeugenden Maßnahmen können Sie selbst aktiv werden?

Geben Sie Symptome dieses Krankheitsbildes an.

11 Tragen Sie die im Fallbeispiel beschriebenen Symptome zusammen. Auf welches Krankheitsbild deuten sie hin?

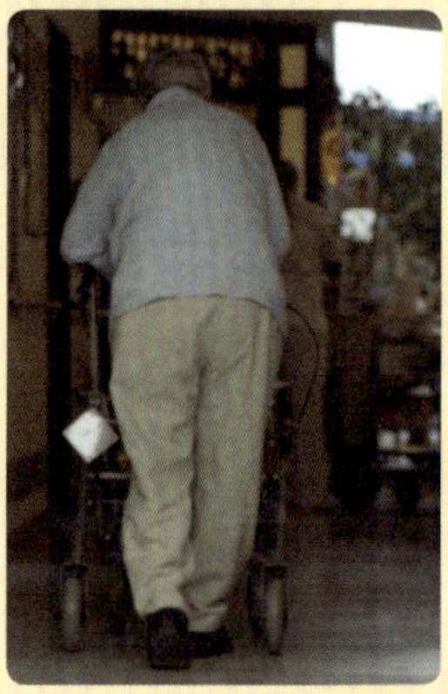

Herr Krause wohnt seit drei Wochen in der Seniorenresidenz am „Schlehenufer". Er kam aufgrund seiner Angst vor Stürzen auf eigenen Wunsch in die Pflegeeinrichtung. Seit Jahren quälen den ehemaligen Landwirt starke Schmerzen in beiden Kniegelenken. Anfangs traten diese nur bei Belastung auf, heute sind sie sein ständiger Begleiter. Morgens früh empfindet er sie am schlimmsten. Wenn er mithilfe seines Rollators in Bewegung ist, lassen sie etwas nach. Er schlürft dann in seinen ausgetretenen Hausschuhen zum Speiseraum im Wohnbereich. Bei den kleinsten Bewegungen spürt er jedoch ein unangenehmes Knirschen in den Kniegelenken. Er kann schlecht mit den zunehmenden Versteifungen umgehen, oft ist er deshalb gegenüber Mitbewohnern und Pflegepersonal launisch und ungehalten. Einzig der kleine Hund „Purzel", der in der Einrichtung lebt und versorgt wird, kann ihn dann von den Alltagssorgen ablenken. Er geht gern mit ihm kurze Strecken im Park der Einrichtung spazieren. Manchmal erzählt Herr Krause von seinem Bauernhof und seinen vielen Tieren, die er während seines Arbeitslebens stets gut versorgt hat. „Heute aber, mit meinen 87 Jahren und meinem „leichten Übergewicht" von 102 kg bei 1,70 m Körpergröße", sagt er augenzwinkernd, „könnte ich das alles nicht mehr bewältigen."

Symptome: ______________________________

____

____

Krankheitsbild: ______________________________

Nachfolgend sehen Sie einen Auszug aus der Pflegeplanung für Herrn Krause. Ergänzen Sie die fehlenden Angaben. Vergleichen Sie anschließend im Unterrichtsgespräch.

Probleme/Ressourcen	Ziele	Maßnahmen
P: Bewohner ist aufgrund von Knieproblemen im Gehen beeinträchtigt P: Gefahr einer fortschreitenden Bewegungseinschränkung R: ist in der Lage, mit einem Rollator schmerzfreier zu gehen	______	______
P: ______	______	gezielter Einsatz von Hilfsmitteln (Rollator) Tragen von festem Schuhwerk
P: ______ R: ______	NZ: Reduktion des Körpergewichts um 0,5 kg/Monat, um Gelenke zu entlasten FZ: BMI von 29 Bewohner sieht die Notwendigkeit der Nahrungsumstellung ein und hält sich an diese	______

11 Anatomie, Krankheitslehre und Pflege bei Erkrankungen des Verdauungsapparats

1 Vervollständigen Sie die Abbildung vom Verdauungssystem durch korrektes Beschriften. Nutzen Sie die vorgegebenen Begriffe. Ordnen Sie anschließend die Fachbegriffe, ggf. unter Nutzung externer Quellen, zu.

Mastdarm, Speiseröhre, Zähne, Zwölffingerdarm, Gallenblase, Leerdarm, Zunge, Krummdarm, Unterzungendrüse, Ohrspeicheldrüse, Unterkieferdrüse, Blinddarm, Leber, absteigender Dickdarm, After, aufsteigender Dickdarm, Magen, quer verlaufender Dickdarm, Bauchspeicheldrüse, Wurmfortsatz, Sigmaschleife

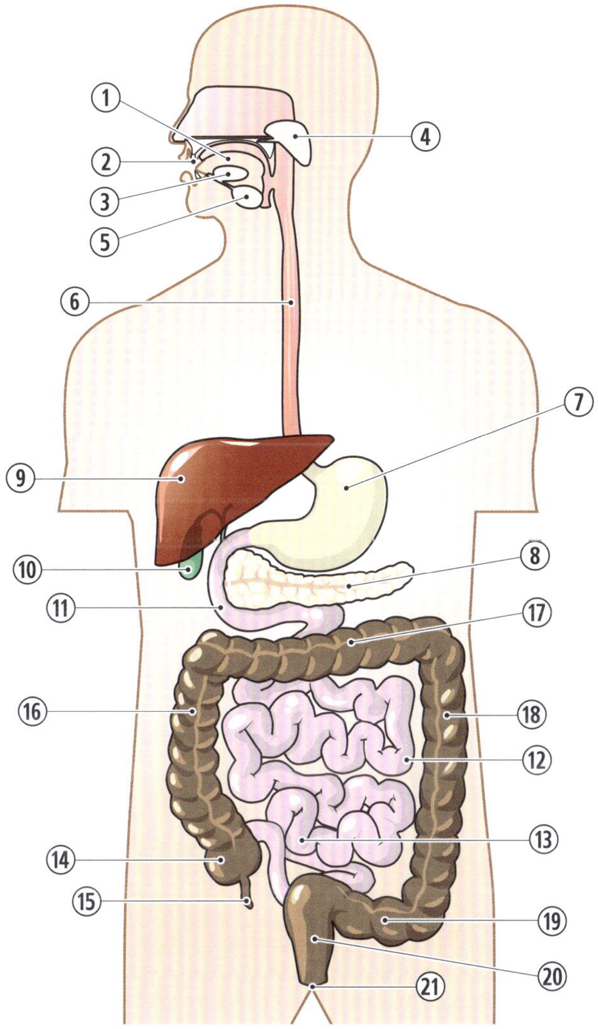

① ____________________

② ____________________

③ ____________________

④ ____________________

⑤ ____________________

⑥ ____________________

⑦ ____________________

⑧ ____________________

⑨ ____________________

⑩ ____________________

⑪ ____________________

⑫ ____________________

⑬ ____________________

⑭ ____________________

⑮ ____________________

⑯ ____________________

⑰ ____________________

⑱ ____________________

⑲ ____________________

⑳ ____________________

㉑ ____________________

2 Der folgende Text zu den Hauptaufgaben des Verdauungssystems enthält zwei inhaltliche Fehler. Unterstreichen Sie diese Textpassagen und korrigieren Sie diese im Unterrichtsgespräch.

Eine Hauptaufgabe des Verdauungsapparats ist die Aufnahme und Zerkleinerung von Nahrung, in der Mundhöhle beginnend. Die chemische Aufspaltung der Nährstoffe durch die Verdauungshormone in verwertbare Energiebausteine ist eine weitere Aufgabe. Die Ausscheidung der verdaulichen Nahrungsbestandteile als abschließender Vorgang bildet die dritte Aufgabe.

3 Beschriften Sie die Strukturen des Magens.

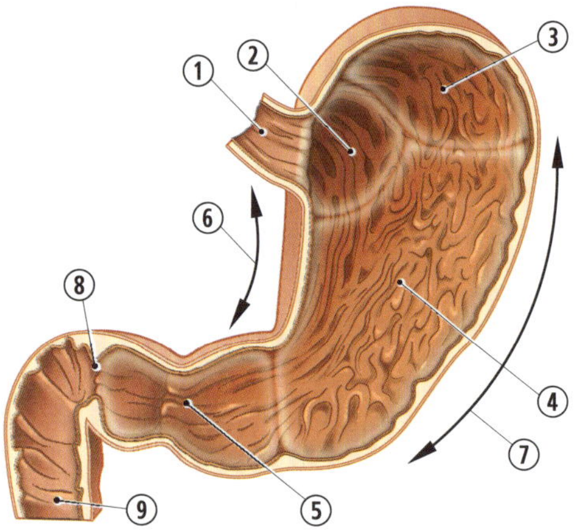

① ______________________________

② ______________________________

③ ______________________________

④ ______________________________

⑤ ______________________________

⑥ ______________________________

⑦ ______________________________

⑧ ______________________________

⑨ ______________________________

4 Vervollständigen Sie den Lückentext zum Thema „Aufbau der Dünndarmschleimhaut“. Nutzen Sie dazu die vorgegebenen Begriffe im Kasten. Beschriften Sie anschließend die Abbildung mit den verwendeten Begriffen.

> Blut- und Lymphgefäße, Bürstensaum, Falten, Zotten, Krypten

Die Dünndarmschleimhaut kleidet das Innere des Darms nicht als glatte Fläche aus, sondern ist in ringförmigen Falten angelegt, was eine enorme Oberflächenvergrößerung bewirkt. Diese bis zu 1 cm hohen ____________ werden als Kerckring-Falten bezeichnet. Winzige Ausstülpungen, die ____________, oder auch Villi intestinales genannt, vergrößern die Schleimhautoberfläche zusätzlich. Durch die Fältelung des Epithels an den Zotten entsteht ein ________________. In den ____________, das sind im Gegensatz zu den Zotten Einsenkungen des Epithels, wird Dünndarmsaft produziert. Die Dünndarmzotten sind reichlich mit ________________ ________________ ausgestattet und dienen der Resorption der aufgespaltenen Nährstoffe.

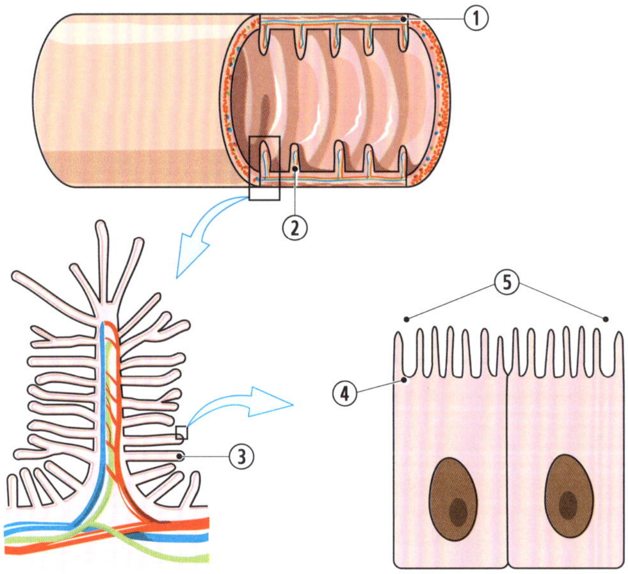

① ______________________________

② ______________________________

③ ______________________________

④ ______________________________

⑤ ______________________________

5 Leber und Bauchspeicheldrüse haben zahlreiche Aufgaben im Verdauungstrakt. In der Abbildung sehen Sie die Lagebeziehungen beider Organe zum Dünndarm.

a) Beschriften Sie die Abbildung.

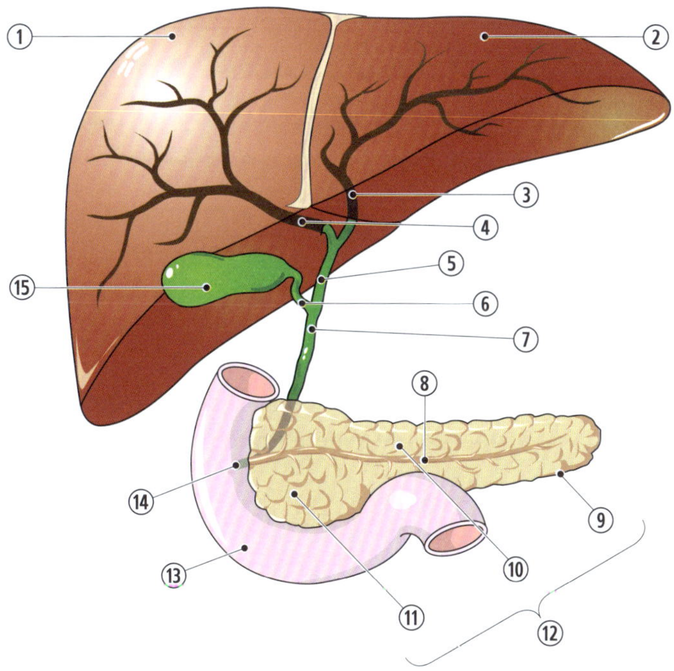

① ______________________

____

② ______________________

____

③ ______________________

____

④ ______________________

____

⑤ ______________________

⑥ ______________________

⑦ ______________________

⑧ ______________________

⑨ ______________________

⑩ ______________________ ⎬ 12

⑪ ______________________

⑫ ______________________

⑬ ______________________

⑭ ______________________

⑮ ______________________

b) Welche Sekrete produzieren die beiden Organe und welche Wirkung haben Sie im Verdauungstrakt?

Leber: ______________________

Wirkung: ______________________

Bauchspeicheldrüse: ______________________

Wirkung: ______________________

____

6 Ordnen Sie den aufgeführten Strukturen des Verdauungsapparats die jeweiligen Aufgaben zu, indem Sie Verbindungslinien ziehen.

Abschnitt im Verdauungstrakt		Aufgaben
Mund/Mundhöhle		Resorption und Transport der kleinen Nährstoffteilchen vom Darm in das Blut
Speiseröhre		erste Zerkleinerung der Nahrung und Durchmischen mit Speichel
Magen		die Verdauungssäfte aus der Bauchspeicheldrüse und der Leber ermöglichen eine Vermischung und Aufspaltung der Nährstoffe
erster Abschnitt des Dünndarms: Zwölffingerdarm		Rückresorption von Wasser mit nachfolgender Eindickung des Darminhalts; durch Darmbakterien weiterer Abbau unverdaulicher Reste; Aufnahme von Vitaminen und Mineralstoffen
restlicher Dünndarm		Ausscheidung von geformtem festen Kot
Dickdarm		durch peristaltische Bewegungen Transport des Nahrungsbreis zum Magen
After		Durchmischung des Speisebreis mit Magensaft; Aufspaltung der Eiweiße und Abtötung von Mikroorganismen durch die Magensäure

7 Die Hepatitis B ist eine Leberentzündung, die parenteral (unter Umgehung des Magen-Darm-Trakts) übertragen wird. Häufige Ursache im pflegerischen Bereich sind Kanülenstichverletzungen. Wie können Sie Ihr Risiko minimieren? Geben Sie drei Vorschläge an.

8 In der täglichen Pflege gehört es dazu, Abweichungen von der normalen Stuhlausscheidung zu erkennen. Geben Sie Ursachen für die aufgeführten krankhaften Stuhlveränderungen an.

Beschreibung	Ursachen
Kotsteine	
schwarzer Teerstuhl	
aufgelagertes Blut	
dünnflüssig, breiig	
entfärbter Stuhlgang	

9 Vervollständigen Sie den Lückentext.

Die Verstopfung, auch __________________ genannt, ist eine in den Industrieländern sehr häufig auftretende Funktionsstörung des Darms. Dabei werden weniger als __________ Stühle pro ____________ abgesetzt. Der Stuhlgang ist gekennzeichnet durch ein _______________ Stuhlvolumen und durch eine ___________ Konsistenz. Behandlungsgrundsätze der Obstipation sind u.a. eine _________________________ Ernährung, ausreichendes _____________ und viel ________________. Möglichkeiten der künstlichen Stuhlentleerung bei sehr hartnäckigen Verstopfungen sind _______________, _________________________ und das _____________ Ausräumen.

10 Lesen Sie das Fallbeispiel und leiten Sie aktuelle und potenzielle Probleme ab.

> Frau Brehmer lebt seit fünf Monaten im Seniorenheim „Herbstsonne". Bei ihr wurde vor einem Jahr die Diagnose „Dickdarmkrebs" gestellt. Da der Befund schon sehr ausgedehnt war, wurde der gesamte Dickdarm entfernt und ein Ileostoma angelegt. Aus diesem entleert sich ein sehr dünnflüssiger Stuhl, der die Umgebung der Stomaanlage sehr reizt.
>
> Vor zwei Tagen erkrankte sie, wie vier weitere Bewohner des Pflegebereichs, an einer Norovirus-Infektion mit den typischen Symptomen. Frau Brehmer ist so entkräftet und von der Krankheit gezeichnet, dass sie nach eigenem Bekunden „nur noch sterben" will.

aktuelle Probleme:

____

____

____

potenzielle Probleme:

____

____

In der Abbildung sehen Sie Möglichkeiten der Stomaanlagen. Welche der vier Stomatas liegt bei Frau Brehmer vor? Benennen Sie die restlichen drei Anlagen.

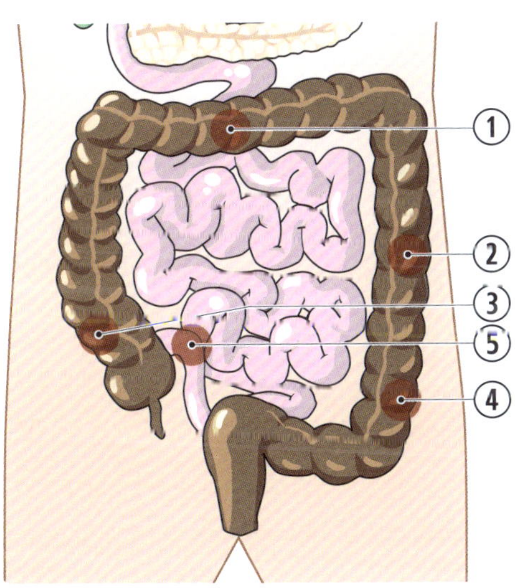

① ____

② ____

③ ____

④ ____

⑤ ____

Es gibt endständige und doppelläufige Stomaanlagen. Worin bestehen die Unterschiede?

____

____

____

12 Anatomie, Krankheitslehre und Pflege bei Erkrankungen des Harntrakts und der Geschlechtsorgane

1 Vervollständigen Sie die Beschriftung der weiblichen und männlichen Harn- und Geschlechtsorgane. Nutzen Sie dazu die vorgegebenen Begriffe

Scheide, Harnblase, Eileiter, Kitzler, Gebärmutter, Harnröhre, kleine Schamlippen, Eierstock, Enddarm, Schambein, Harnleiter, Muttermund, äußere Schamlippen

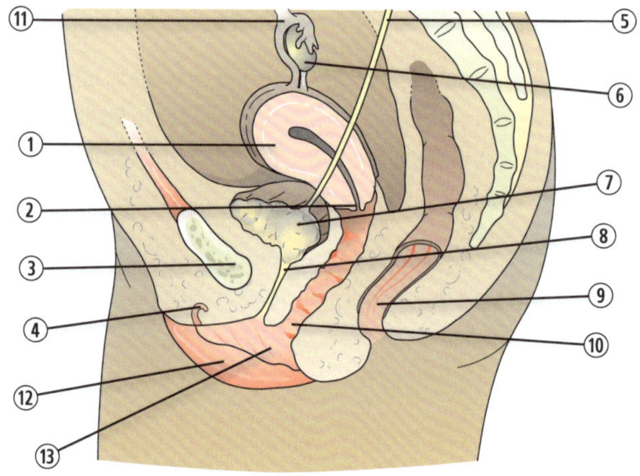

① ____________________

② ____________________

③ ____________________

④ ____________________

⑤ ____________________

⑥ ____________________

⑦ ____________________

⑧ ____________________

⑨ ____________________

⑩ ____________________

⑪ ____________________

⑫ ____________________

⑬ ____________________

Harnröhre, Samenleiter, Hoden, Harnleiter, Eichel, Harnblase, Nebenhoden, Penis, Vorsteherdrüse, Samenbläschen

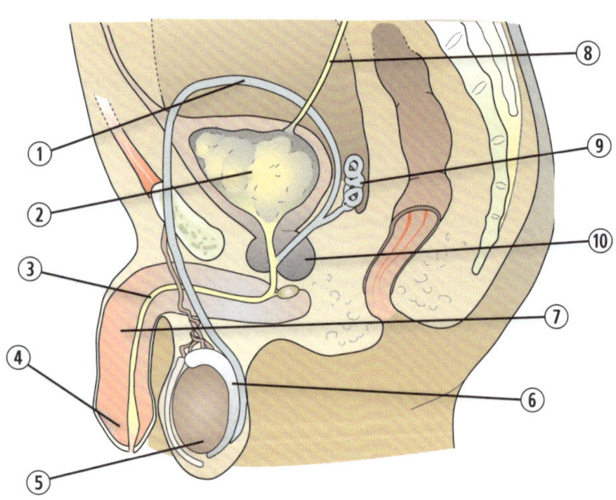

① ____________________

② ____________________

③ ____________________

④ ____________________

⑤ ____________________

⑥ ____________________

⑦ ____________________

⑧ ____________________

⑨ ____________________

⑩ ____________________

2 Ergänzen Sie zu den vorgegebenen Begriffen die Fachbegriffe.

Deutsche Bezeichnung	Fachbegriff	Deutsche Bezeichnung	Fachbegriff
Gebärmutter		Vorsteherdrüse	
Scheide		Hoden	
Schamlippen		Harnleiter	
Harnblase		Harnröhre	

3 Beschriften Sie die Anteile des Harntrakts.

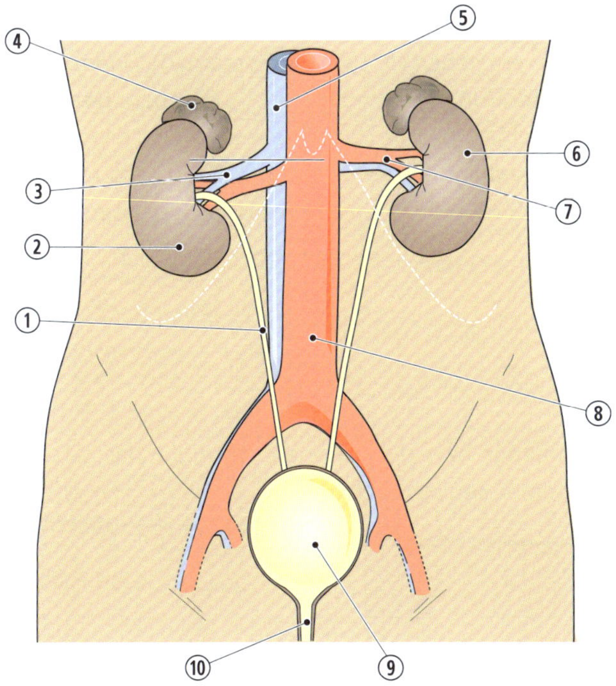

① ________________

② ________________

③ ________________

④ ________________

⑤ ________________

⑥ ________________

⑦ ________________

⑧ ________________

⑨ ________________

⑩ ________________

4 Die Abbildung zeigt den Querschnitt einer Niere. Ganz deutlich sind drei Bereiche voneinander abgrenzbar.

a) Benennen Sie diese Bereiche.

____

b) Beschriften Sie die vorgegebenen Strukturen der Niere.

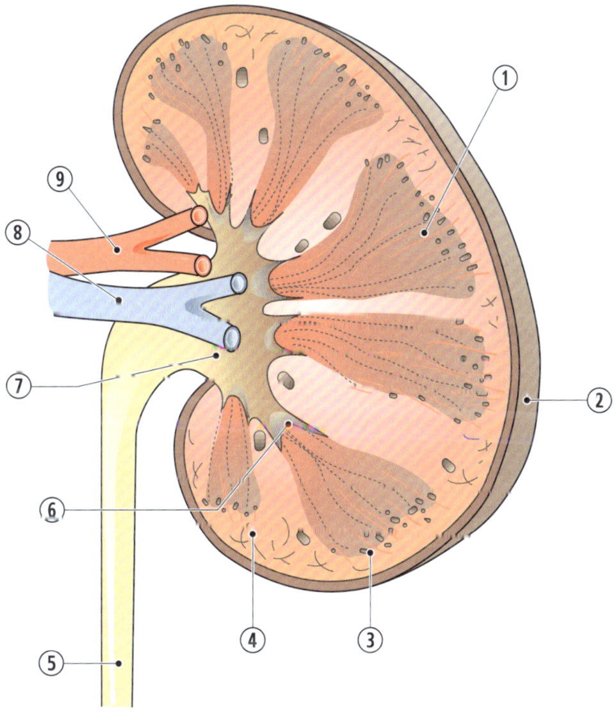

① ________________

② ________________

③ ________________

④ ________________

⑤ ________________

⑥ ________________

⑦ ________________

⑧ ________________

⑨ ________________

5 Im nachfolgenden Text zur Funktion des Harntrakts haben sich vier Fehler eingeschlichen. Unterstreichen Sie die Textpassagen und korrigieren Sie diese im vorgegebenen Kasten.

Im Nierengewebe wird das durchfließende Blut gefiltert. So entstehen ca. 180 Liter Primärharn. Durch Rückresorption von Wasser und Salzen wird diese Menge auf ca. 3,5 Liter Urin (= Sekundärharn) konzentriert. Der Urin enthält ausscheidungspflichtige Substanzen wie Harnstoff und Eiweiße. Über die Harnröhren wird der Urin in die Harnblase transportiert. Das Hohlorgan liegt im kleinen Becken und dient der Aufnahme und Zwischenspeicherung des Harns. Der Harnleiter, als letzter Abschnitt des Harntrakts, befördert den Urin durch das „Wasserlassen" nach außen.

Korrektur:

____

____

6 Tragen Sie die Fachbegriffe für Veränderungen der Urinmenge bzw. der Blasenentleerung in das Rätsel ein. Das Lösungswort ist ein häufiges Problem bei Menschen mit einer Herzschwäche.

Begriff
Harnproduktion < 100 ml pro Tag
schmerzhaftes Wasserlassen
Drang zum häufigen Wasserlassen
unvollständige Harnblasenentleerung
verminderte Urinproduktion (< 500 ml)
stark erhöhte Urinproduktion (> 3000 ml)
Unfähigkeit, Urin zu halten
Unfähigkeit, die gefüllte Harnblase zu entleeren

7 Lesen Sie das Fallbeispiel und kreuzen Sie anschließend die korrekten Aussagen an.

Die Pflegefachkraft Frau Eßbach richtet gerade das Tagesbett von Herrn Meier. Der Bewohner nutzt die Zeit für einen Toilettengang. Nach fünf Minuten erkundigt sich Frau Eßbach nach dem Befinden des Bewohners. Dieser ruft aus der Toilette: „ Ach, ich bin nicht mehr so schnell, ich habe doch dieses „Altherrenleiden". Machen Sie sich mal keine Sorgen um mich…"

	richtig	falsch
Herr Meier hat …		
eine Phimose		
eine Prostatahyperplasie		
Die Erkrankung ist gekennzeichnet durch …		
eine Pollakisurie		
eine Polyrie		
einen abgeschwächten Harnstrahl		
Nachtropfen von Harn		

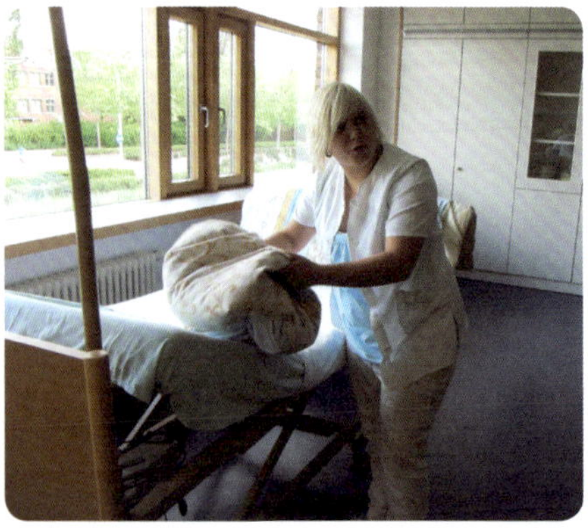

8 Lesen Sie das Fallbeispiel.

Frau Schulz, 68 Jahre alt, leidet seit einiger Zeit unter Harninkontinenz. Ihre Frauenärztin sieht die Ursache in ihrer schwachen Beckenbodenmuskulatur, die kombiniert ist mit einer Absenkung der Gebärmutter. Schon bei leichtem Husten oder bei kleinen Anstrengungen verliert sie unkontrolliert Harn. Frau Schulz kam anfänglich sehr schwer mit diesem für sie sehr belastenden Problem zurecht. In einer Inkontinenz-Selbsthilfegruppe findet sie Rat und Unterstützung.

Erklären Sie den Begriff Harninkontinenz.

Welche Form der Harninkontinenz hat Frau Schulz?

Geben Sie weitere Formen der Harninkontinenz an.

Worin liegt der Behandlungsschwerpunkt bei Frau Schulz?

9 Finden Sie im Suchworträtsel zehn Begriffe zum Krankheitsbild „Mammakarzinom" heraus, die Sie anschließend den vorgegebenen Kategorien zuordnen (ö = oe; → ↓ ↘).

U	M	G	H	Z	J	I	O	L	K	I	U	T	G	F	D	S	A	E	R	G	B	F	G
L	V	B	N	G	M	A	M	M	O	G	R	A	F	I	E	Z	F	S	A	W	Q	A	A
K	O	Y	D	F	T	U	O	I	U	G	H	B	H	V	B	B	B	N	M	K	L	O	I
U	H	R	J	U	Z	R	G	K	B	C	F	D	D	S	A	E	I	S	V	F	E	R	Q
S	A	M	A	M	I	L	L	E	N	R	E	T	R	A	K	T	I	O	N	C	X	S	W
B	S	F	R	N	Z	B	V	C	F	O	B	F	D	S	E	R	T	N	P	Z	I	T	R
I	C	X	V	F	G	E	T	N	M	K	T	M	L	P	I	U	Z	O	T	S	R	S	A
L	Y	M	P	H	O	E	D	E	M	X	V	E	B	M	H	T	R	G	D	S	I	C	V
D	M	F	D	S	F	H	N	H	G	L	H	D	N	E	A	S	E	R	R	T	J	E	M
U	H	G	T	R	E	X	Y	H	X	C	F	R	E	D	S	G	H	A	H	J	U	T	R
N	L	J	U	Z	C	A	Y	T	A	S	T	B	E	F	U	N	D	F	X	S	W	E	R
G	B	N	H	T	Z	I	O	P	L	U	Y	A	Q	W	C	D	F	I	B	H	Z	U	I
A	Q	E	L	Y	M	P	H	K	N	O	T	E	N	S	C	H	W	E	L	L	U	N	G

Mögliche Symptome des Mammakarzinoms (5):

Diagnostische Möglichkeiten (4):

Komplikation (1):

13 Anatomie, Krankheitslehre und Pflege bei Beeinträchtigung der hormonellen Steuerung, Schwerpunkt Diabetes mellitus

1 In der Abbildung sind die wichtigsten Hormondrüsen des menschlichen Organismus dargestellt. Beschriften Sie die Abbildung mit den vorgegebenen Fachbegriffen.

Eierstöcke, Schilddrüse mit Nebenschilddrüsen, Bauchspeicheldrüsen, Hypophyse (= Hirnanhangsdrüse), Hoden, Epiphyse (= Zirbeldrüse), Nebennieren

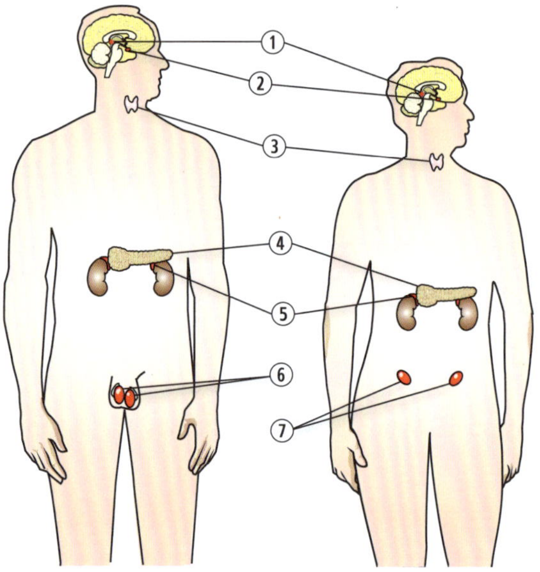

① ______________________

② ______________________

③ ______________________

④ ______________________

⑤ ______________________

⑥ ______________________

⑦ ______________________

2 Ergänzen Sie den Lückentext zur Bauchspeicheldrüse. Wenn alle Begriffe richtig eingesetzt sind, ergeben die nummerierten Buchstaben in der korrekten Reihenfolge einen Fachbegriff aus diesem Schwerpunkt.

Die __ __ __ __ __ __ __ __(1) __ __ __ __ __ __ __ __ __ ist eine exokrine (Produktion der Verdauungsenzyme) wie auch eine __ __ __ __ __ __ __ __(3) __ Drüse (Produktion von __ __ __(5) __ __ __ __ __). Der hormonbildende Teil der Bauchspeicheldrüse wird als Inselorgan oder nach seinem Entdecker als __ __(2) __ __ __(6) __ __ __ __ __-Inselzellen bezeichnet, da die spezifischen Zellen in Gruppen vorkommen. 80 % der Inselzellen sind die sogenannten B-Zellen, die das __ __ __(8) __ __ __ __ produzieren. Dieses Hormon senkt den Blutzucker. Der Gegenspieler ist das Hormon __ __ __ __(4) __ __ __ __, das in den __(7)-Zellen gebildet wird.

Buchstabennummer	1	2	3	4	5	6	7	8
Lösungswort								

3 Welche Aussagen treffen für den Diabetes Typ 1, welchen für den Typ 2 zu?

Die Betroffenen müssen sich lebenslang Insulin spritzen.	Typ ____
Dieser Diabetes-Typ macht 90 % der Fälle aus.	Typ ____
Diese Form wird auch als nicht primär insulinabhängiger Diabetes mellitus bezeichnet.	Typ ____
Die Bezeichnung „Altersdiabetes“ ist überholt, da auch bereits übergewichtige Jugendliche und sogar Kinder daran erkranken können.	Typ ____
Körpereigene Abwehrstoffe (Antikörper) zerstören die Insulin produzierenden B-Zellen der Bauchspeicheldrüse.	Typ ____

4 Im Suchworträtsel sind zwölf Veränderungen bei Blutzuckerentgleisungen versteckt. Ordnen Sie diese nach dem Auffinden der Hyper- bzw. Hypoglykämie zu und schätzen Sie abschließend die Entwicklung der Blutzuckerentgleisungen durch Ankreuzen der Lösung ein (ü = ue; ä = ae; ß = ß; → ↓ ↘).

X	R	T	Z	Z	R	K	R	A	M	P	F	N	E	I	G	U	N	G	G	T	H	B
S	G	H	Z	I	N	G	F	D	S	S	O	C	S	V	F	R	E	W	F	S	F	E
C	H	S	A	T	V	D	E	W	E	T	T	L	Y	X	S	W	R	T	Z	J	N	W
H	J	C	C	T	Y	A	W	A	Q	E	R	T	Y	B	G	T	R	E	S	A	D	U
W	U	X	Y	E	B	N	G	T	Z	R	Z	Z	U	U	N	H	Z	T	R	D	S	S
E	T	C	A	R	C	V	B	G	V	E	R	W	I	R	R	T	H	E	I	T	N	S
I	I	H	V	N	C	W	T	D	F	V	T	B	N	H	Z	I	S	D	W	E	G	T
ß	O	E	X	S	A	F	G	K	Z	J	K	O	K	L	O	U	E	T	Z	I	O	L
A	P	I	C	X	Y	A	S	U	W	R	T	Z	N	U	I	U	Z	T	J	K	L	O
U	M	ß	M	L	O	U	Z	S	D	N	J	Z	I	G	C	S	Y	A	W	Q	B	S
S	J	H	C	X	W	E	I	S	A	U	S	B	D	B	E	C	H	E	I	G	N	I
B	H	U	Y	C	S	W	E	M	K	L	R	L	O	I	U	R	F	S	W	X	D	G
R	G	N	F	S	Q	T	Z	A	N	J	L	S	O	U	N	B	U	V	D	X	V	K
U	T	G	L	K	G	T	U	U	A	D	C	V	T	B	N	S	S	C	C	V	Y	E
E	D	E	W	B	S	C	H	L	A	E	F	R	I	G	K	E	I	T	H	A	S	I
C	S	R	B	N	E	T	Z	S	B	H	H	F	T	R	E	W	D	G	B	N	M	T
H	A	S	X	C	F	H	J	C	B	M	J	J	H	G	F	D	X	V	N	H	G	F
E	C	C	V	V	B	F	R	H	X	C	F	D	X	S	F	T	Z	U	I	O	O	P
B	E	W	U	S	S	T	S	E	I	N	S	E	I	N	T	R	U	E	B	U	N	G

Unterzuckerung (Hypoglykämie)	Überzuckerung (Hyperglykämie)
	Atmung
Benommenheit bis hin zur	
( )schnelle/( ) langsame Entwicklung	( ) schnelle/( ) langsame Entwicklung

Welche Form der Blutzuckerentgleisung ist hier dargestellt?

____

____

5 Geben Sie die drei Säulen der Diabetes-Therapie beim Typ 2 an.

____

____

Welche Begleit- oder Folgekrankheiten können beim Diabetes mellitus auftreten? Kreuzen Sie an.

	richtig?
Niereninsuffizienz	
zunehmende Mundtrockenheit	
Thromboseneigung	
Retinopathie	
periphere arterielle Verschlusskrankheit	
Herzinfarkt	

	richtig?
Arthritis	
Neuropathie	
Schlaganfall	
Hypothyreose	
vermehrte Gallensteinbildung	
Hypertonie	

14 Krankheitslehre und Pflege bei Infektionen und Infektionskrankheiten

1 Infektionserkrankungen können durch eine Vielzahl von Krankheitserregern hervorgerufen werden. Finden Sie die Erregergruppen im Suchworträtsel heraus und ordnen Sie diese anschließend den Begriffserklärungen zu (→ ↘).

G	E	R	H	L	V	V	C	H	A	K
K	P	A	R	A	S	I	T	E	N	M
G	A	R	B	B	A	H	R	S	O	T
A	L	L	O	E	H	S	C	E	M	E
H	B	A	K	T	E	R	I	E	N	U
N	G	T	O	S	O	B	L	A	E	S
Q	A	H	P	I	L	Z	E	I	R	U
R	W	O	N	L	G	H	O	E	N	D
T	K	C	N	T	C	U	W	E	C	N
N	E	H	R	E	H	Z	K	E	N	H

Erreger	Begriffserklärung
	… sind einzellige Kleinstlebewesen, die einen Zellkern haben.
	… sind ein- oder mehrzellige Gebilde, die Mykosen hervorrufen können.
	… sind einzellige Lebewesen, die keinen festen Zellkern besitzen.
	… sind Lebewesen, die sich auf Kosten ihres Wirtes entwickeln.
	… sind kleinste Erreger, die keinen eigenen Stoffwechsel haben; zur Vermehrung benötigen sie die Organellen der Wirtszellen.

2 Geben Sie bei den nachfolgenden Erkrankungen die Erregergruppe an.

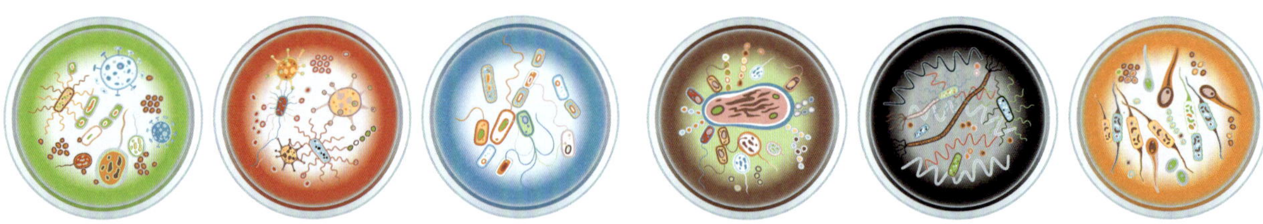

Hepatitis B	
Soor	
Abszess	
Herpes-Infektion	
Meningitis	
Tetanus	

3 Entscheiden und begründen Sie, ob in den geschilderten Fällen eine aktive oder eine passive Immunisierung notwendig ist.

Frau Tornow wurde vor zwei Stunden von einem streunenden Hund gebissen.

Herr Breuner ist chronisch krank. Deshalb möchte er sich gegen die Virusgrippe impfen lassen.

4 Welche der aufgeführten Übertragungswege sind korrekt benannt? Kreuzen Sie die richtigen Lösungen an und korrigieren Sie die falschen Antworten im Unterrichtsgespräch.

Erkrankung	Übertragungsweg	richtig?	ggf. Korrektur
Hepatitis A	durch sexuelle Kontakte		
Eiterflechte	Schmierinfektion		
Hepatitis B	parenterale Infektion		
Influenza	hämatogene Infektion		
Borreliose	orale Infektion		
Fußpilz	Kontaktinfektion		

5 Eine häufig auftretende Reaktion des Körpers bei Infektionserkrankungen ist das Fieber, vor allem bei Infektionen durch Viren und Bakterien. Die Symptome des Fiebers lassen sich in subjektive und objektive Zeichen unterteilen. Ordnen Sie die Symptome zu, indem Sie die jeweiligen Kästchen rot (subjektive Zeichen) bzw. blau (objektive Zeichen) umranden.

verstärkte Durchblutung (roter Kopf)

ggf. Lichtempfindlichkeit der Augen

allgemeines Schwächegefühl

Müdigkeit, Abgeschlagenheit

erhöhte Körpertemperatur

Appetitlosigkeit

Subjektive Zeichen

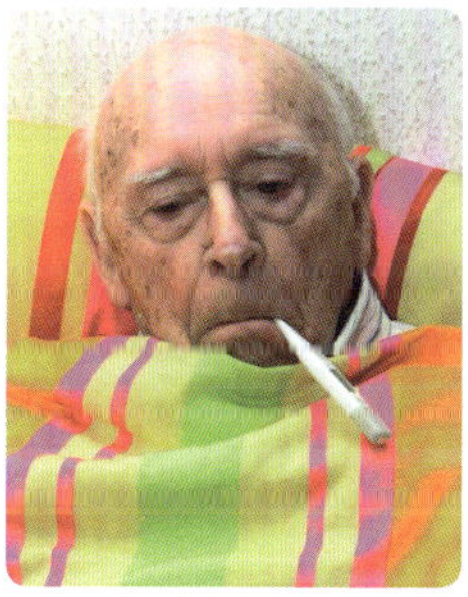

Objektive Zeichen

Kopf- und Gliederschmerzen

ggf. Schüttelfrost

Frösteln

Durst

verringerte Urinausscheidung

erhöhte Atemfrequenz

erhöhte Pulsfrequenz

glänzende Augen, sog. „Fieberaugen"

Krankheitsgefühl

ggf. Verwirrtheit und Bewusstseinseintrübung

6 Lesen Sie das Fallbeispiel und erarbeiten Sie eine (Teil)-Pflegeplanung für die ABEDL's „Vitale Funktionen des Lebens aufrechterhalten können", „Essen und trinken können" und „Sich pflegen können".

Frau Franzi Teifel, eine 85-jährige Dame, wird seit einem Jahr vom Pflegedienst „Alpenrose" betreut. Seit drei Tagen hat die alte Dame die typischen Symptome eines grippalen Infekts. Am meisten leidet sie unter dem anhaltend hohen Fieber (~39,5°C).

Als die Pflegefachkraft Regina heute Morgen kommt, ist sie beunruhigt über den Zustand ihrer Patientin. Sie bemerkt das hochrote Gesicht, die trockene belegte Zunge, die Kleidung und das Bettzeug sind schweißgetränkt und die Teekanne mit dem Pfefferminztee, ihrem Lieblingsgetränk, die die Tochter abends auf den Nachtschrank stellt, ist nicht angerührt …

Probleme/Ressourcen	Ziele	Pflegemaßnahmen
ABEDL „Vitale Funktionen aufrechterhalten können"		
ABEDL „Essen und trinken können"		
ABEDL „Sich pflegen können"		

15 Anatomie, Krankheitslehre und Pflege bei Erkrankungen der Haut

1 Beschriften Sie die Zeichnung vom Querschnitt der Haut.

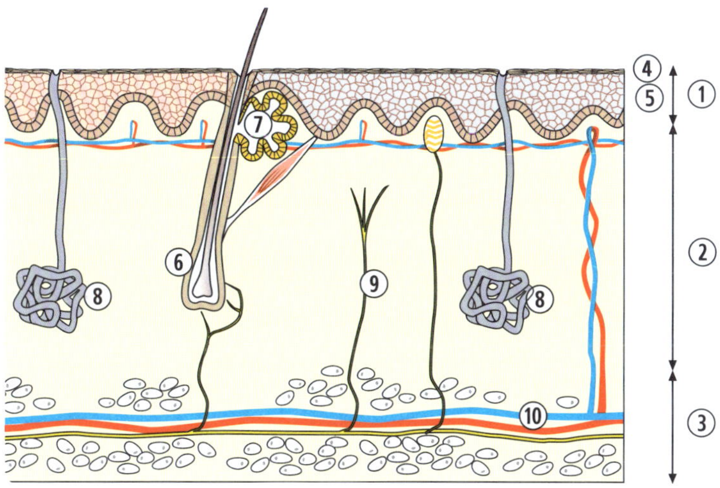

① ______________________

② ______________________

③ ______________________

④ ______________________

⑤ ______________________

⑥ ______________________

⑦ ______________________

⑧ ______________________

⑨ ______________________

⑩ ______________________

2 Nennen Sie die Hautanhangsgebilde.

____

3 Die Haut ist das größte Organ des menschlichen Organismus. Sie hat zahlreiche Aufgaben. Tragen Sie die wesentlichen Aufgaben zusammen.

____

____

____

____

____

____

4 Betrachten Sie die Abbildungen und entscheiden Sie durch Ankreuzen, welche Hauterkrankung/-schädigung jeweils dargestellt ist.

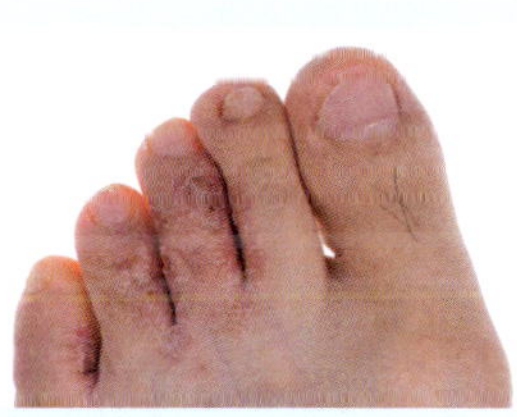	Schuppenflechte		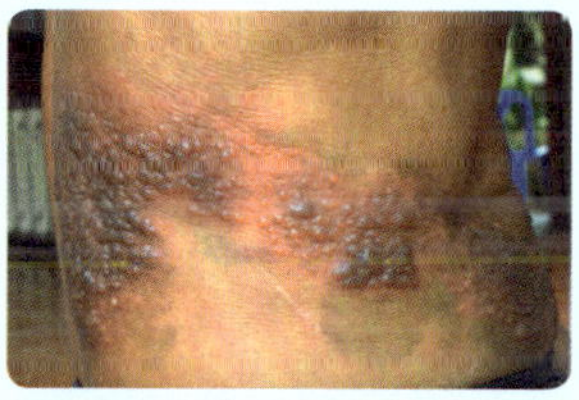	Herpes zoster	
	Erysipel			Intertrigo	
	Fußpilz			Neurodermitis	
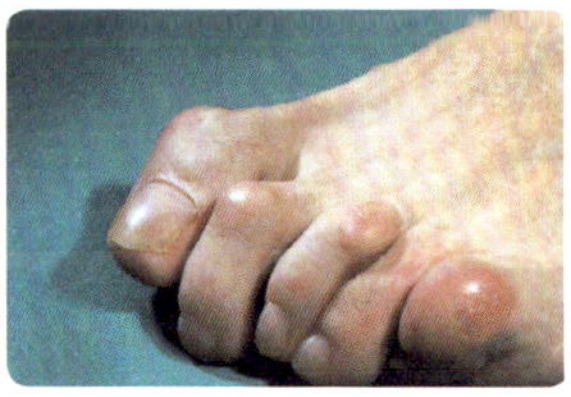	Fußpilz		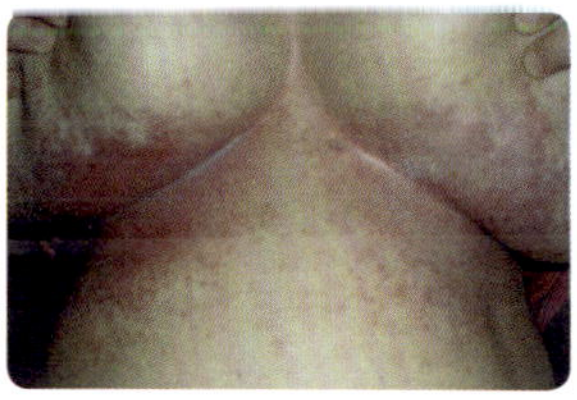	Dekubitus	
	Hühnerauge			Intertrigo	
	Lipome			Verbrennung 1.Grades	

5 Geben Sie je zwei Ursachen für die Veränderung der Hautfarbe an.

Rötung: ____________________

Blässe: ____________________

Zyanose: ____________________

6 Lesen Sie das Fallbeispiel.

Frau Böttcher ist seit zwei Wochen in der stationären Altenpflege. Zuvor wurde sie von ihrer Tochter gepflegt. Seit einem erneuten schweren Schlaganfall fühlt sich die Tochter körperlich nicht mehr in der Lage, die Mutter zu versorgen. In einer ersten Pflegeanamnese bemerkt das Pflegeteam eine Druckstelle im Kreuzbeinbereich. Die Oberhaut hat einen oberflächlichen Defekt. Es stellt sich eine schmerzhafte, nässende Hauterosion dar.

Geben Sie den Fachbegriff und das Stadium (Einteilung nach Seiler) für die Hautveränderung bei Frau Böttcher an.

____

Welche der Abbildungen entspricht dem Hautbild von Frau Böttcher?
Kreuzen Sie die richtige Lösung an.

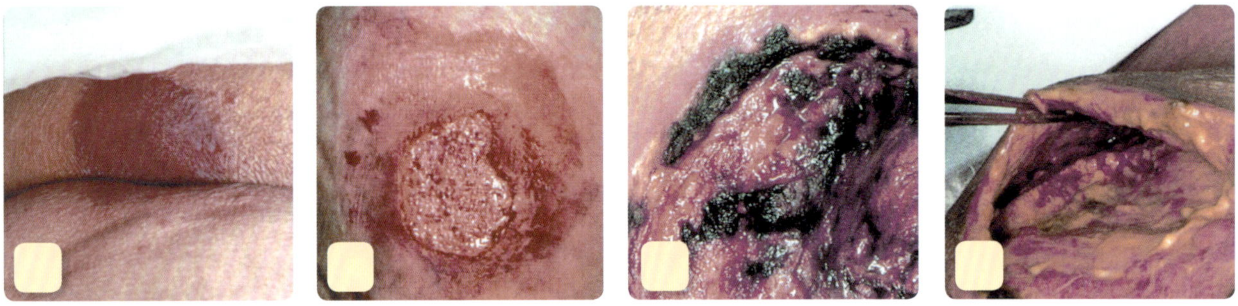

Welche Schwerpunkte muss der Behandlungsplan von Frau Böttcher enthalten?

____

16 Anatomie, Krankheitslehre und Pflege bei Erkrankungen des Nervensystems

1 Das Nervensystem ist ein komplexes Organsystem, das sämtliche Lebensvorgänge im Körper steuert und koordiniert. Setzen Sie die vorgegebenen Begriffe in die Übersicht vom Aufbau des Nervensystems ein.

Spinalnerven, peripheres Nervensystem, Hirnnerven, unwillkürliches Nervensystem, Gehirn, sympathisches Nervensystem, Rückenmark, zentrales Nervensystem, willkürliches Nervensystem, parasympathisches Nervensystem

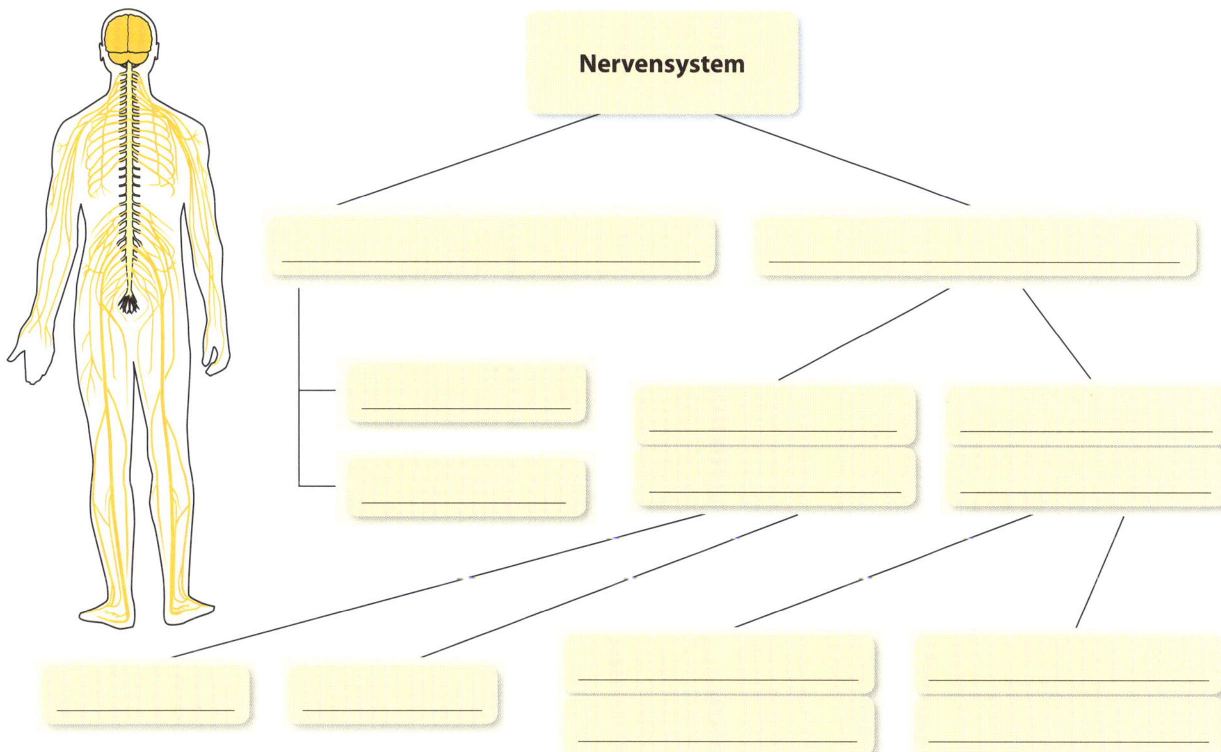

2 Beschriften Sie die vorgegebenen Strukturen im Querschnitt des Gehirns.

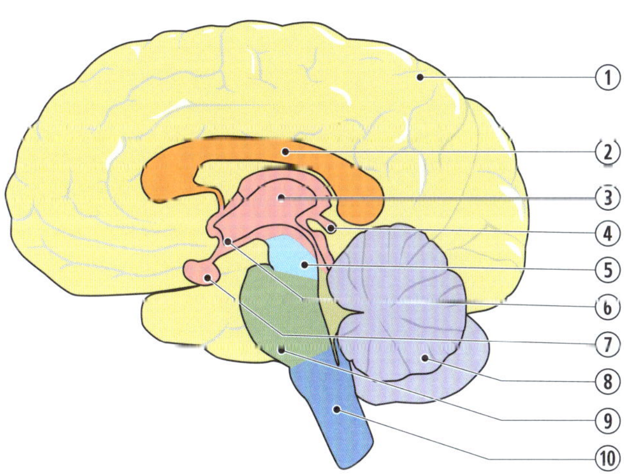

① ____________________

② ____________________

③ ____________________

④ ____________________

⑤ ____________________

⑥ ____________________

⑦ ____________________

⑧ ____________________

⑨ ____________________

⑩ ____________________

3 Sie sehen in der Abbildung die linke Großhirnhemisphäre.

a) Nehmen Sie zunächst die Beschriftung der Hirnlappen vor.

b) Ordnen Sie anschließend den Funktionszentren der Hirnrinde (Rindenfelder), die im Kasten vorgegeben sind, die Ziffern aus der Abbildung zu.

c) Das Sprachzentrum liegt bei den meisten Menschen in der linken Großhirnhemisphäre. Bei Schädigung dieses Areals, z. B. durch einen Schlaganfall oder Hirntumoren kann es zu einer motorischen oder sensorischen Aphasie kommen. Erörtern Sie diese Funktionsstörungen unter Einbeziehung der Begriffe „Broca-Sprachzentrum“ und „Wernicke-Sprachzentrum“.

a)

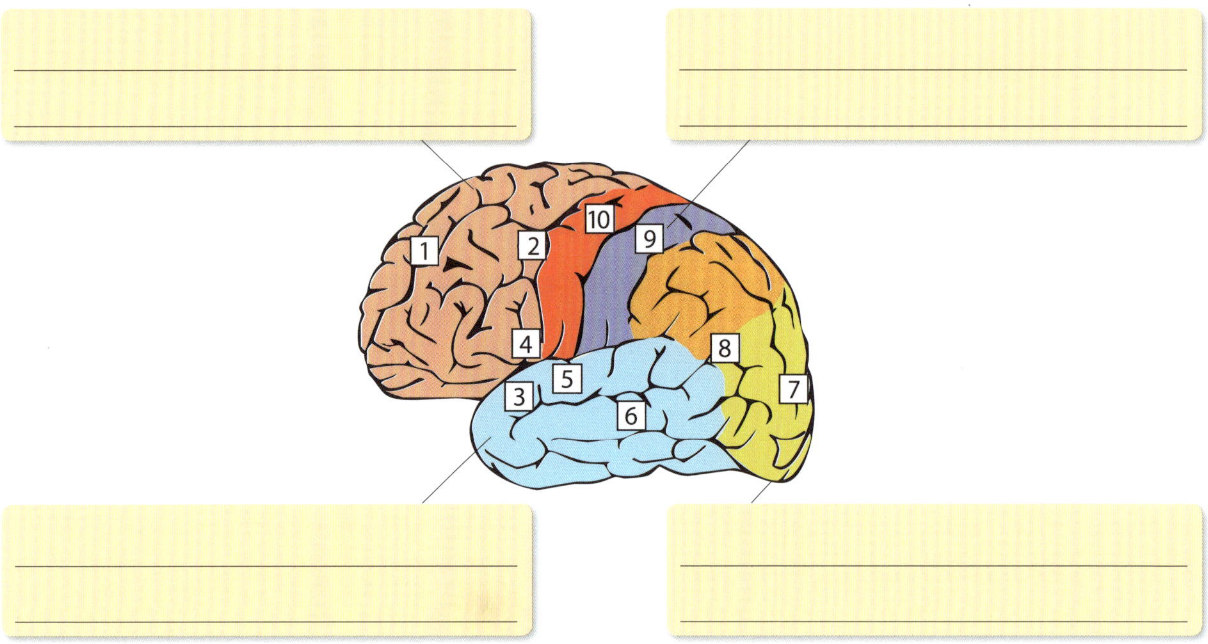

b)

____	motorisches Sprachzentrum (Broca-Zentrum)	____	sensorisches Sprachzentrum (Wernicke-Zentrum)
____	optisches Schreib-und Lesezentrum	____	Sehzentrum
____	Denkvorgänge (Denken, Planen, Fühlen)	____	motorisches Lese- und Schreibzentrum
____	sensorischer Bereich (Empfindungen, Körperfühlsphäre)	____	Hörzentrum
____	Geschmacks- und Geruchszentrum	____	motorischer Bereich (Willkürmotorik)

c) Motorische Aphasie:

Sensorische Aphasie

4 Benennen Sie die 12 Hirnnerven und ihre wesentlichen Funktionen.

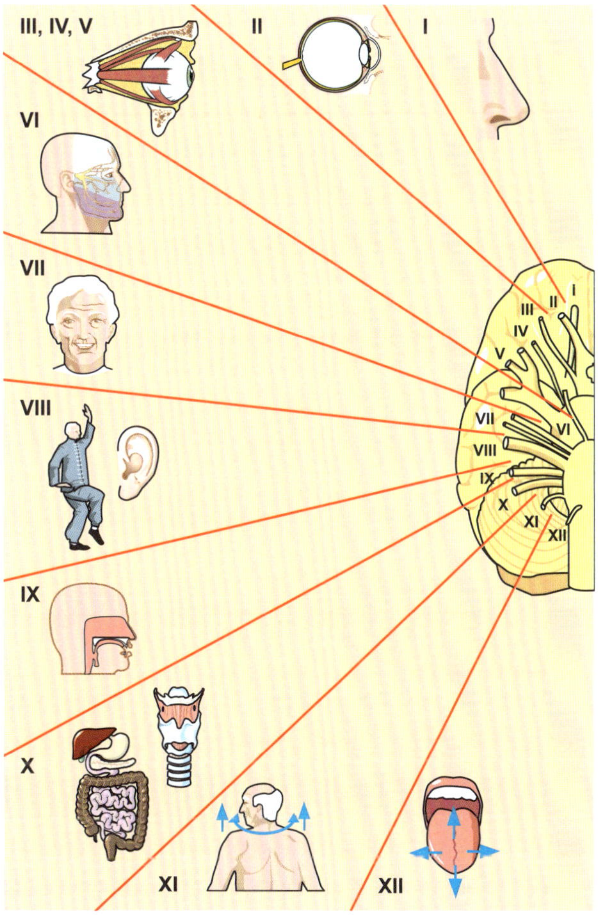

Hirnerv	Funktion
I	
II	
III	
IV	
V	
VI	
VII	
VIII	
IX	
X	
XI	
XII	

5 Ordnen Sie die Ziffern den Strukturen im Bereich des Rückenmarks zu.

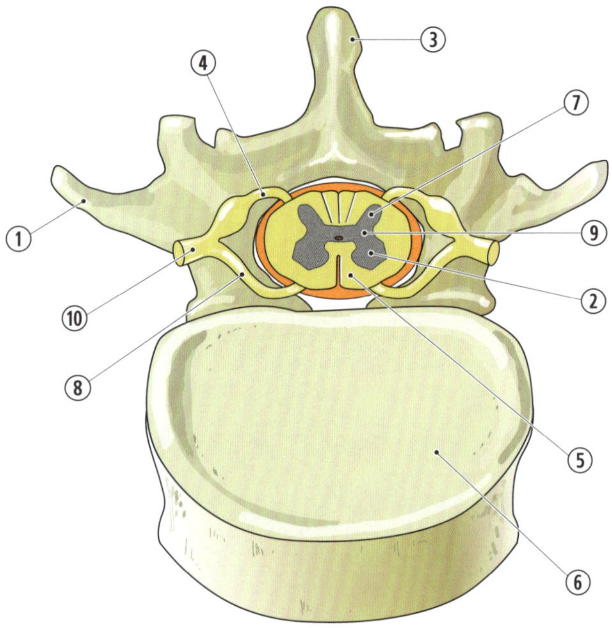

_____ weiße Substanz
_____ graue Substanz
_____ Vorderhorn
_____ Hinterhorn
_____ vordere Wurzel
_____ hintere Wurzel
_____ Spinalnerv
_____ Wirbelkörper
_____ Querfortsatz
_____ Dornfortsatz

6 Kreuzen Sie die falschen Aussagen zum Thema „Nervensystem" an und korrigieren Sie im Unterrichtsgespräch.

	falsch?
Efferente Nerven leiten Impulse vom zentralen Nervensystem zu Muskeln und Drüsen.	
Afferente Nerven leiten Erregungen der glatten Muskulatur zum zentralen Nervensystem.	
Eine einseitige Schädigung des pyramidalen Systems, z.B. durch einen Schlaganfall, führt zu einer (Teil-)Lähmung auf der betroffenen Seite.	
Das vegetative Nervensystem überwacht und regelt unwillkürliche Funktionen, wie z.B. Herzschlag, Sekretion der Drüsen, Atmungsfrequenz…..	
Die graue Substanz enthält auf- und absteigende Nervenfasern, die weiße Substanz vornehmlich Nervenzellen.	
Das Rückenmark bildet beim Erwachsenen einen langen Strang vom Hinterhauptsloch bis zum 1. oder 2. Lendenwirbel.	
Die 11 paarig angelegten Hirnnerven verlassen das zentrale Nervensystem oberhalb des Rückenmarks.	

7 Lesen Sie das Fallbeispiel.

Herr und Frau Brehmer genießen es, den Tag mit einem gemeinsamen Frühstück zu beginnen. Eines Morgens bemerkt Frau Brehmer, dass ihr Mann plötzlich die Kaffeetasse nicht mehr halten kann und Probleme beim Sprechen hat. Nach kurzer Zeit verschwinden diese Symptome.

Worauf deuten diese Krankheitszeichen hin?

____

Sind sie ernst zu nehmen?

____

8 Lesen Sie das Fallbeispiel und beantworten Sie anschließend die Fragen.

Frau Bauers Erkrankung begann vor ca. 20 Jahren. Die heute 52-Jährige hatte plötzlich Sehstörungen und Missempfindungen in den Beinen und eine Muskelschwäche im rechten Arm. Nach zahlreichen Arztkonsultationen wurde die Diagnose gestellt. Zehn Jahre später musste die gelernte Sekretärin auf Grund der drastischen Verschlechterung ihres Gesundheitszustandes in ein Pflegezentrum. Heute kann sie weder laufen, noch sich selbstständig waschen oder anziehen …

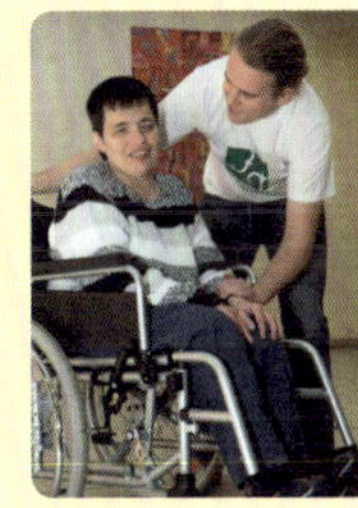

Welche Diagnose wurde bei Frau Bauer gestellt?

Ist der geschilderte Krankheitsverlauf von Frau Bauer charakteristisch oder kennen Sie durch Ihre Praxiserfahrungen auch andere Verläufe?

Beweisen Sie die Aussage, dass es sich bei dieser Erkrankung um eine „Krankheit mit 1000 Gesichtern" (frühere Bezeichnung) handelt, indem Sie zu den bereits aufgeführten Symptomen von Frau Bauer weitere ergänzen.

9 Auf den Abbildungen erkennen Sie charakteristische Symptome der Parkinsonschen Erkrankung. Benennen und erläutern Sie diese.

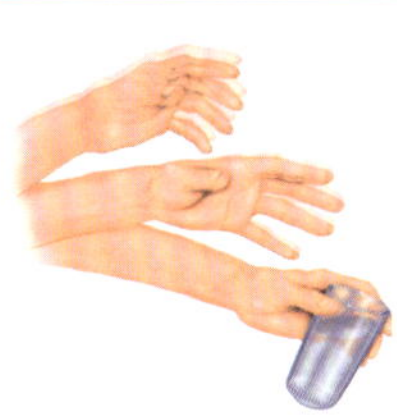	
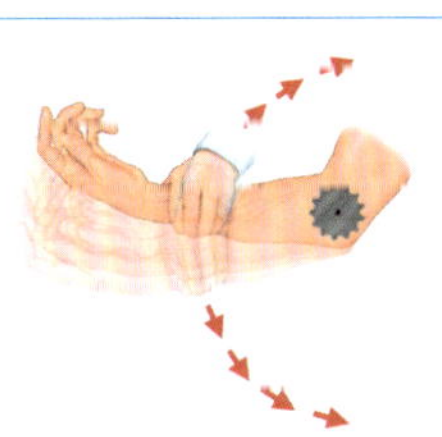	
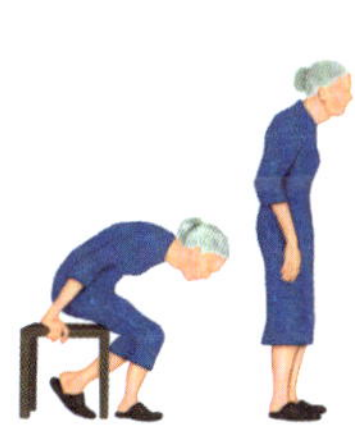	

10 Sie haben in Ihren Praxiseinsätzen sicher schon Schlaganfall-Patienten betreut. Die typische Haltung der Betroffenen ist in der Abbildung dargestellt.

Beschreiben Sie die Veränderungen.

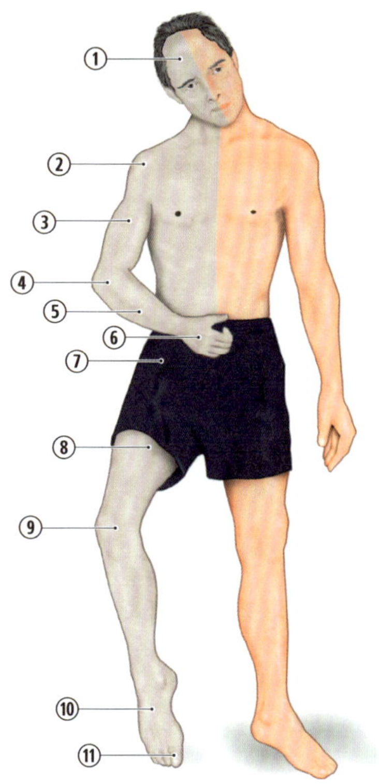

① Kopf __________

② Schulter __________

③ Oberarm __________

④ Ellenbogen __________

⑤ Unterarm __________

⑥ Hand __________

⑦ Becken __________

⑧ Oberschenkel __________

⑨ Knie __________

⑩ Fuß __________

⑪ Zehen __________

Wie wird dieses typische Lähmungsmuster bezeichnet?

____

Sehen Sie sich die Abbildung noch einmal genauer an und nutzen Sie Ihre anatomischen Grundkenntnisse: Sind bei diesem Mann Sprachstörungen wahrscheinlich? Begründen Sie Ihre Antwort.

____

Ein besonderes Phänomen, das bei einem Schlaganfall auftreten kann, ist der Neglect, die Vernachlässigung der gelähmten Körperseite. Wie heißt das rehabilitative Konzept, das dieser „Halbseitigkeit“ entgegenwirken soll?

____

Ein Hauptaugenmerk dieses Konzepts richtet sich auf die Einrichtung des Zimmers. Gestalten Sie das vorgegebene Zimmer nach diesem Konzept um.

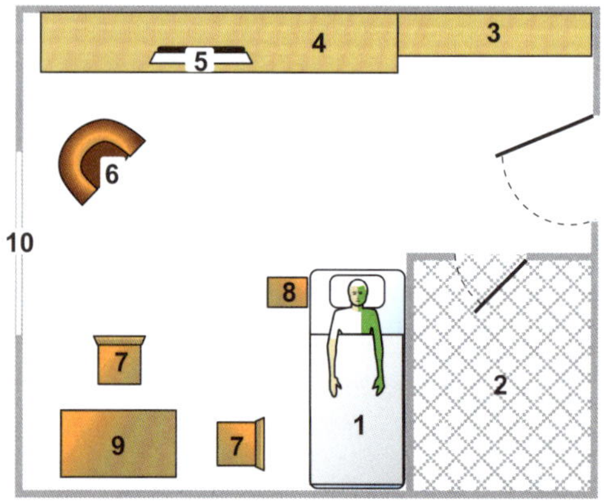

1 Schlaganfallpatient *
2 Bad
3 Schrank
4 Anrichte
5 Fernseher
6 Sessel
7 Stühle
8 Nachttisch
9 Tisch
10 Fenster

* grün: gelähmte Seite

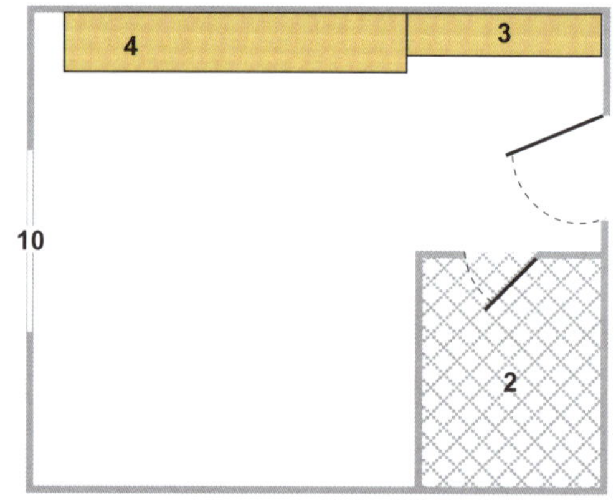

17 Krankheitslehre und Pflege bei Beeinträchtigung der psychischen Handlungsfähigkeit, Schwerpunkt Demenz

1 Finden Sie im Suchworträtsel Schwerpunkte der Krankenbeobachtung im Bereich der Gerontopsychiatrie heraus und ordnen Sie diese anschließend folgerichtig den Beispielen zu.

C	D	A	H	T	R	E	X	V	D	S	H	U	R	G	N	G	F
B	E	W	U	S	S	T	S	E	I	N	S	L	A	G	E	Y	W
S	F	Q	M	F	K	J	U	R	K	L	D	F	D	V	B	S	A
C	X	S	A	D	M	B	G	T	Z	J	Z	U	E	L	K	N	H
E	V	A	C	V	G	E	D	A	E	C	H	T	N	I	S	N	R
K	T	N	S	W	E	G	R	H	K	O	A	X	K	E	Q	N	N
M	B	T	D	E	W	H	K	K	N	V	Y	C	E	D	E	G	E
M	V	R	S	A	E	T	U	I	S	M	H	K	N	L	X	V	H
S	T	I	M	M	U	N	G	S	L	A	G	E	D	B	G	Z	M
L	D	E	A	S	B	T	Z	J	K	L	M	N	A	V	B	E	U
N	S	B	Q	E	R	F	G	H	T	Z	U	K	B	D	A	N	N
W	M	A	W	B	U	O	R	I	E	N	T	I	E	R	U	N	G
G	G	H	U	E	W	Q	A	D	F	V	C	X	S	I	N	H	T
B	D	E	R	T	H	G	D	S	A	Y	X	V	L	N	T	E	Q

Frau Meier sagt, dass ihr das Denken zunehmend schwerfällt, das wäre wie ein Knoten im Gehirn.

____

Herr Braune wurde vor einer Stunde geduscht. Nun bemerkt er, dass man hier nie gewaschen wird.

____

Frau Beier läuft unruhig im Wohnbereich hin und her. Alle Bemühungen, sie zum Hinsetzen zu überreden, schlagen fehl.

____

Herr Schmidt kommt ins Dienstzimmer und teilt mit, dass er jetzt endlich Schnee schieben muss. Es ist August.

____

Frau Weller soll im Rahmen einer Kurzaktivierung Kartoffeln schälen. Sie schaut nur geradeaus und nimmt die neben ihr liegende Kartoffel kaum wahr.

____

Frau Holm beobachtet argwöhnisch die Pflegefachkräfte beim Bettenbeziehen. Plötzlich schreit sie, dass sie hier von allen bestohlen wird … sie hätte es genau gesehen, wie eine der Pflegefachkräfte ihren ganzen Schmuck eingesteckt hätte.

____

Herr Wicke ist tagsüber meist orientiert. Jetzt in der Nacht läuft er im Wohnbereich umher, öffnet die Türen anderer Bewohner und redet unverständlich. Er ist akut verwirrt.

____

Frau Melzer sitzt in einem Sessel des Aufenthaltsraums, ist traurig und weint leise vor sich hin. Die Pflegefachkräfte konnten dieses Verhalten schon öfter beobachten, vor allem, wenn sie lange keinen Besuch von der Tochter hatte.

____

2 Nach welchen Kriterien kann der Beobachtungspunkt „Orientierung" eingeschätzt werden?
Geben Sie zum besseren Verständnis je ein Beispiel für Desorientierung an.

__________ Orientierung: ______________________________

__________ Orientierung: ______________________________

__________ Orientierung: ______________________________

__________ Orientierung: ______________________________

3 Lesen Sie das Fallbeispiel und beantworten Sie anschließend die nachfolgenden Fragen.

Herr Schubert, 86 Jahre alt, lebt seit drei Wochen in der Pflegeeinrichtung „Waldesruh". Sein Sohn und seine Schwiegertochter bemerkten seit ca. einem halben Jahr, dass der Vater sich selbst, den Haushalt, den Garten und seine sonst immer treu umsorgten Kaninchen mehr und mehr vernachlässigte. Auch seine abonnierte und stets mit Interesse gelesene „Kaninchen-Zeitung" lag achtlos in der Ecke zwischen der ganzen Werbepost. Darauf angesprochen, reagierte Herr Schubert meist sehr heftig und beschimpfte seinen Sohn der Lüge und als Erbschleicher, der ihn nur schnell aus dem Haus drängen wolle. Als der Vater eines Tages vergaß den Wasserhahn im Garten zu schließen und erst die Nachbarn Schlimmeres verhinderten, drängte der Sohn seinen Vater zu einer Arztkonsultation. Als Diagnose wurde eine „Demenz vom Alzheimer-Typ" festgestellt. Mit viel Einfühlungsvermögen und Ausdauer bewegten die Kinder den Vater zum Umzug in die Pflegeeinrichtung.

Herr Schubert hat sich an die neue Umgebung noch nicht gewöhnt. Ruhelos läuft er die Flure im Wohnbereich auf und ab. Sein Zimmer, das mit einrichtungsinternem Mobiliar ausgestattet ist, findet er nicht ohne Hilfe. Oft redet er leise und zusammenhangslos vor sich hin, nur ab und zu sind Worte wie „Kaninchen", „Hof" und „Garten" herauszuhören …

Das Pflegeteam möchte Herrn Schubert dabei helfen, sich in der neuen Umgebung besser einzuleben. Tragen Sie unter Vorgabe einiger Betreuungs- und Therapiekonzepte bewohnerbezogene Möglichkeiten zusammen.

Biografieorientierte Pflege

Milieutherapie

Gedächtnis- und Gehirntraining

Personenzentrierter Ansatz nach Kitwood

Erläutern Sie kurz die angegebenen gerontopsychiatrischen Tests.

MMST

Cohen-Mansfield-Skala

Uhrentest

18 Anatomie, Krankheitslehre und Pflege bei Beeinträchtigung der Augen und Ohren

1 Vervollständigen Sie unter Verwendung der vorgegebenen Begriffe die Beschriftung der Sinnesorgane „Auge“ und „Ohr“.

Glaskörper, Netzhaut, Linse, Pupille, oberes Augenlid, Iris, blinder Fleck, Hornhaut, vordere Augenkammer, Sehnerv

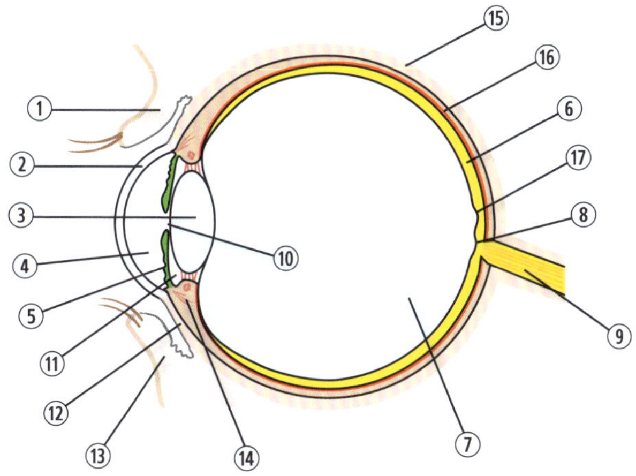

① ____________________
② ____________________
③ ____________________
④ ____________________
⑤ ____________________
⑥ ____________________
⑦ ____________________
⑧ ____________________
⑨ ____________________
⑩ ____________________
⑪ hintere Augenkammer
⑫ Bindehaut
⑬ unteres Augenlid
⑭ Ringmuskel
⑮ Lederhaut
⑯ Aderhaut
⑰ gelber Fleck

Gehörgang, Schnecke (Hörorgan), Innenohr, Bogengänge (Drehsinnesorgan), äußeres Ohr, Trommelfell

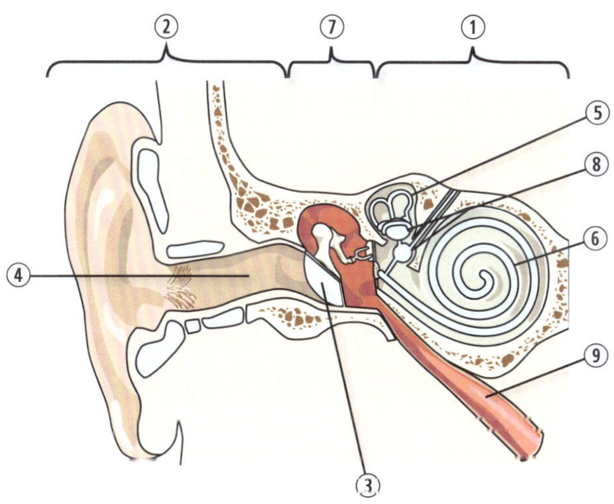

① ____________________
② ____________________
③ ____________________
④ ____________________
⑤ ____________________
⑥ ____________________
⑦ Mittelohr
⑧ Vorhofsäckchen (Lagesinnesorgan)
⑨ Ohrtrompete (Eustachische Röhre)

2 Lösen Sie das Rätsel zum Thema „Sinnesorgane“. Das Lösungswort ergibt eine typische Alterserkrankung des Auges (ö=oe; ä=ae).

1 technisches Hilfsmittel bei Schwerhörigkeit
2 häufige Ursache von Stürzen
3 glasklare äußere Augenhaut
4 akuter Hörverlust ohne erkennbare Ursache
5 Eintrübung der Linse
6 Anpassungsreaktion des Auges auf nahe bzw. weite Objekte
7 Membran am Ende des äußeren Gehörgangs

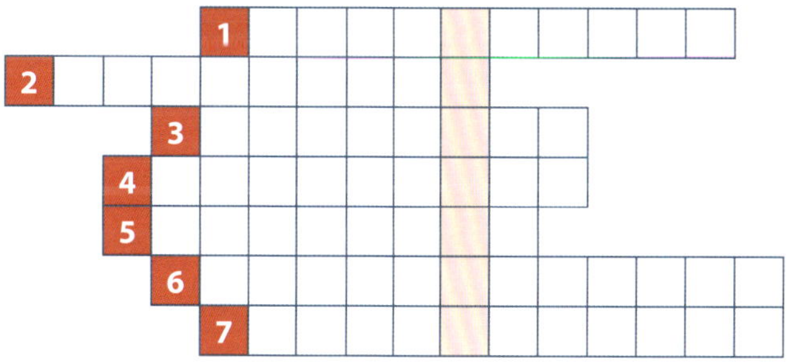

Lösungswort: _ _ _ _ _ _ _

3 Die linken Abbildungen zeigen den Verlauf der Strahlengänge bei kurz-, normal- und weitsichtigen Menschen.

In der rechten Abbildung sollen Sie die Kurz- und die Weitsichtigkeit korrigieren, indem Sie die passenden Linsen (entspricht dem Brillenglas) und den darauf folgenden Strahlengang einzeichnen. Wie werden die jeweiligen Linsen bezeichnet?

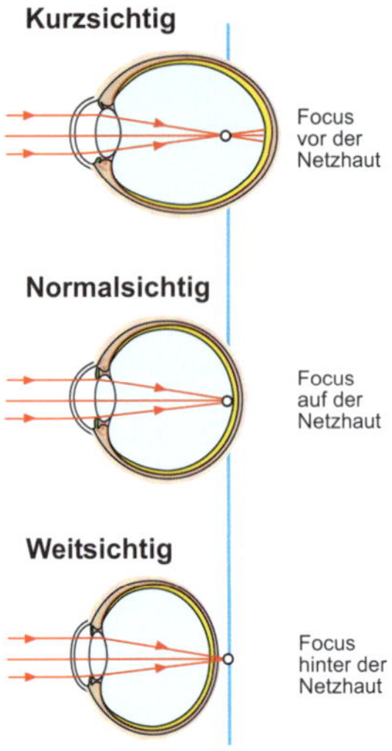

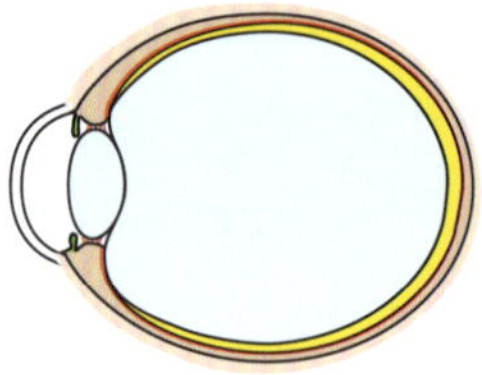

____

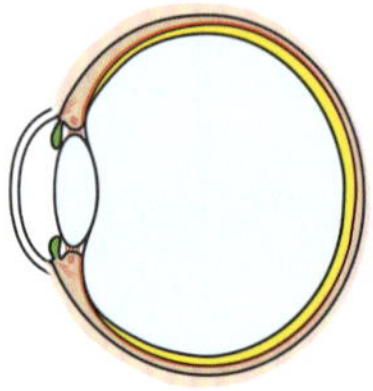

____

4 Lesen Sie die Fallbeispiele und geben Sie die Krankheitsbilder an.

a) Frau Bork empfindet Autofahren seit ca. einem halben Jahr als sehr anstrengend, da sie zunehmend Probleme hat, die Verkehrsschilder zu erkennen.

____

b) Herr Reuter hat einen zu hohen Augeninnendruck, wie sein Augenarzt feststellte. Eine Einschränkung des Gesichtsfelds am linken Auge zwingt ihn zu einem weiteren Arztbesuch.

____

c) Frau Scholz liebt es, im Kreise ihrer Kinder Festtage zu erleben. Seit einiger Zeit bemerkt sie, dass sie Stimmen und Geräusche nur noch in abgeschwächter Form wahrnimmt. Auch Telefongespräche beendet sie oft abrupt, da sie den Gesprächspartner nicht richtig versteht.

____

5 Frau Scholz (Aufgabe 4c) zieht sich immer mehr zurück, da sie den Gesprächen kaum noch folgen kann. Geben Sie Möglichkeiten an, wie Sie mit Frau Scholz trotz ihrer Einschränkung in Kommunikation treten können.

____

6 Nennen Sie vier alltagserleichternde Hilfsmittel für Sehbeeinträchtigte.

____

19 Krankheitslehre und Pflege bei chronischen Schmerzen

1 In der Übersicht sind die verschiedenen Schmerzformen erkennbar. Ordnen Sie die vorgegebenen Beispiele der Tabelle zu.

Oberbauchbeschwerden, Trigeminusneuralgie, Verbrennung, Kopfschmerzen, Nierenkolik, Knochenbruch, Polyneuropathie, Schnittverletzung, Bauchfellentzündung, Muskelkrämpfe

Schmerzform		Beispiele
Nozizeptiver Schmerz	Oberflächenschmerz	
	Tiefenschmerz	
	Eingeweideschmerz	
Neuropathischer Schmerz		
Psychosomatischer Schmerz		

2 Wie im Expertenstandard „Schmerzmanagement in der Pflege" festgelegt, hat unmittelbar nach Feststellen von Schmerzen oder schmerzbedingten Problemen eine systematische Schmerzeinschätzung durch die Pflegefachkraft zu erfolgen. Dazu benötigt sie zielgruppenspezifische Einschätzungs- und Dokumentationsinstrumente. In der Übersicht finden Sie drei Skalen zur Schmerzerfassung. Erklären Sie die wesentlichen Unterschiede und bestimmen Sie abschließend die dargestellte Skala.

Skalen zur Schmerzerfassung	Erläuterung
BESD-Skala	
Wong-Baker-Skala	
Numerische Rating-Skala	

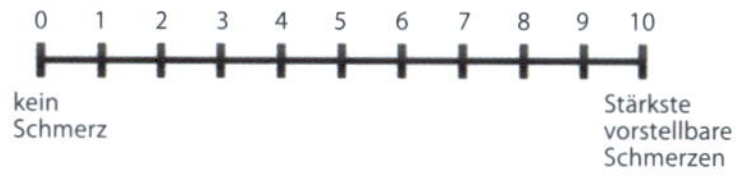

3 Neben der medikamentösen Behandlung von Schmerzen können auch nicht medikamentöse Maßnahmen zur Schmerzlinderung angewendet werden. Ein Beispiel sehen Sie in der Abbildung. Geben Sie weitere Beispiele an.

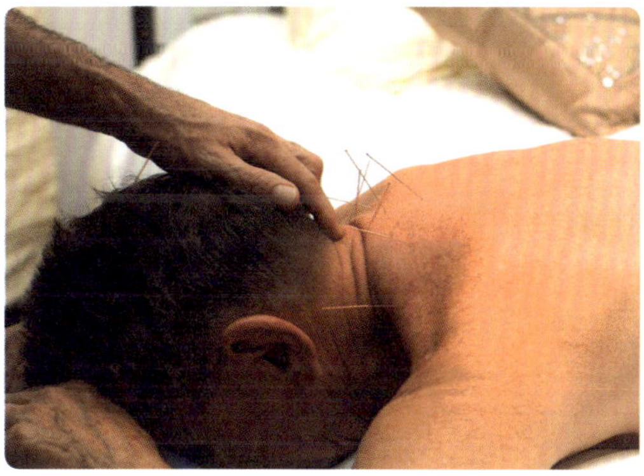

20 Krankheitslehre und Pflege bei Krebserkrankung

1 Vervollständigen Sie den Lückentext zum Thema „Fatigue“ unter Zuhilfenahme der vorgegebenen Begriffe.

Wechsel, Schlafgewohnheiten, Erschöpfung, Familie, körperliche, Tumorpatienten, Leben, Appetit, Aufklärungsgespräche, Aktivität, Ruhe, Desinteresse, Angehörigen

Fatigue ist ein Zustand schwerer __________ und Müdigkeit, der besonders bei chronisch Kranken und __________ im Verlauf der Erkrankung auftritt. Kennzeichnend ist neben der extremen Müdigkeit eine verminderte __________ Belastbarkeit, Motivationsverlust, zunehmendes __________ an der Umwelt, Isolation gegenüber Freunden und der __________ und ein nachlassendes Interesse am __________ selbst. Diesem Komplex aus Symptomen versucht man in der Pflege mit verschiedenen Strategien zu begegnen. Dazu gehören u.a. __________ über Fatigue mit den Betroffenen, aber auch mit ihren __________, eine angemessene körperliche __________ (Spaziergänge, Rad fahren), ggf. eine Änderung der bisherigen __________ (Tag-Nacht-Rhythmus, Frischluftzufuhr), eine trotz mangelndem __________ ausgewogene Ernährung und ein dem Zustand angepasster __________ zwischen __________ und Aktivität.

2 Eine Form der Krebstherapie ist die Bestrahlung. Trotz gezielter Applikation kann es zu unerwünschten Reaktionen des gesunden Nachbargewebes kommen. Zeigen Sie Pflegemaßnahmen auf, die den dargestellten Nebenwirkungen entgegenwirken.

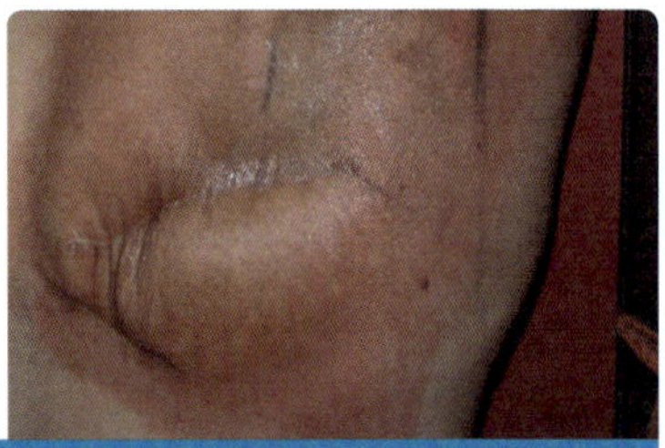

Bestrahlungsgebiet	Reaktionen auf Bestrahlung	Pflegemaßnahmen
Oberhaut (unabhängig von der Lokalisation)	Erythem, Ödembildung, feuchte Abschuppung, Ulzerationen bis hin zur Nekrose	
Mundschleimhaut	Entzündungen der Mundschleimhaut, Schmerzen, ggf. Soor	
Hals, Speiseröhre	Entzündung, Schluckprobleme, Schmerzen, Appetitlosigkeit	

21 Pflege eines sterbenden Menschen

1 Elisabeth Kübler-Ross war eine der ersten Sterbeforscherinnen, die den Prozess des Sterbens anhand zahlreicher Interviews mit Sterbenden in fünf „Sterbephasen" unterschied. Bringen Sie die Phasen in die richtige Reihenfolge und charakterisieren Sie diese anschließend.

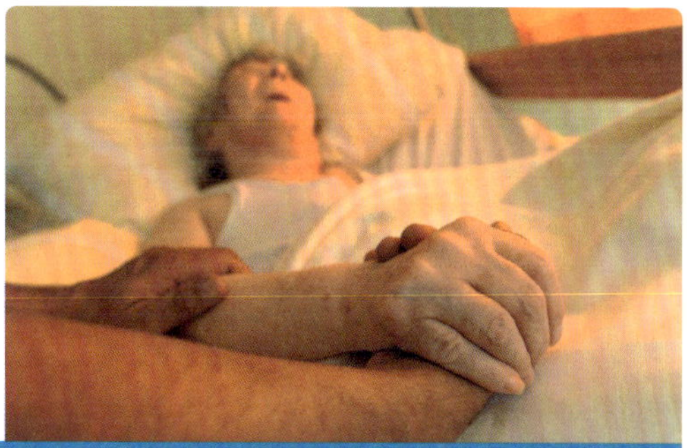

Depression, Zorn, Zustimmung, Nichtwahrhabenwollen und Isolierung, Verhandeln

Phasen	Erläuterung
1.Phase	
2.Phase	
3.Phase	
4.Phase	
5.Phase	

2 Nach einer Umfrage der Deutschen Hospiz Stiftung haben viele Menschen den Wunsch, die letzte Lebenszeit in vertrauter Umgebung zu verbringen.

Positionieren Sie sich zu dieser Aussage. Tritt diese gewünschte Situation bei der Mehrzahl der Bevölkerung ein?

Zeigen Sie Orte des Sterbens auf. Wo würden Sie Angehörige versorgt wissen wollen?

Geben Sie Kernbedürfnisse sterbender Menschen an.

3 Wahrscheinlich haben auch Sie schon Sterbende betreut. Bei der Krankenbeobachtung kann man verschiedene körperliche Zeichen erkennen, die auf einen nahenden Tod hinweisen. Kreuzen Sie die zutreffenden Aussagen an.

	richtig	falsch
tiefe und verlängerte Atemzüge, die oftmals schnarchend sind		
weiße Nasenspitze, Gesicht fällt zunehmend ein		
blasse, bläulich marmorierte Haut		
leichter Blutdruckanstieg		
Augen sind geschlossen		
zunehmende Apathie und Bewusstseinseintrübung		
beim Öffnen der Augenlider gesteigerte Pupillenreaktion		
kalte Extremitäten		

4 Geben Sie einen Überblick über pflegerische Maßnahmen bei der Betreuung von Sterbenden in der finalen Phase.

Lernfeld 1.4 Anleiten, Beraten und Gespräche führen

1 Kommunikation und Gesprächsführung

1 Mit dem Sender-Empfänger-Modell lässt sich die zwischenmenschliche Kommunikation gut darstellen. Nutzen Sie das Grundmodell für die Anwendung im Fallbeispiel. Die Vorgaben dazu finden Sie im Kasten.

Bewohner Herr Braune; „Ich möchte Ihren Verbandswechsel durchführen.“; freundliche Mimik; Bewohnerzimmer; Altenpflegerin Frau Berke; gesprochene Sprache; „Das freut mich. Ich habe Sie schon erwartet.“

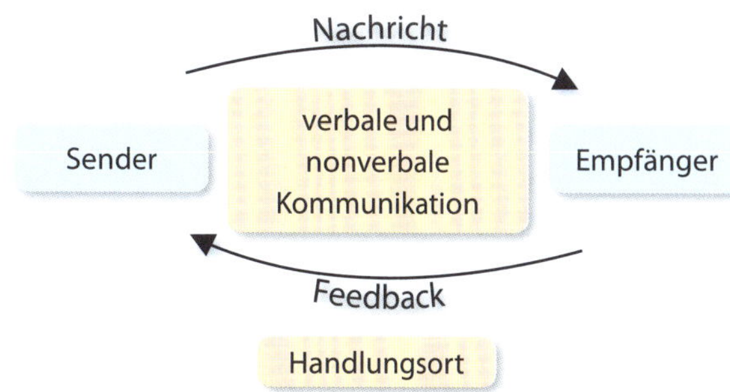

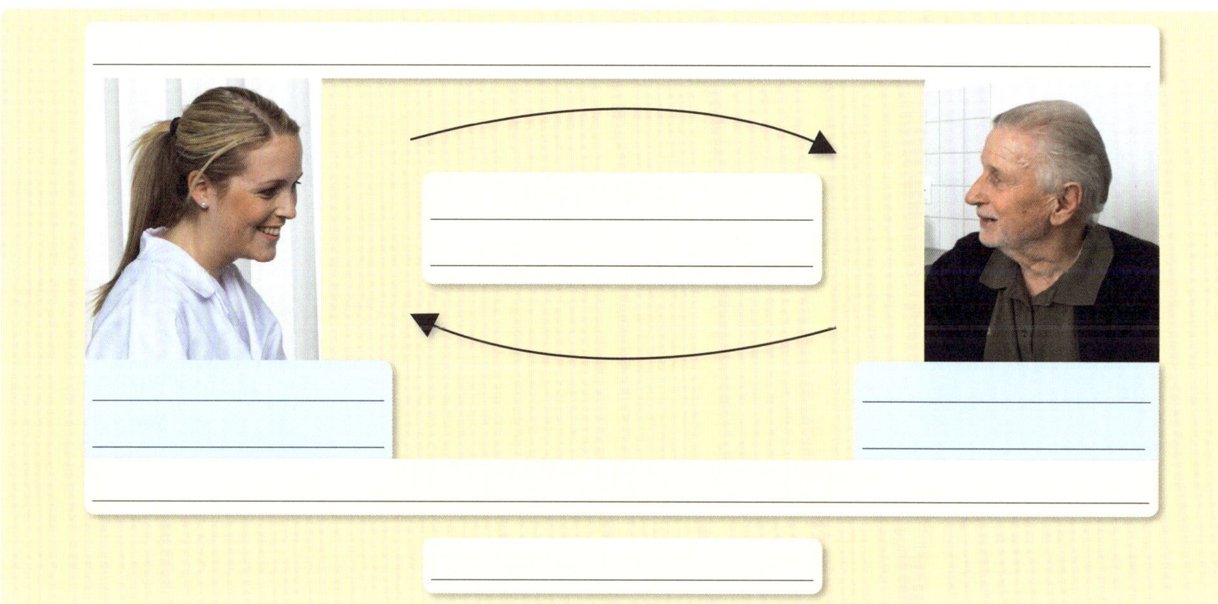

2 Jede Nachricht enthält gleichzeitig vier Botschaften. Bearbeiten Sie mithilfe des vorgegebenen Grundschemas das Fallbeispiel, indem Sie die vier Botschaften des Senders zusammentragen.

Die Bewohnerin Frau Tornow hat heute um 9.00 Uhr einen Termin beim Augenarzt. Die Altenpflegerin Frau Grocholl will die Bewohnerin aus ihrem Zimmer abholen und sie zum bereits wartenden Taxi begleiten. Frau Tornow ist aber noch nicht fertig. Sie kämmt gerade ihre Haare und will noch ihren Schmuck anlegen. Frau Grocholl weist sie darauf hin, dass das Taxi bereits wartet und der Arzttermin in 20 Minuten ist.

Die vier Botschaften des Senders (Altenpflegerin Frau Grocholl).

Der Sachinhalt

____

____

Die Beziehung

____

____

Die Selbstoffenbarung

____

____

Der Appell

____

____

3 Der Empfänger interpretiert die Nachricht mit „vier verschiedenen Ohren“. Nutzen Sie nochmals das Fallbeispiel aus der Aufgabe 2 und geben Sie die vier Seiten des Empfangs an.

Die vier Seiten des Empfangs (Bewohnerin Frau Tornow).

Sach-Ohr

Appell-Ohr

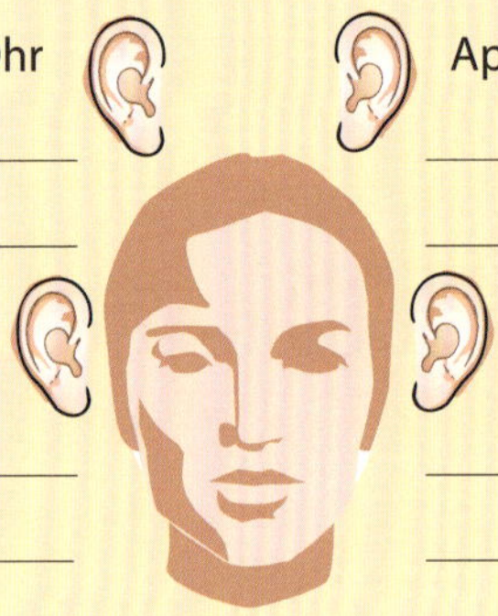

Selbstoffenbarungs-Ohr

Beziehungs-Ohr

4 Es gibt viele unterschiedliche Fragetechniken. Durch einen geschickten Einsatz kann man ein Gespräch in eine gezielte Richtung führen. Lesen Sie die folgenden Sätze und entscheiden Sie, welche Art der Fragetechnik Anwendung findet.

„Möchten Sie, dass ich das Licht anlasse?“	offene Frage		geschlossene Frage	
	Alternativfrage		Gegenfrage	
„Wo finde ich Ihre Zeitschrift?“	offene Frage		geschlossene Frage	
	Gegenfrage		Suggestivfrage	
„Möchten Sie die rote oder die braune Bluse anziehen?“	geschlossene Frage		Gegenfrage	
	Alternativfrage		Suggestivfrage	
„Warum klingeln Sie nicht, wenn Ihnen das Buch auf den Boden gefallen ist?“	Suggestivfrage		offene Frage	
	Alternativfrage		geschlossene Frage	
Die Erwiderung „Ist es wirklich so dringend?“ auf „Ich muss auf Toilette.“	Gegenfrage		offene Frage	
	Suggestivfrage		Alternativfrage	
„Hatten Sie gestern Besuch von Ihrem Sohn?“	Alternativfrage		Gegenfrage	
	geschlossene Frage		offene Frage	
„Finden Sie nicht auch, dass das Essen heute sehr gut schmeckt?“	geschlossene Frage		offene Frage	
	Alternativfrage		Suggestivfrage	

5 Entscheiden Sie, welche Verhaltensweisen sich förderlich bzw. nicht förderlich auf eine Kommunikation auswirken. Streichen Sie die falsche Variante durch. Begründen Sie Ihre Wahl im Unterrichtsgespräch.

Den Bewohner ausreden lassen.	förderlich / nicht förderlich
Auf Fragen ausweichend reagieren.	förderlich / nicht förderlich
Lange und ausschweifend den eigenen Standpunkt erörtern.	förderlich / nicht förderlich
Den Blickkontakt halten.	förderlich / nicht förderlich
Bei der Unterhaltung mit dem Bewohner unruhig auf dem Stuhl hin- und herrutschen.	förderlich / nicht förderlich
In einfachen und kurzen Sätzen mit dem Bewohner sprechen.	förderlich / nicht förderlich
Das Gespräch durch gezielte Fragen fördern.	förderlich / nicht förderlich
Während des Gesprächs vor dem sitzenden Bewohner stehen, damit er mich besser wahrnehmen kann.	förderlich / nicht förderlich

2 Informieren, Beraten, Anleiten

1 Informationsgespräche sind im Pflegealltag unerlässlich. Zeigen Sie Situationen auf, in denen Bedarf an diesen Gesprächen besteht.

Informationsgespräche zwischen Pflegefachkraft und Pflegebedürftigem bzw. seinen Angehörigen finden statt bei:

Informationsgespräche zwischen Pflegefachkräften, Pflegehilfskräften und Auszubildenden finden statt bei:

2 Sie führen ein umfängliches Informations- und Beratungsgespräch durch. Worauf haben Sie zu achten?

Bei Herrn Meier, den Sie ambulant betreuen, wurde vor drei Monaten ein Dickdarmkarzinom unter Anlage eines Enterostomas entfernt. Im Krankenhaus und während der Rehabilitationsphase wurde Herr Meier beim Wechseln der Stomabeutel sehr unterstützt. Nun soll er diese Versorgung schrittweise selber übernehmen. Er ist sehr unsicher und scheut sich vor dieser Aufgabe.

3 Das Erlernen von Fertigkeiten im beruflichen Pflegealltag verläuft über mehrere Teilschritte. Geben Sie die vier Stufen des Anleitungsprozesses an.

① 

② 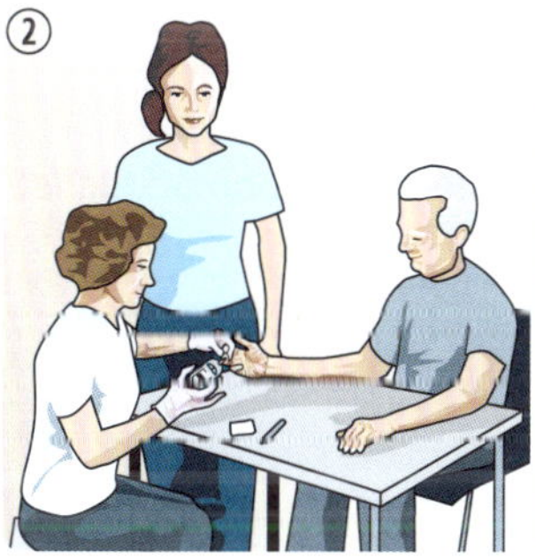

③ 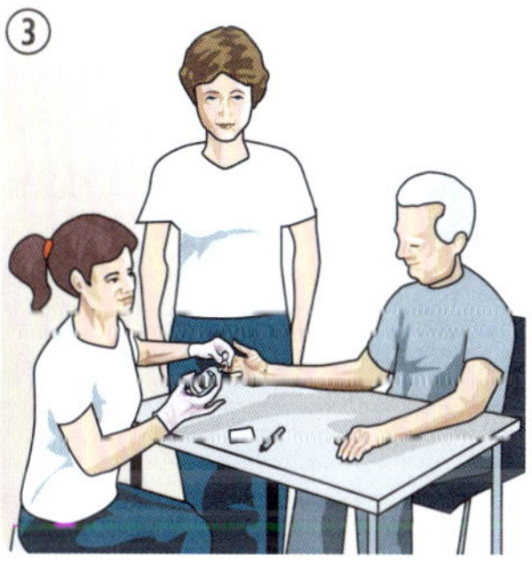

④ 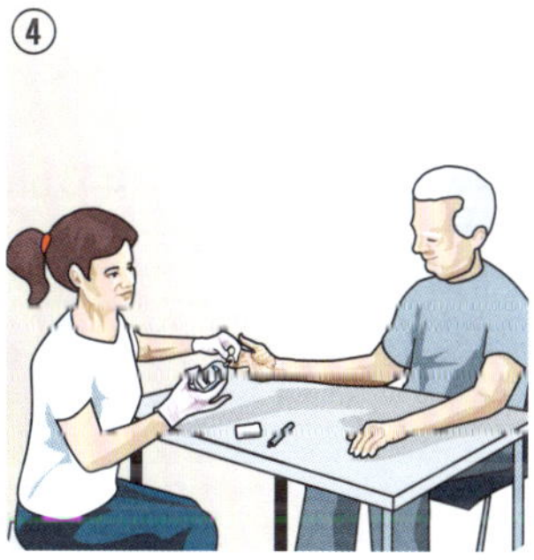

①

②

③

④

Lernfeld 1.5 Bei der medizinischen Diagnostik und Therapie mitwirken

1 Rechtliche Kriterien für die Übertragung ärztlicher Aufgaben auf Pflegepersonen

1 Lesen Sie das Fallbeispiel und beantworten Sie anschließend die Fragen zum Thema „Delegation ärztlicher Tätigkeiten".

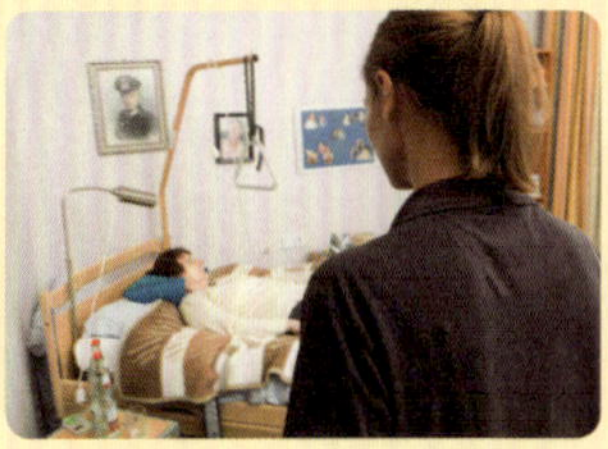

Die Altenpflegerin Frau Sellrain möchte im Rahmen der Bezugspflege die Heimbewohnerin Frau Lamprecht bei der Grundpflege unterstützen. Als sie das Zimmer betritt, wundert sie sich, dass es so auffällig still ist. Frau Lamprecht erwartet normalerweise die Pflegefachkräfte immer mit fröhlicher Musik aus dem Radio. Die Bewohnerin liegt noch im Bett und ist nicht ansprechbar. Auf dem Nachttisch steht noch das unangerührte Abendessen vom Vortag. Frau Sellrain führt bei der Bewohnerin, die einen insulinpflichtigen Diabetes mellitus hat, umgehend eine Blutzuckerkontrolle durch. Der Wert beträgt1,9 mmol/l (=34,2 mg/dl). Der angerufene Hausarzt ordnet die i.m. Injektion von Glukagon in Form einer Ampulle GlucaGen®an.

An wen darf der Arzt diese Anordnung im Pflegebereich richten?

Darf die Anordnung abgelehnt werden? Begründen Sie Ihre Antwort.

Welche Besonderheiten gelten bei Anordnungen per Telefon?

2 Welche Voraussetzungen müssen erfüllt sein, damit eine Delegation ärztlicher Tätigkeiten zulässig ist?

2 Diagnostische Untersuchungsmethoden

2.1 Anamnese und körperliche Diagnostik

1 Frau Poerschke, 84 Jahre alt, klagt seit einiger Zeit über stärker werdende Beschwerden im linken Knie. Es fällt ihr zunehmend schwerer, morgens aufzustehen und den normalen Alltag zu bewältigen. Sie beschließt, die Beschwerden bei ihrem Hausarzt abklären zu lassen.

Im Folgenden sehen Sie, welche Schritte notwendig sind, bevor die Behandlung der Erkrankung von Frau Poerschke erfolgen kann. Erklären Sie die einzelnen Handlungsschritte und nehmen Sie dabei Bezug auf Frau Poerschke.

Anamnese: ____________________

Körperliche Untersuchung: ____________________

Apparative Untersuchung: ____________________

Labordiagnostik: ____________________

Diagnose: ____________________

Therapie: ____________________

2 Geben Sie je zwei Veränderungen an, die durch die körperliche Diagnostik feststellbar sind.

Inspektion: ____________________

Palpation: ____________________

Auskultation: ____________________

Perkussion: ____________________

3 Bilden Sie aus den vorgegebenen Silben Begriffe, die bei der Erhebung der Anamnese von Bedeutung sein können.

GIEN NEN MENTE HEIT BER OPER FAM EN ALLER ATIO MED ILIEN ERN ANA UF ÄHRU MNE NGSGE SE WOHN IKA

2.2 Puls- und Blutdruckmessung

1 Geben Sie die Palpationsstellen für die Pulsmessung an, indem Sie die Abbildung beschriften. Kennzeichnen Sie anschließend die am häufigsten genutzte Stelle farblich.

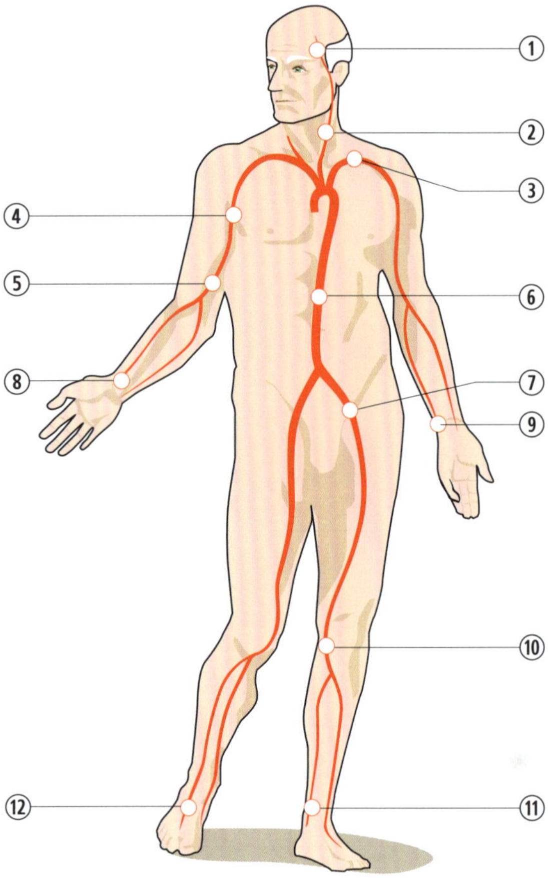

① ______________________

② ______________________

③ ______________________

④ ______________________

⑤ ______________________

⑥ ______________________

⑦ ______________________

⑧ ______________________

⑨ ______________________

⑩ ______________________

⑪ ______________________

____

⑫ ______________________

____

2 Führen Sie in der Praxis bei sechs Bewohnern eine Pulsmessung durch. Tragen Sie die Werte in die Tabelle ein und beurteilen Sie neben der Pulsfrequenz auch den Pulsrhythmus und die Pulsqualität. Aus Datenschutzgründen benutzen Sie bitte lediglich die Anfangsbuchstaben der Bewohnernamen. Werten Sie die Ergebnisse im nächsten Unterricht aus.

Bewohner/-in	Pulsfrequenz	Pulsrhythmus	Pulsqualität

Achtung! Was beachten Sie beim Pulsmessen, wenn Ihre Bewohner z.B. einen Herzschrittmacher oder Rhythmusstörungen haben?

____

____

3 Beschriften Sie mithilfe der vorgegebenen Begriffe die Blutdruckmessgeräte.

Messgerät nach Riva-Rocci, Messgerät nach Recklinghausen (einteilig), Messgerät nach Recklinghausen (zweiteilig), digitales Messgerät

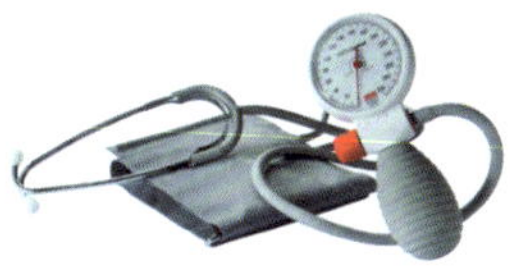

____

____

____

____

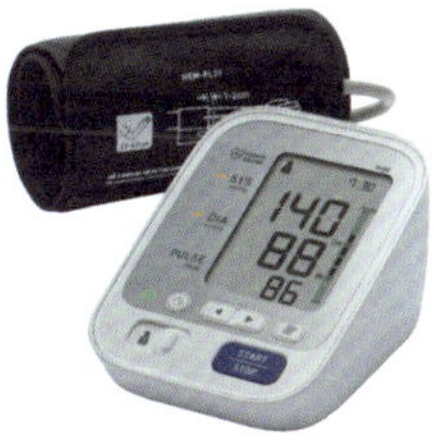

____

____

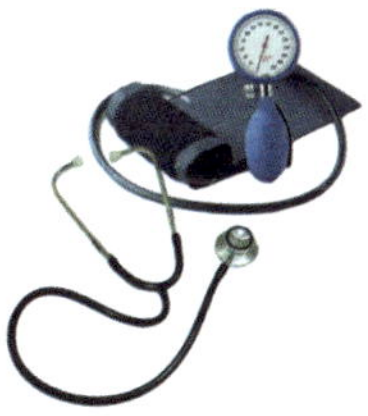

____

____

4 Ergänzen Sie den Lückentext unter Verwendung der vorgegebenen Begriffe.

Klopfen, diastolischer, Riva-Rocci, Stethoskop, Ventils, dokumentieren, Manometer, Quecksilbermessgerät, systolischer, mmHg, Herzhöhe, Ellenbeuge, Herzfunktion, RR, Manschette, Puls

Eine Methode zur Überprüfung der ______________ ist die Blutdruckmessung. Die heute noch übliche Abkürzung ________ geht auf den italienischen Arzt ______________ zurück, der das erste ______________ entwickelte. Bei der Blutdruckmessung wird eine aufblasbare ______________ zwei Querfinger über der ______________ angelegt. Dabei muss darauf geachtet werden, dass der Arm in ______________ gelagert wird und nicht durch Kleidungsstücke eingeengt sein darf. Die Manschette aufpumpen, bis kein ________ mehr fühlbar ist. Den Druck noch um ca. 30 __________ erhöhen und dann langsam durch Öffnen des __________ verringern. Wenn der Blutstrom wieder beginnt das Gefäß zu passieren, hört man ein erstes __________ im ______________ (= ______________ Wert). Diesen Wert am ______________ ablesen und merken. Wenn der Blutstrom wieder ungehindert fließen kann, verschwinden die klopfenden Geräusche (= ______________ Wert). Stand beim letzten Ton ablesen, merken und den Druck dann gänzlich ablassen. Den ermittelten Blutdruckwert ______________.

5 Beschriften Sie die Instrumente zur Blutdruckmessung.

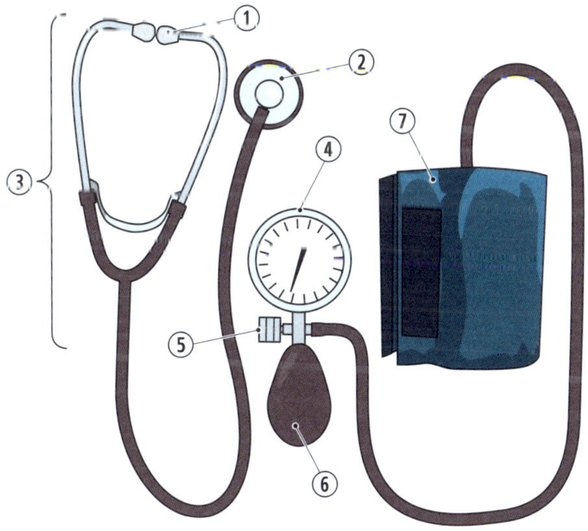

① ______________________

② ______________________

③ ______________________

④ ______________________

⑤ ______________________

⑥ ______________________

⑦ ______________________

6 Eine Reihe von Erkrankungen, z. B. Infektionskrankheiten, sind häufig begleitet durch eine erhöhte Körpertemperatur. Die korrekte Ermittlung der Körpertemperatur ist daher ein wichtiger Anhaltspunkt, um den Krankheitsverlauf einschätzen zu können.

a) Geben Sie vier Messorte und die Messverfahren an.

____

____

____

____

b) Benennen Sie die Messgeräte und geben Sie einen Vor- und Nachteil an.

	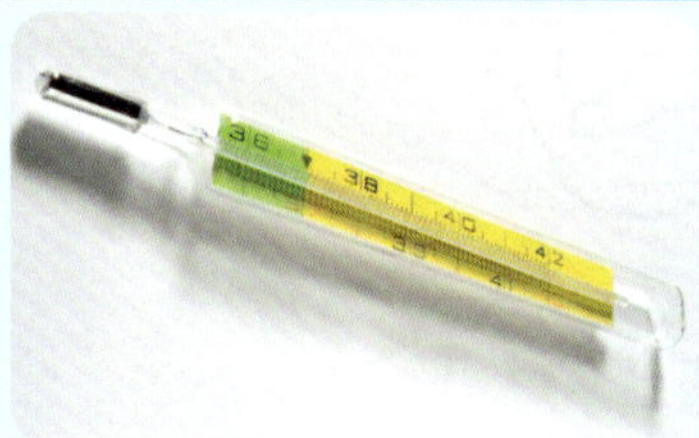	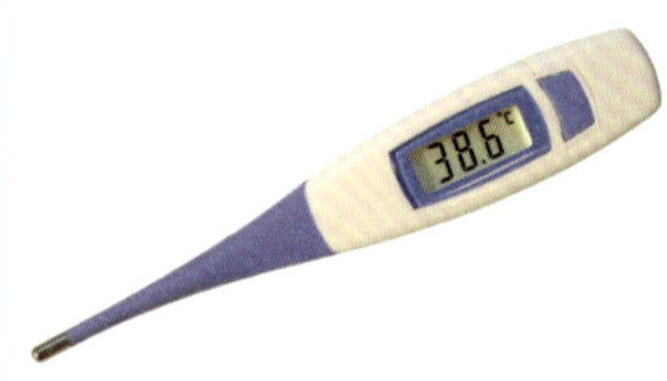	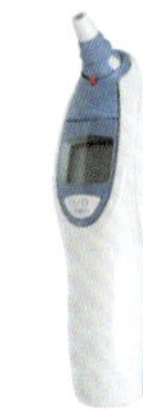
Vorteil:			
Nachteil:			

c) Beurteilen Sie die folgenden Aussagen auf ihren Wahrheitsgehalt. Kreuzen Sie die korrekten Aussagen an.

	Bei der rektalen Messung wird die Spitze des Thermometers dick mit Vaseline benetzt, um das Messgerät schmerzfrei einführen zu können.
	Wärme- oder Kältebehandlungen, die kurz vor der Messung durchgeführt werden, verfälschen das Messergebnis.
	Bei der oralen Messung muss der Mund geöffnet bleiben, damit die Pflegekraft die korrekte Position des Messfühlers überwachen kann.
	Die rektale Messung ist die genaueste Messmethode, da sie annähernd die Kerntemperatur anzeigt.
	Bei unzureichender Reinigung und Desinfektion des Thermometers besteht die Gefahr der Keimverschleppung.

7 Nach Ermittlung der Körpertemperatur erfolgt die Einschätzung des Werts. Vervollständigen Sie dazu die vorgegebene Tabelle.

Temperaturbereich in Grad Celsius	Bezeichnung des Temperaturbereichs
< 36,0	
36,0 – 37,4	
37,5 – 38,0	
38,1 – 39,0	
39,1 – 40,0	
> 40,0	

2.3 Apparative Diagnostik

1 Welche bildgebenden Verfahren werden durch die Erläuterung der wichtigsten Charakteristika beschrieben?

Bildgebendes Verfahren	Erläuterung
	… ist ein röntgendiagnostisches Verfahren, das dreidimensionale Bilder des Körpers als Querschnitt zeigt; Strahlenbelastung höher als beim normalen Röntgen.
	Die genutzten Schallwellen dringen in den Körper ein und werden von den verschiedenen Geweben auf unterschiedliche Weise reflektiert.
	Radioaktiv markierte Stoffe reichern sich im Zielorgan an; die abgegebene Strahlung wird von einem Scanner erfasst und in ein Bild umgewandelt.
	Mithilfe von starken Magnetfeldern werden dreidimensionale Bilder erstellt, die eine hohe Weichteilauflösung haben.
	Die den Körper durchdringende Strahlung führt, wie bei einem Schattenbild, zu einer Schwärzung bestimmter Körperareale; weit verbreitetes bildgebendes Verfahren.

2 Was bedeuten die Abkürzungen der medizinischen Diagnoseverfahren EKG und EEG und was wird hier gemessen?

EKG: ______________________________

EEG: ______________________________

3 Die Endoskopie („Spiegelung") von Hohlräumen des Körpers ermöglicht ohne große operative Eingriffe eine direkte Inspektion der entsprechenden Körperregionen. Welche Strukturen werden in den nachfolgenden Endoskopien untersucht?

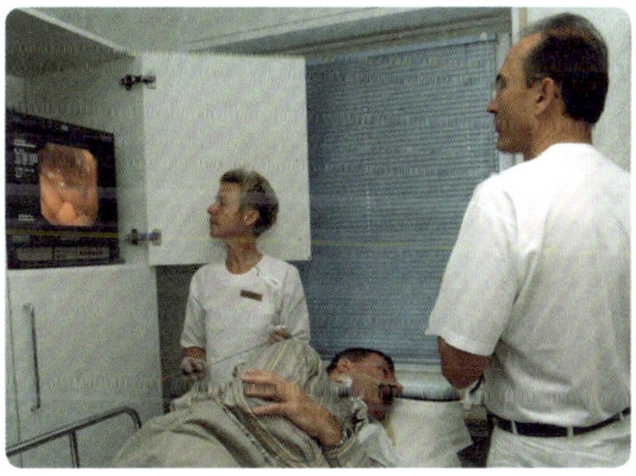

Rektoskopie: ______________________________

Koloskopie: ______________________________

Laryngoskopie: ______________________________

Zystoskopie: ______________________________

Bronchoskopie: ______________________________

Arthroskopie: ______________________________

Gastroskopie: ______________________________

PEG: ______________________________

ERCP: ______________________________

2.4 Labordiagnostik

1 Labordiagnostik umfasst die Untersuchung von Körpermaterialen durch verschiedene Verfahren, die meist in Großlaboren durchgeführt werden. Sie dienen der Feststellung oder dem Ausschluss von Erkrankungen und der Verlaufs- und Therapiekontrolle. Finden Sie im Suchworträtsel acht Untersuchungsmaterialien heraus (→ ↓ ↘).

U	S	B	K	R	T	B	N	H	Z	R	E	W	A	S	V	F
B	E	P	R	T	S	T	U	H	L	N	H	Z	T	R	W	C
C	M	P	U	L	E	D	S	A	W	R	T	I	U	O	P	K
V	A	B	S	T	R	I	C	H	M	A	T	E	R	I	A	L
G	C	L	B	G	U	H	T	R	A	A	S	T	I	N	H	Z
T	K	U	U	I	M	M	C	D	E	A	S	E	N	B	H	T
K	N	T	E	T	Z	L	I	Q	U	O	R	U	I	O	L	P
I	C	Q	Y	R	T	G	H	Z	V	C	X	E	O	R	T	A

1 ________
2 ________
3 ________
4 ________
5 ________
6 ________
7 ________
8 ________

2 Erklären Sie den Begriff „Antibiogramm".

3 Vervollständigen Sie die Tabelle mit den wesentlichen Laborparametern des „kleinen" Blutbildes.

Abkürzung	Bezeichnung	Erläuterung	Normalwert
Leuko			
		rote Blutkörperchen, Sauerstofftransport	♀ 4,0-5,2 Mio./µl ♂ 4,5-5,9 Mio./µl
	Hämoglobin		
Hk		prozentualer Anteil der zellulären Bestandteile am Blutvolumen	♀ 36-46 Vol.-% ♂ 41-53 Vol.-%
Thrombo			

Was könnte die Ursache eines niedrigen Hb-Wertes sein?

Worauf könnte eine erhöhte Anzahl an Leukozyten hindeuten?

Was ist ein fäkaler Okkultbluttest?

Wie wird die Bestimmung der Thromboplastinzeit noch genannt? Geben Sie den Normalwert an und den Wert bei marcumarisierten Personen.

3 Durchführung ärztlicher Verordnungen

3.1 Blutzuckermessung

1 Herr Meier ist an Diabetes mellitus erkrankt. Da er Insulin gespritzt bekommt, sind regelmäßige Blutzuckerkontrollen notwendig. Das Pflegepersonal ermittelt die Werte immer in Millimol pro Liter (mmol/l); er selbst kann besser mit einer Angabe in Milligramm pro Deziliter (mg/dl) umgehen. Beide Angaben sind bei der Ermittlung des Blutzuckerwertes zulässig.

Rechnen Sie jeweils in die andere Maßeinheit um.
Schätzen Sie die drei Werte ein und geben Behandlungsmöglichkeiten an.

Beispiel 1:

4,2 mmol/l ____________________

Werteinschätzung: ____________________

____

Beispiel 2:

195 mg/dl ____________________

Werteinschätzung: ____________________

____

Beispiel 3:

2,3 mmol/l ____________________

Werteinschätzung: ____________________

____

2 Bringen Sie die Arbeitsschritte bei der Blutzuckerbestimmung in die richtige Reihenfolge, indem Sie die Zahlen 1 bis 10 in die vorgegebenen Kästchen eintragen.

- Händedesinfektion, Materialien vorbereiten ☐
- Großen Blutstropfen auf das Testfeld des Teststreifens aufbringen ☐
- Einstichstelle versorgen, ggf. mit Pflaster ☐
- Messung je nach Bedienungsanleitung des Gerätes durchführen, am Ende ertönt meist ein akustisches Signal ☐
- Einmalhandschuhe anziehen und ggf. (nach Durchführungsbestimmungen der Einrichtung) Einstichstelle desinfizieren ☐

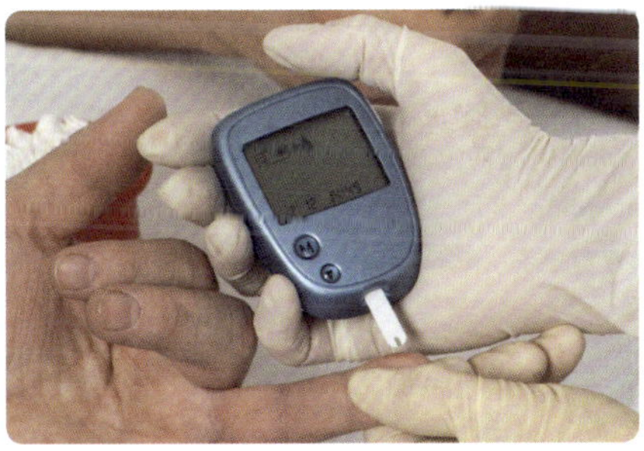

- Messgerät einstellen und Teststreifen einführen ☐
- Messwert in den Dokumentationsunterlagen eintragen ☐
- Wert ablesen und dokumentieren ☐
- Ohrläppchen oder seitliche Fingerbeere mit einer Lanzette oder Stechhilfe anpunktieren und ersten Blutstropfen abwischen ☐
- Betroffenen über die Maßnahme informieren und Hände waschen (lassen) ☐

3.2 Flüssigkeitsbilanzierung

1 Die Flüssigkeitsbilanzierung ist die Gegenüberstellung der Flüssigkeitszufuhr (= Einfuhr) und der Flüssigkeitsabgabe (= Ausfuhr) innerhalb von 24 Stunden. Dabei werden zwei Formen unterschieden. Erklären Sie die Unterschiede und geben Sie an, welche Form in der Pflegepraxis meist angewandt wird.

Effektive Flüssigkeitsbilanzierung:

____

____

____

Registrierbare Flüssigkeitsbilanzierung:

____

____

2 Was versteht man unter einer negativen bzw. positiven Bilanz und welche Folgen ergeben sich daraus?

Negative Bilanz: ______________________________

____

Positive Bilanz: ______________________________

____

3 Berechnen Sie die folgenden Bilanzierungsbeispiele anhand der vereinfachten Darstellung.

Beispiel 1		Beispiel 2	
Einfuhr	Ausfuhr	Einfuhr	Ausfuhr
Trinkmenge 750 ml	Urin 2 050 ml	Trinkmenge 800 ml Infusionslösung 500 ml	Urin 850 ml
Bilanz (+/–) in ml: ____________		Bilanz (+/–) in ml: ____________	
Auswertung: ( ) positive ( ) negative Bilanz		Auswertung: ( ) positive ( ) negative Bilanz	

4 Erstellen Sie in Ihrem Praxiseinsatz eine Bilanzierung unter Zuhilfenahme des vorgegebenen Schemas eines Bilanzierungsbogens. Übertragen Sie das Schema in Ihre Unterlagen und ergänzen Sie weitere Zeilen, um eine Tagesbilanz erstellen zu können. Erfragen Sie bei Ihrem Praxisbetreuer Besonderheiten in Bezug auf die Mindest- bzw. Höchsttrinkmenge.

Individuelle Höchsttrinkmenge bei Indikation: ____________ ml				Individuelle Mindesttrinkmenge: ____________ ml			
Uhrzeit	**Einfuhr (enteral/parenteral)**	**ml**	**ml Summe**	**Ausfuhr Urin**	**ml**	**ml Summe**	**Hz**
	Tageseinfuhr			Tagesausfuhr			
	Mindesttrinkmenge erreicht? ja nein			Bilanz (+/–) in ml			

3.3 Umgang mit Medikamenten und deren Verabreichung einschließlich Injektionen und Infusionen

1 Bei den Arzneimitteln unterscheidet man verschiedene Zubereitungsformen. In der Tabelle finden Sie einen Auszug. Ergänzen Sie die Lücken.

Tabletten:		
	Tabletten mit einem Überzug, meist aus Zucker, der das Schlucken erleichtert. Einige Überzüge ermöglichen eine verzögerte Freisetzung des Wirkstoffs.	
Zäpfchen:		
	Zubereitungsform, die aus einer Umhüllung (meist aus Gelatine) und einem flüssigen oder festen (Pulver, Granulate) Wirkstoff besteht.	
Salben:		
	Halbfeste Zubereitungsform aus einem quellfähigen Gerüstbildner und einer Flüssigkeit, in die Arzneistoffe eingearbeitet werden.	
	Salben, die aufgrund ihres hohen Anteils an Feststoffen streichfest sind.	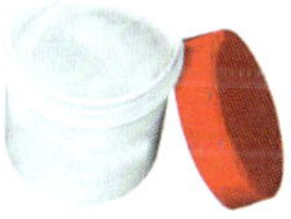
	Zubereitungsform, in der der Wirkstoff in Wasser oder einem Wasser-Alkohol-Gemisch gelöst ist.	
Infusionslösungen:		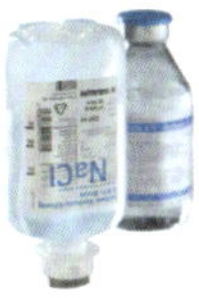
Aerosole:		

2 Bei der Verabreichung von Arzneimitteln ist die 6-R-Regel ein wichtiges Hilfsmittel, damit die Einnahme korrekt erfolgen kann. Worauf ist zu achten?

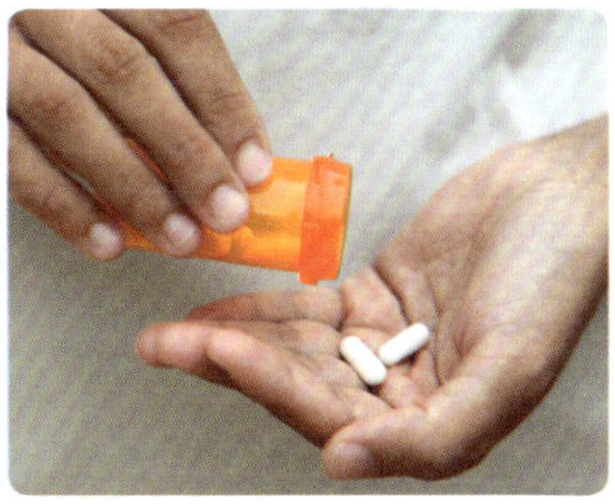

R ____________________

R ____________________

R ____________________

R ____________________

R ____________________

R ____________________

3 Arzneimittel können je nach Zubereitungsform auf verschiedene Weise in bzw. auf den Körper gelangen, um dort ihre Wirkung zu entfalten. Ergänzen Sie die Lücken zu den Verabreichungsmöglichkeiten dem Beispiel entsprechend.

1. Applikationsort: auf die Haut
2. Applikationsart: epikutan
3. Zubereitungsform: Salbe, Lotion

1. in den Enddarm
2. ______
3. ______

1. in die Muskulatur
2. ______
3. Injektionslösung

1. in, durch den Mund
2. ______
3. ______

1. ______
2. vaginal
3. ______

1. ______
2. nasal
3. ______

1. in die Atemwege
2. ______
3. ______

1. ______
2. sublingual
3. ______

1. ______
2. subkutan
3. ______

4 Welche Informationen muss eine Packungsbeilage (= Beipackzettel) für Fertigarzneimittel enthalten?

______

______

______

______

______

______

5 Benennen Sie die abgebildeten Injektionsarten/Injektionsorte.

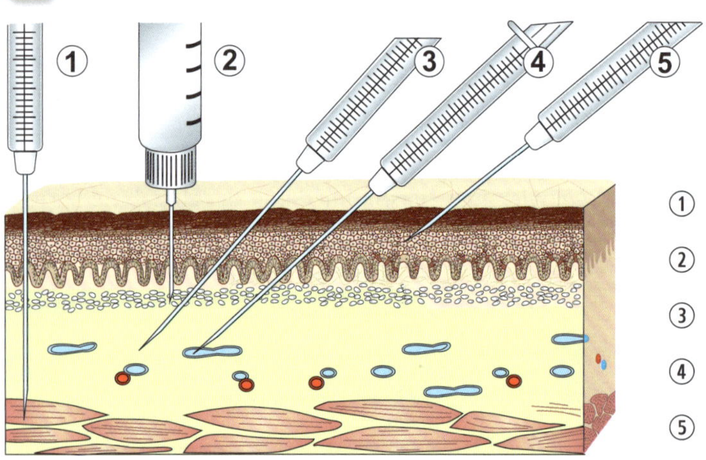

① ______

② ______

③ ______

④ ______

⑤ ______

6 Finden Sie im Suchworträtsel 14 Arzneimittelgruppen heraus und geben Sie nach dem Eintragen in die Tabelle die deutsche Bedeutung (= Anwendungsgebiet) an (→ ↓ ↘).

A	L	F	D	H	Z	T	R	E	W	S	D	F	G	H	F	N	J	K	L
Y	A	N	T	I	A	R	R	Y	T	H	M	I	K	A	I	B	G	H	N
S	X	R	T	N	U	M	K	L	I	O	P	F	D	X	B	A	Y	A	A
D	A	D	F	K	A	R	D	I	A	K	A	J	K	L	R	G	T	R	N
E	N	K	F	U	I	O	E	O	E	N	A	Q	E	N	I	Z	S	W	T
Q	T	A	A	Q	I	O	R	T	C	S	A	W	A	Q	N	M	K	L	I
W	I	D	N	R	T	J	K	L	I	M	J	L	B	G	O	R	Z	I	P
E	E	C	T	T	Q	Y	W	E	R	K	H	I	G	K	L	O	U	Z	H
A	N	T	I	B	I	O	T	I	K	A	A	B	N	E	Y	D	C	S	L
N	E	R	D	R	T	M	Z	U	I	O	P	L	N	B	T	G	T	R	O
T	C	V	I	A	Q	E	Y	R	G	T	H	Z	U	M	I	I	J	I	G
A	H	U	A	O	I	Z	R	K	S	W	Q	C	Y	S	K	A	K	L	I
Z	V	A	B	R	O	N	C	H	O	L	Y	T	I	K	A	Q	R	A	S
I	J	K	E	I	O	P	Y	X	C	T	K	L	I	S	W	E	R	T	T
D	B	N	T	C	Y	A	Q	T	Z	U	I	N	H	Z	U	N	J	K	I
A	N	T	I	P	Y	R	E	T	I	K	A	K	K	L	O	I	D	F	K
N	H	Z	K	F	G	T	R	E	F	G	Y	X	A	C	B	H	Z	G	A
A	Y	X	A	N	T	I	H	Y	P	E	R	T	E	N	S	I	V	A	M

Arzneimittelgruppe	Anwendungsgebiet (Arzneimittel = AM)

7 Geben Sie die korrekte Reihenfolge einer subkutanen Injektion an, indem Sie die Ziffern 1-9 zuordnen.

- langsames Injizieren der Injektionslösung
- Materialien sachgerecht entsorgen und Maßnahme dokumentieren
- Händedesinfektion und Vorbereitung der Materialien zur Injektion
- Hautdesinfektion im Bereich der Einstichstelle, Einwirkzeit beachten
- Bildung einer Hautfalte (je nach Kanülenlänge) mit der linken Hand (bei Rechtshändern)
- mit der rechten Hand (bei Rechtshändern) wird die Injektionskanüle zügig ca. 1-2 cm eingestochen
- Kanüle entfernen und Einstichstelle mit sterilem Tupfer komprimieren
- Bewohner über die Maßnahme informieren
- Einstichstelle beobachten, ggf. Versorgung mit einem Pflaster

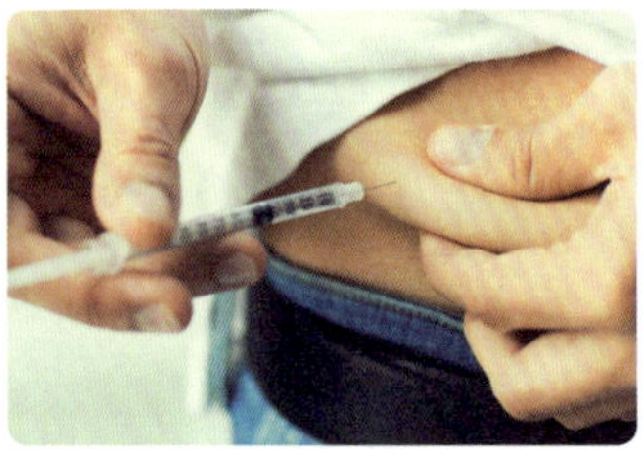

8 Das tropfenweise Einfließen einer sterilen Flüssigkeit in ein Gewebe oder in ein Gefäß wird als Infusionstherapie bezeichnet. Zeigen Sie mögliche Indikationen auf.

9 Worauf haben Sie vor, während und nach der Infusionstherapie zu achten? Ordnen Sie den drei Schwerpunkten jeweils drei Kriterien zu.

Beobachtung des Bewohners:

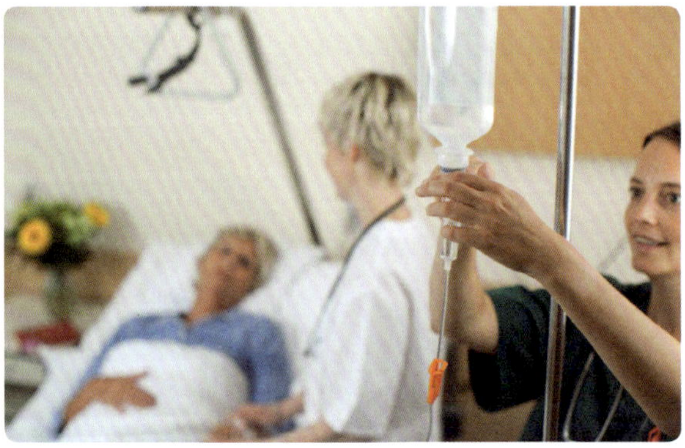

Beobachtung der Infusion:

Kontrolle der Infusionslösung:

3.4 Enterale Ernährung

1 Bei Personen, die aufgrund von Erkrankungen oder Beeinträchtigungen vorübergehend oder dauerhaft nicht essen können (z.B. bei Schluckstörungen), kann die Nahrung auf künstliche Art zugeführt werden. Welche zwei Möglichkeiten der künstlichen Ernährung werden unterschieden?

2 Die Abbildungen zeigen Möglichkeiten der Platzierung von Ernährungssonden auf. Geben Sie die Lage bzw. Art der Sonde an.

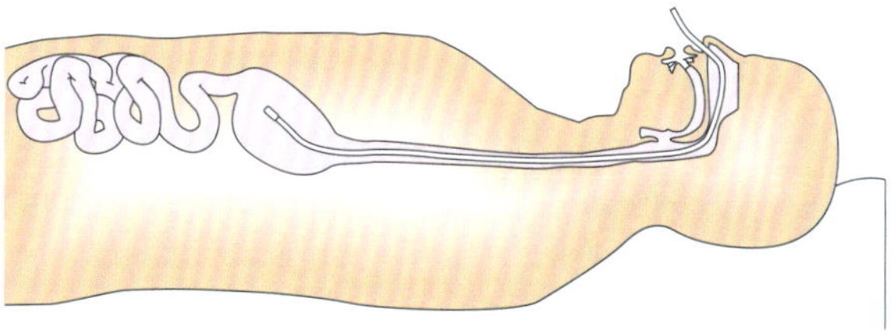

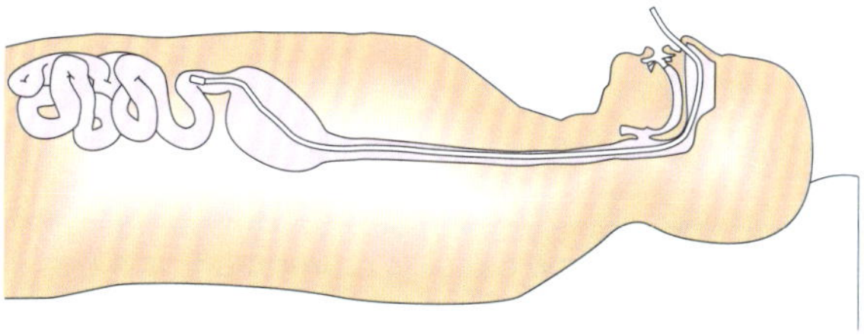

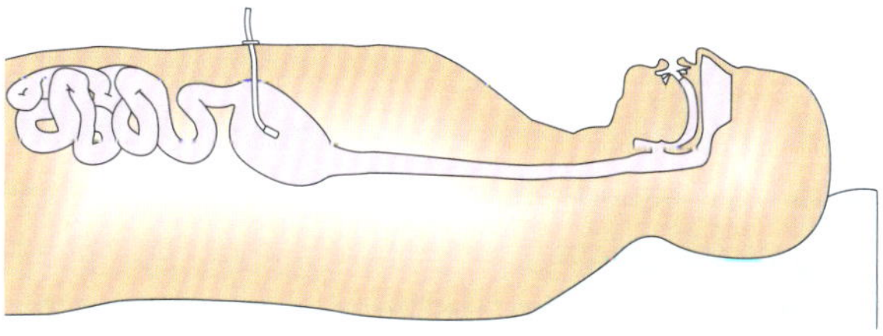

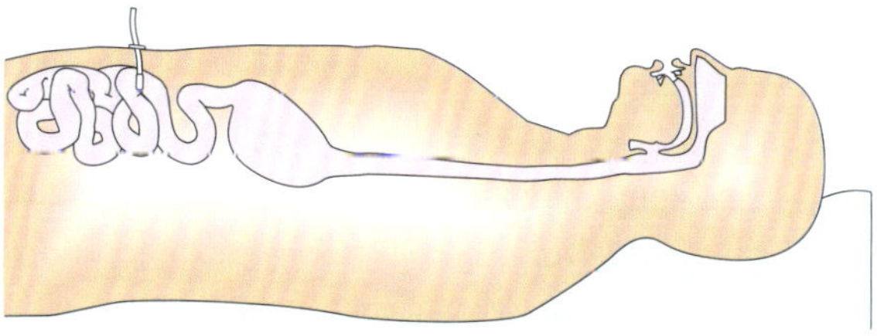

3 Ordnen Sie die Aussagen den beiden Arten der Sondenkost zu, indem Sie entsprechend ankreuzen.

	hochmolekulare Sondenkost	niedermolekulare Sondenkost
Diese Art enthält die Nährstoffe in ihrer ursprünglichen Form.		
Die Stuhlmenge und Konsistenz ist i.d.R. normal.		
Die Nährstoffe werden rückstandslos verwertet.		
Die Verdauungsleistung des Betroffenen muss weitgehend normal sein.		
Die Stuhlmenge ist deutlich reduziert.		
Die Resorption erfolgt ohne eigene Verdauungsleistung.		
Diese Art der Sondenkost wird ballaststofffrei, -arm oder -reich angeboten.		

4 Geben Sie Vorteile der enteralen gegenüber der parenteralen Ernährung an.

3.5 Wundversorgung

1 Sie sollen einen Verbandswechsel durchführen. Entscheiden Sie, welche Art der Wunde vorliegt und ob Sie die Materialien für einen Verbandswechsel bei aseptischen oder septischen Wunden richten müssen.

Frau Conrad wurde vor zwei Tagen von einem Hund gebissen. Die Wunde musste in der Notaufnahme versorgt werden.

Frau Schönsee stürzte vor einer Woche beim Versuch in den Bus einzusteigen und erlitt eine Oberschenkelhalsfraktur. Sie wurde operiert und bekam ein künstliches Hüftgelenk.

Frau Tornow hat eine momentan ca. 4 cm große Läsion im Bereich des medialen Malleolus (Knöchelvorsprung) am linken Unterschenkel. Im Wundbett ist eine eitrige Exsudation erkennbar.

2 Eine kontinuierlich durchgeführte Wunddokumentation ist von großer Bedeutung. Zum einen sichert sie das Pflegeteam in haftungsrechtlicher Hinsicht ab und zum anderen ist sie sehr wichtig, um den Verlauf der Wundheilung zu verdeutlichen. Worauf achten Sie bei der Beurteilung einer Wunde? Nutzen Sie dabei Ihre Erfahrungen aus der Praxis.

Zur Beurteilung der Wunde werden folgende Faktoren eingeschätzt:

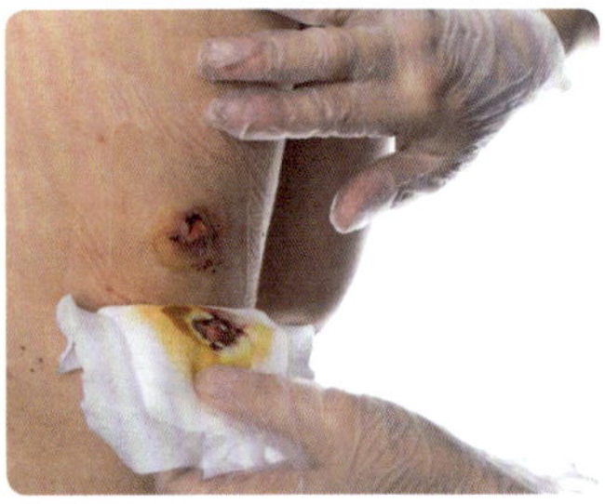

Welche Schwerpunkte vervollständigen neben der Einschätzung des Wundzustandes eine umfassende Wunddokumentation?

3 In der Abbildung sehen Sie die hygienischen Grundprinzipien bei der Wundreinigung und Desinfektion einer aseptischen bzw. septischen Wunde. Ordnen Sie die Begriffe „aseptische Wunde" und „septische Wunde" zu und erläutern und begründen Sie die Vorgehensweise.

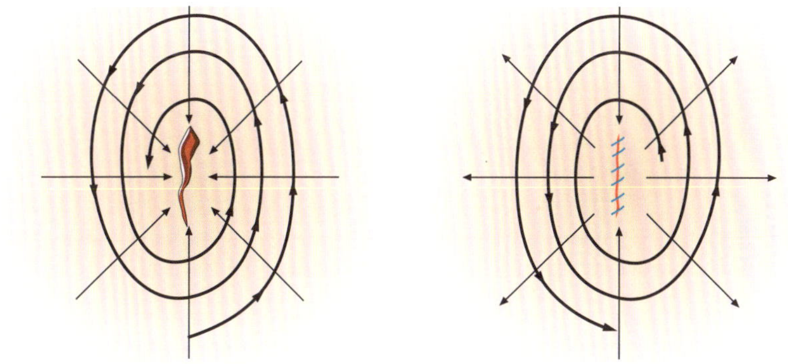

Septische Wunde:

Aseptische Wunde:

4 Was versteht man im Zusammenhang mit einem Verbandswechsel unter …

… dem Non-Touch-Prinzip:

… der Schwarz-Weiß-Trennung:

5 Es gibt eine Vielzahl von Wundauflagen, die für spezifische Wundverhältnisse entwickelt wurden. Tragen Sie Beispiele zusammen.

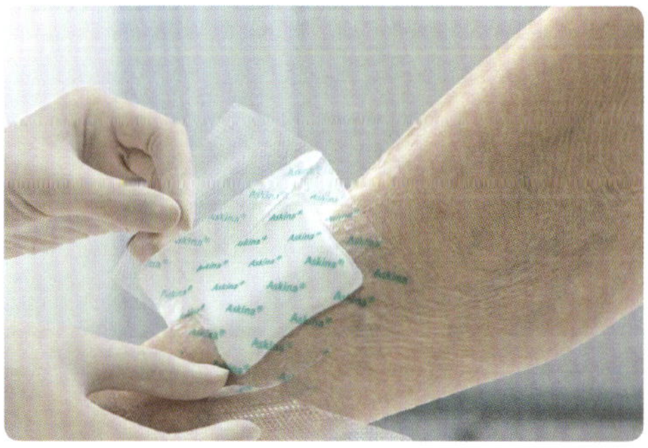

Inaktive Wundauflagen:

Interaktive Wundauflagen:

3.6 Enterostomaversorgung

Tipp: Betrachten Sie noch einmal wiederholend die Übersicht über die Möglichkeiten der Stomaanlagen auf Seite 87.

1 Im Bereich einer Stomaanlage können sich unter Umständen Komplikationen entwickeln. Finden Sie diese durch Zusammensetzen der Silben heraus.

OSE NEN INF ALL HER SIO TION RET LAPS NIE RAK TLÄ EK STEN ER HAU PRO TION GIE

2 In der Tabelle finden Sie die gängigen Enterostomaversorgungssysteme. Benennen Sie diese und geben Sie den Anwendungsbereich an.

	Versorgungssystem	Anwendungsbereich

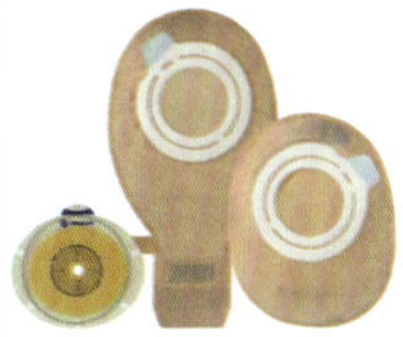		
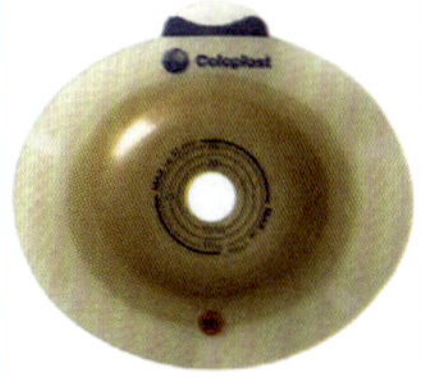		

3 Gerade in der ersten Zeit nach der Operation verändert der Anus praeter häufig seine Form und wird kleiner. Worauf muss deshalb bei der Versorgung besonders geachtet werden?

3.7 Abführende Maßnahmen

1 Lösen Sie das Kreuzworträtsel. Die markierten Felder ergeben in der richtigen Reihenfolge eine Kontraindikation für die künstliche Darmentleerung (Ü=UE).

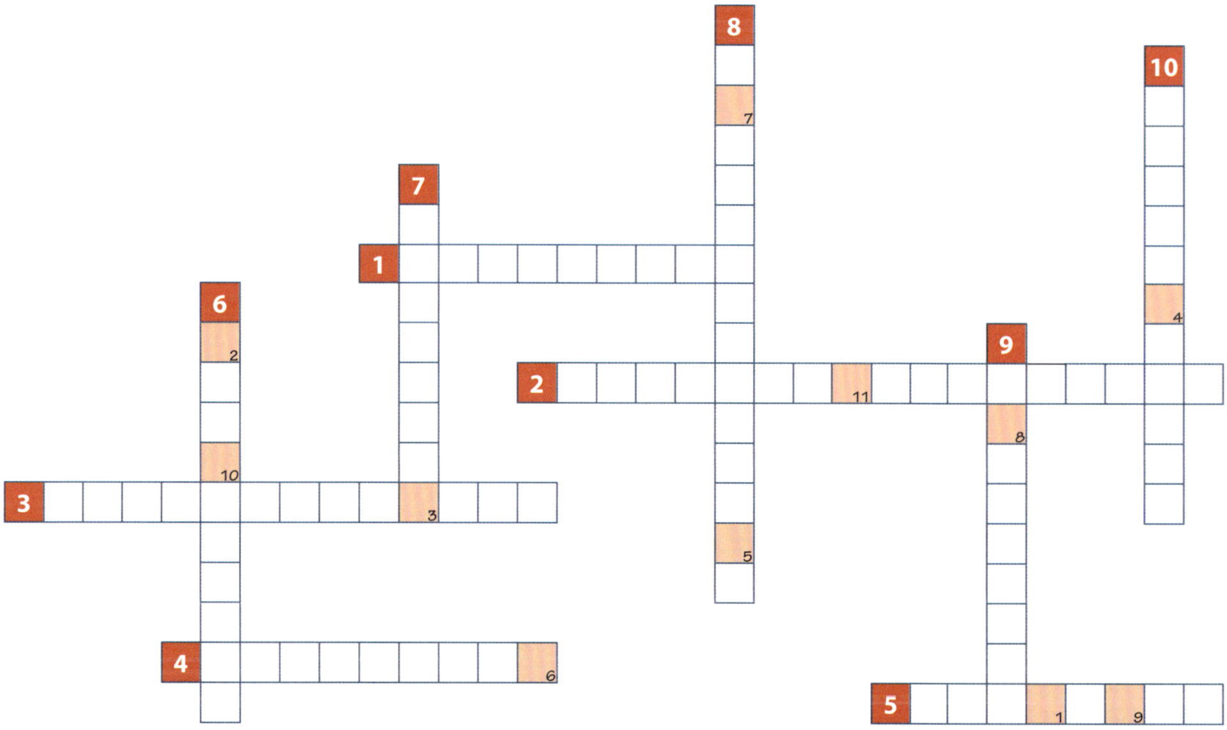

Waagerecht	Senkrecht
1. Abführende Medikamente	6. … Darmspülung, hierbei wird die Spülflüssigkeit in physiologischer Richtung verabreicht
2. Form des Einlaufs, bei der größere Mengen an Flüssigkeit in den Dickdarm eingebracht werden	7. Einbringen von kleinen Mengen an Flüssigkeiten (ca. 100-300 ml) in den Darm
3. Arzneimittelform zur rektalen Applikation	8. Form des Einlaufs, bei dem nach dem Einbringen der Spülflüssigkeit der Flüssigkeitsbehälter unter Bewohnerniveau gehalten und anschließend dieser Vorgang mehrfach wiederholt wird
4. … Ausräumen des Enddarms	9. Allgemeine Bezeichnung für den Flüssigkeitsbehälter bei Einläufen
5. Flexibles Hilfsmittel zum Einbringen von Flüssigkeiten in den Darm bzw. um Darmgase entweichen zu lassen	10. Behälter aus Kunststoff zum Befüllen von Spülflüssigkeiten (Aussehen ähnelt einer Wärmflasche)

Lösungswort: ___ ___ ___ ___ ___ ___   ___ ___ ___ ___ ___

2 Geben Sie Indikationen für einen Einlauf an.

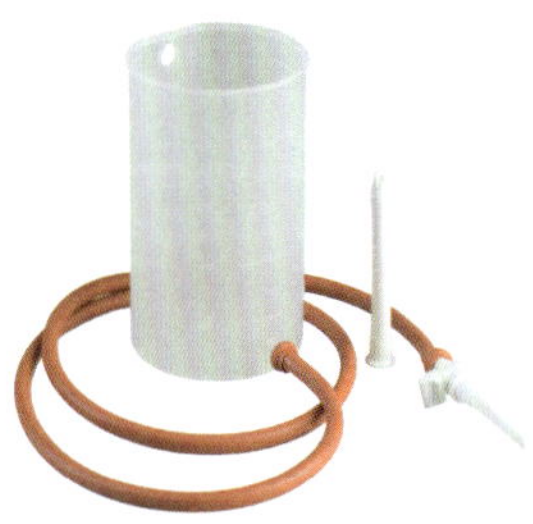

3.8 Katheterisierung der Harnblase und Katheterpflege

1 Erklären Sie im Zusammenhang mit dem Thema „Blasenkatheterismus" die folgenden Begriffe:

a) Transurethrale Harnableitung:

b) Suprapubische Harnableitung:

c) Einmalkatheterismus:

d) Dauerkatheterismus:

e) Intermittierender Selbstkatheterismus:

2 Ordnen Sie die Begriffe aus Aufgabe 1c, d, e den abgebildeten Kathetertypen zu.

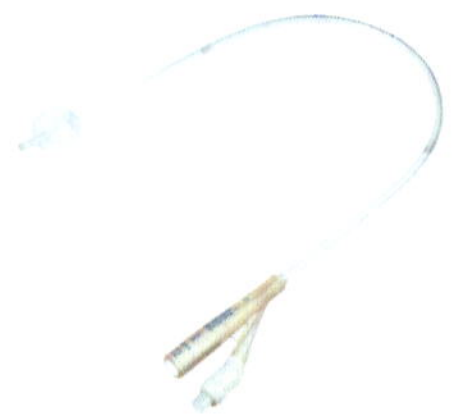

Katheter für den

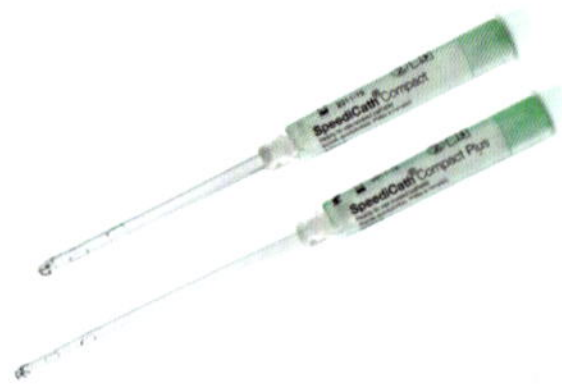

Katheter für den

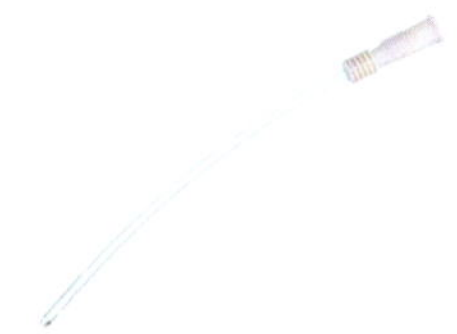

Katheter für den

3 Kreuzen Sie die falschen Aussagen zur Katheterpflege an.

	falsch?
Abflussbehinderungen des Urins aus der Blase beugt man vor, indem das Urinableitungssystem so angebracht wird, dass es einen leichten Zug auf den Blasenkatheter auslöst (Gefahr der Abknickung verhindert).	
Dauerkatheter werden routinemäßig in festen Zeitabständen gewechselt.	
Die wichtigste Maßnahme zur Vorbeugung von aufsteigenden Harninfekten und Verstopfungen des Blasenkatheters ist, viel zu trinken.	
Um regelmäßig den ausgeschiedenen Urin beurteilen zu können, ist das Urinableitungssystem so am Pflegebett zu platzieren, dass es leicht über Blasenniveau angebracht wird.	
Verunreinigungen und Verkrustungen an der Austrittsstelle des Katheters (bei transurethralem Dauerkatheter) sind vorsichtig bei der Intimpflege mit Wasser und Seife zu lösen.	

4 Auf der Abbildung sehen Sie eine vorbereitete Arbeitsfläche mit notwendigen Materialen zum Legen eines Blasenverweilkatheters. Benennen Sie die Materialen zum Legen eines Blasenverweilkatheters.

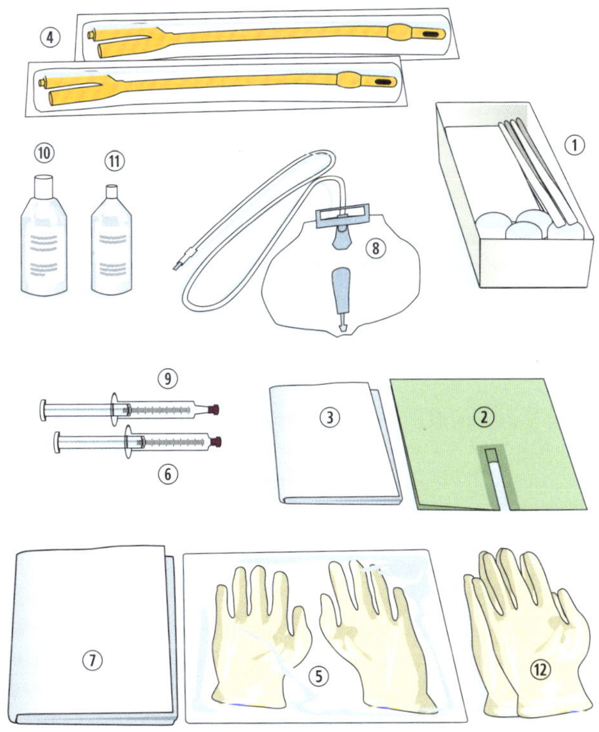

① ______________________
② ______________________
③ ______________________
④ ______________________
⑤ ______________________
⑥ ______________________
⑦ ______________________
⑧ ______________________
⑨ ______________________
⑩ ______________________
⑪ ______________________
⑫ ______________________

5 Die Blasenkatheter werden i.d.R. nach ihren „Entwicklern“ benannt. Geben Sie die Bezeichnungen der Katheter an.

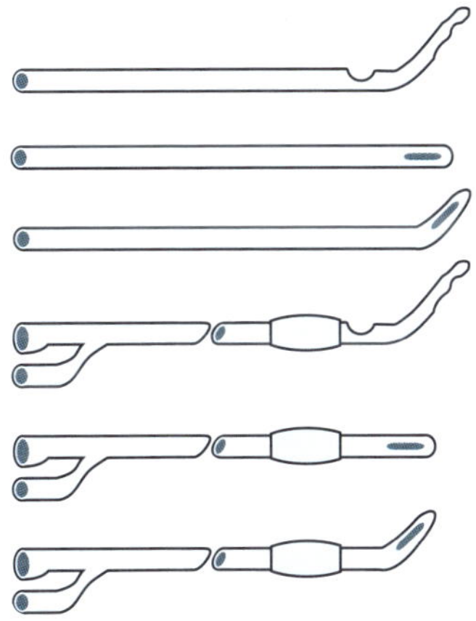

① ______________________
② ______________________
③ ______________________
④ ______________________
⑤ ______________________
⑥ ______________________

6 In welcher Maßeinheit werden Kathetergrößen angegeben? Was sagt diese Einheit aus?

____

____

7 Welche Aussage in Bezug auf die Desinfektionen ist korrekt? Kreuzen Sie an.

	richtig?
Mit je einer Kompresse die großen Schamlippen desinfizieren, danach je einen Tupfer vor dem Anus- und dem Scheidenausgang platzieren und zum Schluss zweimal die Harnröhrenöffnung desinfizieren.	
Mit je einer Kompresse die großen Schamlippen desinfizieren, danach mit je einem Tupfer die kleinen Schamlippen desinfizieren, dann mit einem Tupfer die Harnröhrenöffnung desinfizieren und zum Schluss den letzten Tupfer vor dem Scheidenausgang platzieren.	

3.9 Sauerstoffgabe/Absaugen

1 Benennen Sie die abgebildeten Insufflationssysteme zur Sauerstoff-Therapie.

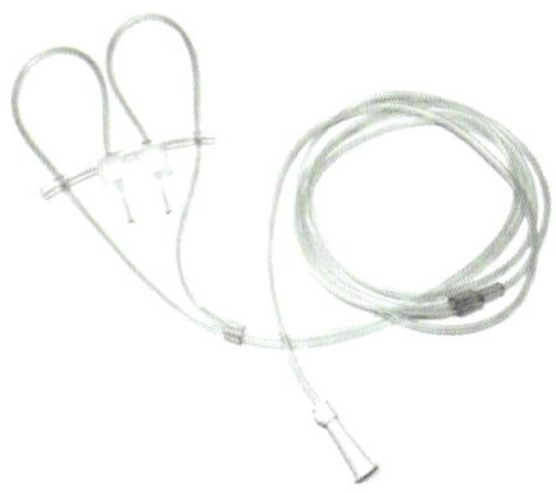

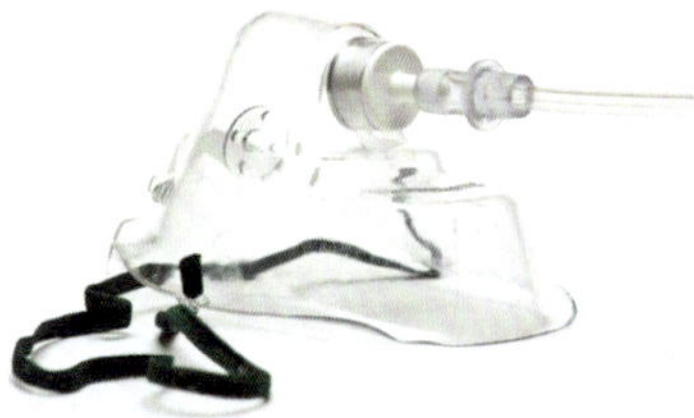

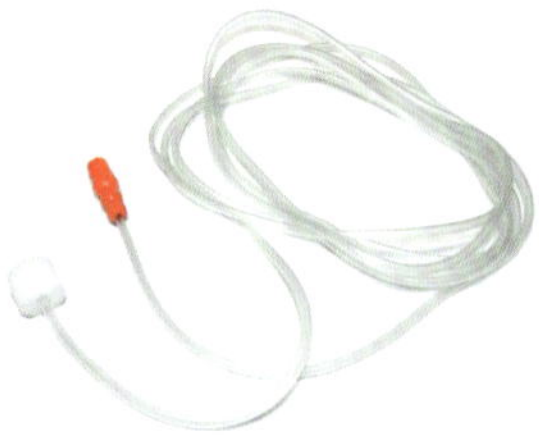

2 Welche Angaben muss die ärztliche Verordnung bei einer Sauerstofftherapie enthalten?

3 Berechnen Sie den Sauerstoffvorrat für die folgenden Beispiele:

Beispiel 1: Eine 10-Liter-Sauerstoffflasche zeigt einen Druck von 130 bar an.

Beispiel 2: Eine 2-Liter-Sauerstoffflasche zeigt einen Druck von 80 bar an.

Geben Sie für das Beispiel 1 an, wie lange dieser Vorrat bei einer angeordneten Dosierung von 2 Liter/Minute reicht (Angabe in Stunden).

4 Ergänzen Sie mithilfe der vorgegebenen Silben Zielstellungen beim Absaugen.

LUN FUNG FREMD SEK KÖR GEN LUNG HÄU SEK VENT RETAN EN ILAT PERN ION EN RET

Verbesserung der ______

Absaugen von ______

Gewinnung von ______ für Laboruntersuchungen

Vermeidung von ______

5 Beim Absaugen von Sekreten aus den Atemwegen werden im Wesentlichen drei Arten unterschieden. Geben Sie diese an.

3.10 Inhalationen

1 Ergänzen Sie den Lückentext zum Thema „Inhalationen“ mithilfe der vorgegebenen Begriffe im Kasten.

> Größe, tiefer, Ölen, Verzweigungen, sekretlösende, kleiner, Medikamenten, Inhalationsverfahrens, therapeutischen, abschwellende, Dämpfe

Bei der ________________ Inhalation werden ________________ mit und ohne Zusatz von ________________ oder ätherischen ________________ eingeatmet, um eine reizlindernde, ________________ oder ________________ Wirkung in den Atemwegen zu erreichen. Dabei entscheidet die Wahl des ________________ über die ________________ der Tröpfchen. Je ________________ diese sind, desto ________________ können die Substanzen in die immer enger werdenden ________________ der Atemwege vordringen.

Vervollständigen Sie die fehlenden Angaben in der Tabelle.

	Inhalationsform	Prinzip/Tröpfchengröße	Erreichte Atemwege (= Wirkungsort)
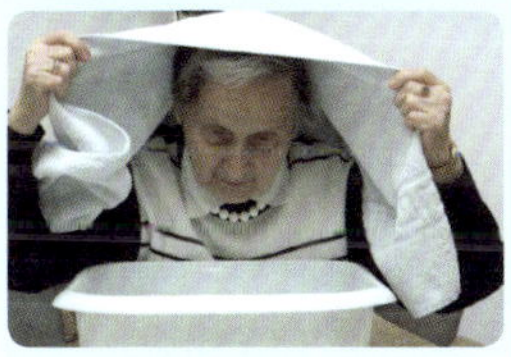		Erzeugung von Wasserdampf durch Erhitzen > 30 µm	
		Verwirbelung von Flüssigkeit durch Druckluft 10-30 µm	
		Erzeugung feinster Tröpfchen durch Ultraschall < 10 µm	

2 Geben Sie Indikationen für eine Inhalation an.

4 Interdisziplinäre therapeutische Maßnahmen in der Geriatrie

1 Vervollständigen Sie den Lückentext unter Nutzung der vorgegebenen Begriffe.

Mittelpunkt, Problembereiche, Zusammenarbeit, Hausarzt, Sozialdienst, Screening, multimorbid, Mobilitätstest, therapeutischen, Fragebogens, Fachdisziplinen, Therapieinterventionen, Beweglichkeit, interdisziplinären, Problemlösung

Die Zahl ____________________ erkrankter älterer Menschen wächst stetig. Um die Versorgung pflegerisch wie auch medizinisch umfassend zu gewährleisten, untersucht zunächst der behandelnde ____________________ den älteren Menschen in zwei Schritten.

Im ersten Schritt, dem ____________________, wird mittels eines standardisierten ____________________ ermittelt, ob Einschränkungen oder Probleme in verschiedenen Bereichen, z. B. im Seh- oder Hörvermögen, in der ____________________, in der kognitiven Leistungsfähigkeit, bestehen.

Im zweiten Schritt, dem Basis-Assessment, werden durch eine Vielzahl von Tests, u.a. Uhren-Zeichen-Test, ____________________, Messung der Handkraft, die ____________________ konkretisiert.

Zur Lösung der analysierten Probleme ist die Zusammenarbeit eines sogenannten ____________________ Teams notwendig. Dieses setzt sich vereinfacht dargestellt aus
- dem Pflegedienst,
- dem ____________________ Dienst,
- dem ____________________ und
- dem ärztlichen Dienst zusammen.

Oberstes Ziel ist, die ____________________ als gemeinsame Aufgabe zu begreifen, die nur in guter und gleichberechtigter ____________________ aller ____________________ gelöst werden kann. Der alte Mensch mit seinen individuellen Problemen steht dabei jederzeit im ____________________ der Pflege- und ____________________.

2 Geben Sie Beispiele für therapeutische Maßnahmen des interdisziplinären Teams an.

Interdisziplinäres Team	Maßnahmen
Pflegedienst	
Therapeutischer Dienst	
Sozialdienst	
Ärztlicher Dienst	

Lernfeld 2.1 Lebenswelten und soziale Netzwerke alter Menschen beim altenpflegerischen Handeln berücksichtigen

1 Familienbeziehungen und soziale Netzwerke im Alter

1 Finden Sie im Suchworträtsel zum Thema „Soziale Netzwerke" 12 Begriffe und ordnen Sie diese anschließend den drei Arten zu (ö = oe; ü = ue; → ↓ ↘).

A	A	R	D	H	Z	U	I	O	P	F	D	E	R	W	V	D	E	R	T	Z	U	M	N	S	I	A
Y	D	R	T	I	V	G	H	V	F	R	E	S	A	W	Q	E	R	W	Q	X	C	D	E	W	M	Z
C	G	H	K	U	E	L	A	N	H	T	Z	Z	U	I	O	P	R	E	D	W	F	A	Y	S	E	J
W	J	K	R	E	T	N	U	N	F	X	A	S	Y	O	C	S	W	E	R	G	R	T	Z	U	I	Y
C	S	A	Q	W	E	R	S	V	P	F	L	E	G	E	D	I	E	N	S	T	E	B	N	C	S	H
W	Q	E	R	A	R	F	H	T	B	G	D	S	A	F	R	H	J	U	Z	T	U	V	D	E	R	I
E	W	B	L	R	Y	A	A	C	E	V	D	E	T	F	B	H	Z	U	M	K	N	I	L	O	I	S
Y	C	D	E	B	W	V	L	K	L	D	E	U	I	E	H	Z	N	J	U	I	D	L	N	F	R	P
G	T	R	E	E	S	A	T	C	S	W	B	F	R	N	N	R	A	M	U	T	E	Z	U	I	I	R
K	K	J	U	I	Z	T	S	Y	A	V	E	S	T	T	B	N	C	M	J	U	Z	U	D	S	A	T
W	C	D	D	T	E	E	H	R	E	N	A	M	T	L	I	C	H	E	V	F	R	B	U	T	Z	O
F	M	A	E	S	Z	K	I	I	S	C	V	B	G	I	N	T	B	E	W	E	H	K	Z	U	J	L
J	A	B	R	K	W	Q	L	Y	L	F	D	C	X	C	Y	A	A	N	Z	T	R	K	I	P	A	K
H	P	M	N	O	R	T	F	Z	C	F	I	U	A	H	Y	X	R	W	A	S	E	T	Z	U	I	J
K	U	Z	I	L	G	F	E	D	B	U	E	R	G	E	R	I	N	I	T	I	A	T	I	V	E	N
V	Q	W	Y	L	E	T	Z	U	I	U	I	G	J	K	I	Z	T	R	E	D	F	G	C	X	Y	Z
Q	X	S	D	E	I	H	Z	U	I	O	N	F	R	N	U	Z	T	M	J	U	Z	T	R	F	D	S
A	Y	X	C	G	E	E	G	T	R	D	S	A	A	U	J	H	Z	T	R	E	W	Q	A	S	A	M
V	E	R	K	E	H	R	S	S	Y	S	T	E	M	E	P	M	U	I	Z	F	D	S	A	V	D	A
X	S	W	A	N	A	Y	Z	U	I	O	B	F	R	E	W	P	M	H	Z	S	A	W	E	Q	A	G
Y	X	G	F	R	E	T	Z	U	I	O	N	M	F	F	N	R	E	S	W	Q	V	L	E	S	Y	H
C	S	W	D	E	N	G	T	R	F	V	K	L	O	U	M	L	P	N	B	G	S	X	E	W	Y	Z

Soziale Netzwerke

Persönliche soziale Netzwerke (primäres Netzwerk)

____

____

____

____

Gesellschaftliche Netzwerke (sekundäres Netzwerk)

soziale ____________________

____________________ Einrichtungen

____

____________________ Mitarbeiter

Netzwerke mit vermittelnder Funktion (tertiäres Netzwerk)

____

____

____

____

2 Die klassische Vater-Mutter-Kind-Familie, die sogenannte Kernfamilie, beginnt sich in Deutschland zu verändern. Eine Vielfalt neuer Lebens- und Familienformen ist entstanden. Ergänzen Sie die Übersicht, indem Sie die Wörter und Wortsilben sinngebend einsetzen.

Wochenend, gemeinschaft, Hausmann, allein, verdiener, kinderlose, Sing, Patchwork, erziehende, Familie, end

Lebensformen

© Globus

3 Lesen Sie das Fallbeispiel und beantworten Sie die nachfolgenden Fragen.

Frau Sinner, 67 Jahre, hat große Probleme mit dem Verlust ihres geliebten Mannes Hermann. Er verstarb vor einem halben Jahr an den Folgen eines Herzinfarktes. Sie hatten noch so viel geplant und wollten das Rentenalter genießen. Tochter Sonja, die im Schichtsystem arbeitet und neben der Betreuung ihrer noch schulpflichtigen Kinder wenig Zeit für die Mutter hat, nimmt den zunehmenden Rückzug ihrer Mutter mit großer Besorgnis wahr. Einladungen zum gemeinsamen Essen am Wochenende schlägt sie aus, sie will am liebsten allein zu Hause sein. Die Tochter ergreift die Initiative und sucht den Kontakt zu zwei ehemaligen Kolleginnen der Mutter. Diese ermutigen Frau Sinner, sie einmal wöchentlich in den nahegelegenen Seniorentreff zum Kaffee- und Spielenachmittag zu begleiten.
… drei Monate später …
Tochter Sonja ist sehr erfreut zu sehen, dass ihre Mutter jetzt regelmäßig die Angebote des Seniorentreffs nutzt und auch wieder Freude an Besuchen bei ihrer Tochter und ihren Enkeln zeigt. Auf Nachfrage sagt sie heute: „Ich wollte euch nicht zur Last fallen, ihr habt doch auch kaum Zeit füreinander, aber in Gedanken war ich immer bei euch…"

Welche sozialen Netzwerke halfen Frau Sinner maßgeblich, sich aus der Isolation zu lösen?

Zeigen Sie weitere Möglichkeiten auf, die es Frau Sinner ermöglichen, ein selbstbestimmtes und mit neuen Lebenszielen verbundenes Leben zu führen.

2 Lebens- und Glaubensfragen

1 Glaube spielt im Leben vieler Menschen eine große Rolle. Er kann ihnen im täglichen Leben Halt und Orientierung geben. Weltweit gibt es eine Vielzahl von Religionen und Glaubensgemeinschaften. Im Allgemeinen werden aber nur fünf von ihnen als Weltreligionen bezeichnet. Tragen Sie diese unter Zuhilfenahme der Symbole zusammen.

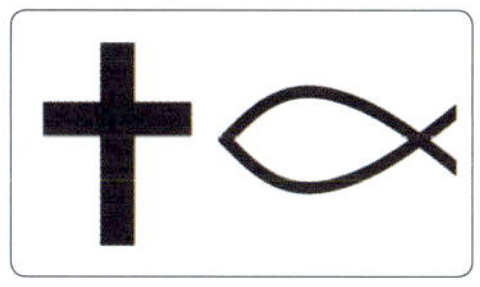

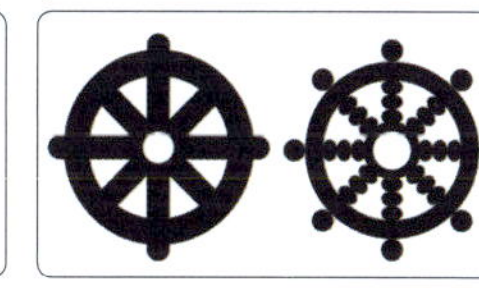

2 In der Tabelle sind eine Reihe der wichtigsten Feste und Feiertage der Weltreligionen aufgeführt. In welcher Religion werden diese Tage gefeiert und welche Bedeutung haben sie? Nutzen Sie dazu Ihr Wissen und ggf. weitere Quellen, z. B. das Internet (interkultureller Kalender).

	Fest/Feiertage	Bedeutung und Religion
1	Holi-Fest	
2	Ostern	
3	Vesakh-Fest	
4	Schawuot-Fest	
5	Pfingsten	
6	Ramadan	
7	Sart-Thai-Tag	
8	Ramadanfest	
9	Rosch ha-Schana	
10	Divali-Fest	
11	Opferfest (Kurban Bayrami)	
12	Weihnachten	

3 Die Zahl der zu betreuenden ausländischen älteren Menschen steigt. Das erfordert von den Pflegekräften auch ein Grundwissen über die fünf Weltreligionen. Testen Sie Ihr Wissen im nachfolgenden Quiz. Kreuzen Sie jeweils eine Antwort an.

Welches Symbol steht für das Christentum?		
Halbmond	Kreuz	Davidstern
Wie nennt man die Bauwerke, in denen Hindus beten?		
Synagogen	Kirchen	Tempel
An welchem Ort soll Jesus zur Welt gekommen sein?		
in einem Wüstenzelt	in einer Entbindungsklinik	in einem Stall
An welchem Tag in der Woche ist im Judentum ein Tag der Ruhe?		
Samstag	Mittwoch	Sonntag
Was heißt „Christus" wörtlich übersetzt?		
das Lamm Gottes	der Gesalbte	der Gekreuzigte
Welches Fest wird am Ende des Ramadan gefeiert?		
Zuckerfest	Freitagsfest	Opferfest
Wie nennt man die Abspaltung der evangelischen Kirche von der katholischen Kirche?		
Restriktion	Resorption	Reformation
Wie heißt die älteste Religion, in der die Menschen nur an einen Gott glaubten?		
Judentum	Christentum	Islam
Was bedeutet „koscher"?		
schmackhaft	rein	merkwürdig
Wie viele Speichen hat das Rad des Lebens?		
6 Speichen	12 Speichen	8 Speichen
In welchem Ort steht die Kaaba, das zentrale Heiligtum des Islams?		
Jerusalem	Mekka	Eilat
Welche Aussage ist eines der zehn Gebote?		
Du sollst deinen Vater und deine Mutter ehren	Du sollst stets fleißig sein	Du sollst beständig nach Selbstverwirklichung streben
Welche Pflicht gehört zu den fünf Säulen des Islams?		
nach Vollkommenheit streben	achtmal täglich beten	Almosen - Abgabe an die Armen
Welche drei Götter werden im Hinduismus verehrt?		
Artemis, Apollon, Hermes	Brahma, Vishnu, Shira	Anubis, Re, Isis
Lukas, Matthäus, Johannes sind drei der vier Evangelisten. Wie heißt der vierte?		
Samuel	Paulus	Markus
Wie werden die Gruppen bezeichnet, in die die Hindus auch heute noch die Gesellschaft einteilt?		
Kaste	Klasse	Clique
Wo finden jüdische Gottesdienste statt?		
Tempel	Synagoge	Moschee
Wie heißt die Heilige Schrift des Islams?		
Pali-Kanon	Tanach	Koran
Welches ist das bedeutendste Fest der Christenheit?		
Weihnachten	Ostern	Pfingsten
Welches Gebet steht auf den Papierstreifen der Gebetsmühlen der Buddhisten?		
Amen	Ave	Om

3 Ethniespezifische und interkulturelle Aspekte

1 Die Betreuung pflegebedürftiger Migranten setzt Kenntnis und Beachtung fremder Normen und Werte in den ABEDLs voraus. Ergänzen Sie den Lückentext mit den vorgegebenen Begriffen und finden Sie heraus, ob die Aussage für jüdische oder muslimische Bewohner relevant ist.

Sabbat, Familie, rechten, Kopfbedeckung, fließendem, Flossen, Milch(-produkte), Mekka, Gebetszeit, Schweinefleisch, Gebete, Sabbat, Bartrasur, Ramadans, Käppchen, Rabbiners, stehendes, Schuppen, Männer, Körperwaschung, Entfernung, Sterbende

Zutreffend für	Islam	Judentum
Kein Essen von Sonnenaufgang bis Sonnenuntergang während des ______ (für alte und kranke Menschen nicht zwingend vorgeschrieben).		
Bei Sterbenden sollte der Besuch eines ______ ermöglicht werden.		
Die ______ wird nicht nass, sondern immer trocken vorgenommen.		
Vor jeder ______ sollte die Waschung von Gesicht, Ohren, Händen, Unterarmen und Füßen ermöglicht werden.		
______ (vor allem Intimpflege) bei Frauen darf nur von weiblichen Pflegekräften übernommen werden.		
Gegessen wird immer mit der ______ Hand (wichtig beim Anrichten der Mahlzeiten).		
Der ______ (Sonnabend) ist heilig und jegliche Arbeit ist verboten.		
Bei der Körperpflege wird auf die regelmäßige ______ der Scham- und Achselbehaarung geachtet.		
Es darf kein ______ verarbeitet und in Speisen angeboten werden.		
Fleisch und ______ nicht zusammen auf einen Tisch stellen.		
Der ______ darf in den letzten Stunden seines Lebens nicht allein gelassen werden. In den meisten Fällen übernimmt die ______ die Versorgung während dieser Zeit.		
Es dürfen nur Meerestiere zu Speisen verarbeitet werden, die ______ und ______ haben (kein Aal, keine Muscheln …).		
Bettlägerige dürfen die vorgeschriebenen fünf ______ pro Tag auch sitzend oder liegend durchführen. Dabei den Betroffenen auf die rechte Seite und mit dem Gesicht Richtung ______ lagern.		
Frauen müssen ______ (Kopftuch) tragen.		
Körperwaschung erfolgt unter „______" Wasser (Dusche oder bei Bettlägerigen Begießen, z. B. aus Krügen), kein „______" Wasser verwenden (Waschbecken).		
Während dieser Zeit (______) erfolgt keine Körperpflege (außer in begründeten pflegerelevanten Fällen).		
______ tragen immer Hut oder ______, auch Pflegebedürftige.		

2 Erklären Sie die beiden Begriffe.

Migrant: ____

____

Spätaussiedler: ____

____

____

3 Lesen Sie das Fallbeispiel und beantworten Sie dazu die nachfolgenden Fragen.

Frau Yilmaz, 72 Jahre alt, gläubige Muslima, lebt seit 1968 in Köln. Sie zog damals als junge Frau mit ihren drei Kindern, zwei Töchtern und einem Sohn, zu ihrem Mann. Dieser arbeitete schon zwei Jahre in Deutschland und hatte die Grundlagen für die Familie aufgebaut. Frau Yilmaz arbeitete, als die Kinder groß waren, in einer Wäscherei. Diese Arbeit hat ihr stets Freude gemacht, zumal sie so auch soziale Kontakte knüpfen konnte. Frau Yilmaz leidet seit 35 Jahren an einem Diabetes mellitus Typ II. Durch massive Durchblutungsstörungen im rechten Bein mussten schon mehrere Operationen durchgeführt werden. Nach Zehen- und Vorfußamputation musste vor drei Wochen der komplette rechte Unterschenkel amputiert werden. Sie ist sehr verunsichert und hat große Angst, dass es auch dieses Mal zu Wundheilungsstörungen kommen wird. Seit einer Woche wird Frau Yilmaz einmal täglich von einem ambulanten Pflegedienst versorgt, der sie bei der Körperpflege unterstützt, den Verbandswechsel durchführt und sie bei der Mahlzeitenzubereitung unterstützt und berät. Ihre Kinder wohnen in benachbarten Städten und können durch ihre berufliche Einbindung die Pflege der Mutter nur am Wochenende übernehmen. Herr Yilmaz, 81 Jahre alt, fast blind, sieht sich außerstande, die Versorgung zu übernehmen.

Geben Sie mögliche Gründe an, warum Frau Yilmaz auch im Alter noch in Deutschland bleibt.

____

____

Was haben Sie bei der Pflege von Frau Yilmaz (gläubige Muslima) zu beachten?

Körperpflege/Bekleidung:

____

____

____

____

____

____

Einkauf bzw. Zubereitung der Mahlzeiten:

____

____

____

____

____

4 Sexualität im Alter

1 Das Ehepaar Heinrich und Gertraud Müller lebt seit einem halben Jahr im Pflegeheim „Birkenhain" in einem Zweibettzimmer. Beide vermissen ihre vertraute Umgebung sehr und leiden unter der spürbaren Betriebsamkeit im Wohnbereich. Der Wunsch nach Austausch von Zärtlichkeiten und Liebkosungen ist bei beiden vorhanden. So schrecken Heinrich und Gertraud Müller eines Nachmittags verschämt auf, als ihnen eine Pflegekraft, die ohne anzuklopfen das Zimmer betritt, mitteilt, dass es gleich Abendessen gibt.

Geben Sie Alternativen an, die es dem Ehepaar Müller erlauben, seine Sehnsucht nach Liebe und Sexualität zu leben.

2 Lesen Sie die beiden Fallbeispiele. Vielleicht haben Sie ähnliche Situationen auch schon erlebt. Zeigen Sie Möglichkeiten auf, wie Sie in den betreffenden Fällen reagieren sollten bzw. wie eine solche Situation eventuell vermieden werden könnte.

Die Altenpflegeschülerin Manuela arbeitet in diesem Praxisturnus in einem anderen Wohnbereich der Pflegeeinrichtung. Als sie die Intimpflege bei Herrn Seymer durchführen will, bekommt dieser eine Erektion.

Frau Meerheim, Bewohnerin der Pflegeeinrichtung „Sonnenrose" „lauert" männlichen Pflegekräften förmlich auf, greift fest deren Hände und versucht sie an ihre Brüste oder in ihren Schritt zu schieben.

5 Menschen mit Behinderungen im Alter

1 Die Pflege von alten Menschen mit geistigen Behinderungen ist ein Thema, das zunehmend an Bedeutung gewinnt. Geben Sie Ursachen für den Anstieg der zu betreuenden älteren Menschen mit geistigen Behinderungen an.

2 Viele Senioreneinrichtungen sind noch nicht in ausreichendem Maße auf die Bedürfnisse von älteren Menschen mit geistigen Behinderungen eingerichtet. Welche Schwerpunkte sollten in den Pflegekonzepten der Einrichtungen Beachtung finden? Ergänzen Sie die Übersicht mit eigenen Vorschlägen.

Menschen mit geistigen Behinderungen müssen Möglichkeiten geschaffen werden, den letzten Lebensabschnitt nach ihren Bedürfnissen zu gestalten.

Dazu gehört:
Ausrichtung der Altenpflege auf größtmögliche Selbstständigkeit des Bewohners …

3 Geben Sie Ursachen für die Entwicklung einer geistigen Behinderung an. Nutzen Sie dazu die vorgegebenen Silben, um die Lücken zu schließen.

Stür, krank, Encepha, Schwanger, somen, schaft, Früh, Infekt, fälle, Chromo, Röt, gifte, Drog

1. ____________ defekte
2. ____________ ionserkrankungen der Mutter, z. B. ____________ eln
3. Infektionser ____________ ungen des Kindes, z. B. ____________ litis
4. ____________ geburt
5. ____________ en während der ____________ schaft
6. Un ____________ oder ____________ ze während der Schwanger ____________
7. Umwelt ____________

Lernfeld 2.2 Alte Menschen bei der Wohnraum- und Wohnumfeldgestaltung unterstützen

1 Ernährung und Haushalt

1 Mangel- und Fehlernährung haben zahlreiche Ursachen und sind nach wie vor ein großes Problem in der Altenpflege. Ein wichtiger Aspekt zur Vermeidung oder Behandlung ist die stärkere Beachtung der äußeren Bedingungen. Welche Maßnahmen könnten die Esskultur in Pflegeeinrichtungen steigern? Machen Sie Vorschläge. Gehen Sie dabei auch von Ihren eigenen Gewohnheiten und Vorlieben aus.

2 Ein korrekt und liebevoll eingedeckter Tisch darf bei den Überlegungen in Aufgabe 1 nicht fehlen. Decken Sie den Tisch für ein Mittagsmenü ein, indem Sie die Zeichnung vervollständigen. Verwenden Sie dazu neben Menüteller und Suppentasse (siehe Abbildung) benötigtes Besteck einschließlich Dessertlöffel, Salatteller, Trinkglas, Serviette.

3 Ihr Tätigkeitsbereich umfasst auch die Betreuung von pflegebedürftigen Personen in ihrer eigenen häuslichen Umgebung. Dabei fallen mitunter auch Aufgaben aus dem Bereich „Haushaltshilfe" an. Ordnen Sie den angegebenen Schwerpunkten konkrete Haushaltsaufgaben zu.

Reinigung der Wohnung

Reinigung des Sanitärbereichs

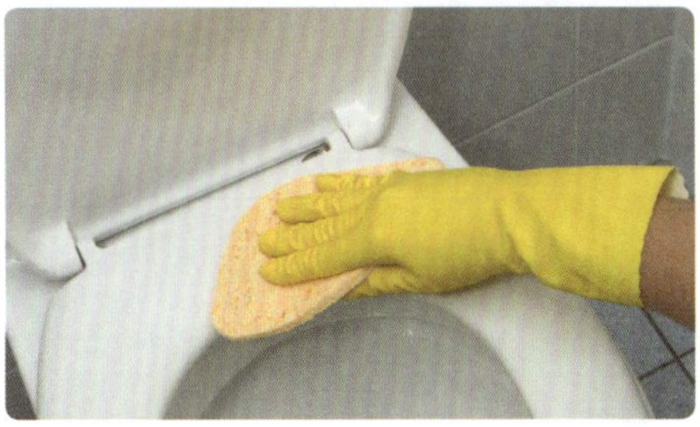

Kleidungs- und Wäschepflege

Nahrungszubereitung

Sonstiges (individuelle Beantwortung)

4 Die Tabelle zeigt häufige Quellen für Bakterienansammlungen im Haushalt auf. Geben Sie für jedes Beispiel Vorschläge zu deren Vermeidung an.

Quellen für Bakterienanhäufungen im Haushalt	Tipps für deren Vermeidung
Wischlappen, Küchenschwämme	
Bad/Duschen/Toiletten mit hoher Luftfeuchtigkeit	
Kühlschränke	
Toilettenbecken	
Küche/Arbeitsflächen	

5 Nennen Sie Gründe, die eine selbstständige Haushaltsführung beeinträchtigen können.

2 Schaffen eines förderlichen Wohnumfelds

1 Sie sollen die „ideale" altengerechte Wohnanlage entwerfen. Welche Faktoren, bezogen auf die Wohnungen bzw. das Umfeld, sollten unbedingt bedacht werden? Versuchen Sie, Kriterien von A-Z zu benennen (… zugegeben, für „X" und „Y" ist es wirklich schwer, etwas zu finden).

A ______

B ______

C ______

D ______

E ______

F ______

G ______

H ______

I ______

J ______

K ______

L ______

M ______

N ______

O ______

P ______

Q ______

R ______

S ______

T ______

U ______

V ______

W ______

X ______

Y ______

Z ______

3 Wohnraumanpassung und Hilfsmittel

1 Frau Friedrich ist seit einer Oberschenkelamputation auf den Rollstuhl angewiesen. Seit drei Wochen hat sie nun eine Einstufung in den Pflegegrad 2. Ihre Parterrewohnung in einem Mehrfamilienhaus ist über eine Treppe vor dem Haus erreichbar. Die Wohnung soll nun an die neuen Gegebenheiten angepasst werden.

Welche Anpassungen wären im Fall von Frau Friedrich nötig bzw. empfehlenswert? Stellen Sie eine Liste zusammen.

Zugang zur Wohnung

Küche

Toilette/Bad

Wohnzimmer/Schlafzimmer/Balkon

2 Die Angehörigen von Frau Friedrich möchten bei der Pflegekasse den barrierefreien Umbau des Bads beantragen. Die Kosten für das Bauvorhaben betragen laut Kostenvoranschlag 6.700 €.

a) Lesen Sie im SGB XI den § 40 Absatz 4. Notieren Sie wesentliche Inhalte in Ihren Unterlagen.

b) Wie hoch ist der Eigenanteil, den Frau Friedrich selber tragen muss?

a)

b)

3 Um Stürze in der häuslichen Umgebung zu vermeiden, sollten Stolperfallen rechtzeitig erkannt und beseitigt werden. Benennen Sie die in der Abbildung dargestellten Gefahrenpunkte.

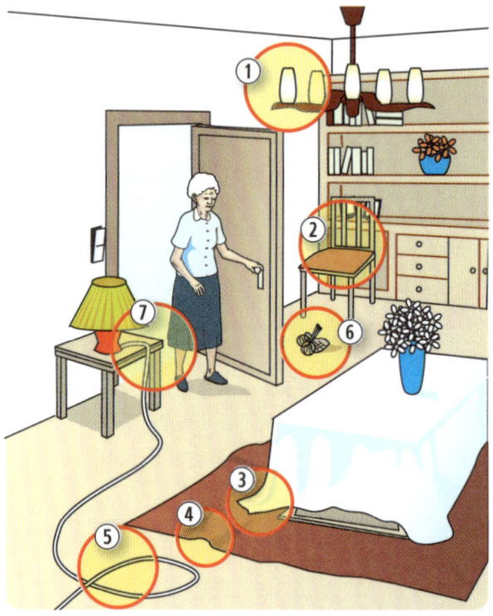

① ______________________

② ______________________

③ ______________________

④ ______________________

⑤ ______________________

⑥ ______________________

⑦ ______________________

4 Finden Sie im Suchworträtsel 12 Hilfsmittel zur Lebenserleichterung heraus. Ordnen Sie diese anschließend den vorgegebenen Hilfsmittelgruppen zu (ü = ue; → ↓ ↘).

Q	E	W	D	S	A	R	R	E	V	M	B	N	G	T	R	K	C	R	T	A	Z	U
D	A	E	R	T	W	Z	A	U	O	I	A	W	Q	S	X	S	I	W	E	N	X	Y
U	N	T	E	R	A	R	M	S	T	U	E	T	Z	E	N	Y	X	S	S	Z	W	E
S	C	F	R	T	N	G	P	G	H	O	J	U	R	K	D	A	X	S	S	I	D	F
C	W	F	O	G	N	E	E	S	G	C	I	R	Z	A	Q	V	N	Z	Q	E	B	M
H	R	H	U	O	E	N	H	G	D	R	O	L	L	S	T	U	H	L	W	H	N	F
S	W	T	F	D	N	N	O	K	L	U	O	P	E	T	E	Z	W	V	C	H	Y	A
I	T	Z	R	O	L	L	A	T	O	R	T	V	W	T	S	G	E	U	P	I	D	O
T	X	D	F	R	I	X	E	W	M	K	L	Z	F	H	T	F	D	N	S	L	C	I
Z	G	R	E	I	F	H	I	L	F	E	N	U	O	P	X	E	R	E	S	F	X	T
Y	A	W	E	Q	T	C	V	F	G	J	E	V	G	D	K	Y	N	H	G	E	Y	C
									B	A	H	V	T	D	J	L	O	S	H	N	A	N
									T	R	E	P	P	E	N	L	I	F	T	X	U	X
									V	I	W	Q	E	Z	U	I	L	M	Y	U	O	Y
									C	R	E	F	R	T	H	Z	Q	E	Y	Y	H	D
									V	A	D	G	Z	T	R	E	Z	U	O	P	M	L

Gehhilfen:

Adaptationshilfen:

Installierte Hilfsmittel:

Lagerungshilfsmittel:

Kranken-/Behindertenfahrzeuge:

Badehilfen:

4 Wohnformen im Alter

1 In der Tabelle finden Sie ein Gerüst mit Angaben zu Wohnformen im Alter. Vervollständigen Sie die Tabelle mithilfe der vorgegebenen Begriffe im Kasten.

stationäre Wohneinrichtung, barrierefreie Anpassung, Senioren-WGs, Betreutes, ohne altengerechten, zusätzliche Betreuungsdienste, gemeinschaftlich genutzten Wohnung, altengerechte

Wohnformen im Alter	Merkmale
Eigene Wohnung	häufigste Wohnform, Wohnen in vertrauter Umgebung ______ Umbau
______ Wohnung	seniorengerechte, ______ der Wohnung an spezielle Bedürfnisse im Alter
______ Wohnen	Wohnen in eigener, altengerecht angepasster Häuslichkeit mit der Möglichkeit, ______ in Anspruch zu nehmen
______	Leben in einer altengerecht angepassten, ______, in der jeder, neben den gemeinschaftlich genutzten Bereichen, eigenen Wohnraum hat; ggf. Nutzung von Betreuungsdiensten
Pflegeheim	______, die die hauswirtschaftliche und pflegerische Versorgung schwer kranker und behinderter alter Menschen ermöglicht

2 Arbeiten Sie Vor- und Nachteile der angegebenen Wohnformen heraus. Vergleichen Sie im Unterrichtsgespräch.

Eigene Wohnung

Vorteile: ______

Nachteile: ______

Betreutes Wohnen

Vorteile: ______

Nachteile: ______

Senioren-WGs

Vorteile: ______

Nachteile: ______

Stationäre Altenpflegeeinrichtung

Vorteile: ______

Nachteile: ______

Lernfeld 2.3 Alte Menschen bei der Tagesgestaltung und bei selbstorganisierten Aktivitäten unterstützen

1 Tagesstrukturierte Maßnahmen

1 Die meisten älteren Menschen haben eine regelmäßige, mitunter fast rituelle Tagesstruktur. Bei Pflegebedürftigkeit und daraus evtl. resultierender Versorgung in stationären Pflegeeinrichtungen kommt es bei vielen zu einschneidenden Veränderungen im gewohnten Tagesablauf. Die Beibehaltung eines strukturierten Tagesablaufs ist daher von großer Bedeutung, um Orientierung und Sicherheit zu gewährleisten. In der oberen Abbildung ist der Tagesablauf einer älteren Dame in ihrer eigenen Wohnung erkennbar. Stellen Sie analog dieses Beispiels den Tagesablauf eines alten Menschen in seiner gewohnten Häuslichkeit dar, z. B. Ihrer Großeltern, und ein Beispiel für den Tagesablauf eines Bewohners in einer Pflegeeinrichtung. Vergleichen Sie die Ergebnisse im Unterrichtsgespräch.

Tagesablauf von ______________________ in der eigenen Wohnung/Haus

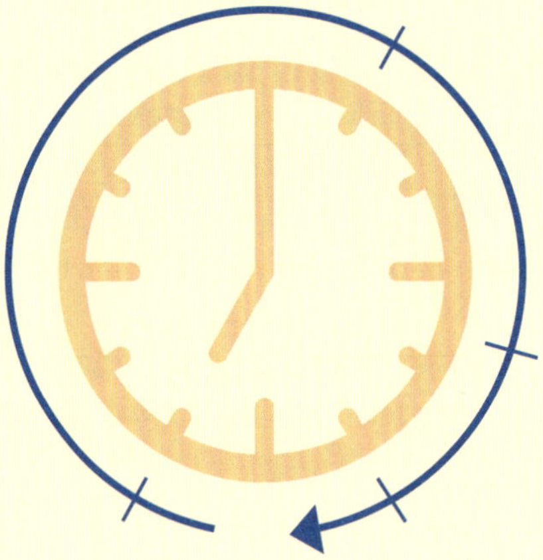

Tagesablauf von ______________________ in einer stationären Pflegeeinrichtung

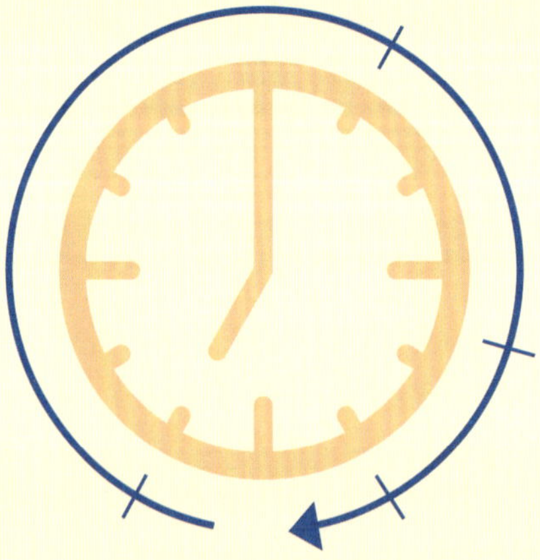

2 Entwerfen Sie einen Wochenplan mit tagesstrukturierten Maßnahmen. Bedenken Sie Aktivitäts- und Ruhezeiten. Nutzen Sie Ihre Praxiserfahrungen.

<table>
<tr><th>Zeit</th><th>Montag</th><th>Dienstag</th><th>Mittwoch</th><th>Donnerstag</th><th>Freitag</th><th>Samstag</th><th>Sonntag</th></tr>
<tr><td></td><td></td><td></td><td></td><td></td><td></td><td></td><td></td></tr>
<tr><td colspan="8">Frühstück</td></tr>
<tr><td></td><td></td><td></td><td></td><td></td><td></td><td></td><td></td></tr>
<tr><td colspan="8">Mittagessen</td></tr>
<tr><td></td><td></td><td></td><td></td><td></td><td></td><td></td><td></td></tr>
<tr><td colspan="8">Kaffee-/Teestunde</td></tr>
<tr><td></td><td></td><td></td><td></td><td></td><td></td><td></td><td></td></tr>
<tr><td colspan="8">Abendessen</td></tr>
<tr><td></td><td></td><td></td><td></td><td></td><td></td><td></td><td></td></tr>
</table>

3 Die tagesstrukturierten Angebote müssen sorgfältig geplant und ausgewählt werden, um einen reibungslosen Verlauf zu gewährleisten und um den Teilnehmern das Gefühl einer sinnvollen Lebensgestaltung zu geben. Erarbeiten Sie allgemeine Planungskriterien zu den vorgegebenen Stichpunkten.

	Planungskriterien
	Vorüberlegungen
	Vorbereitung 1. Sachbezogene Vorbereitung
	2. Personenbezogene Vorbereitung
	Durchführung
	Nachbereitung, Auswertung

2 Gesundheitsfördernde Beschäftigungsangebote

1 Sie sind beauftragt, ein Angebot mit fünf Bewohnern aus dem Bereich „Seniorengymnastik" durchzuführen. Zwei Bewohner sitzen im Rollstuhl, drei Bewohner haben auf einem Stuhl Platz genommen. Entwickeln Sie ein Übungsprogramm mit einfachen und verständlichen Anleitungen. Geben Sie dabei auch an, ob Sie Sportgeräte oder andere Hilfsmittel anwenden werden. Die Aktivierung soll für zehn Minuten geplant werden.

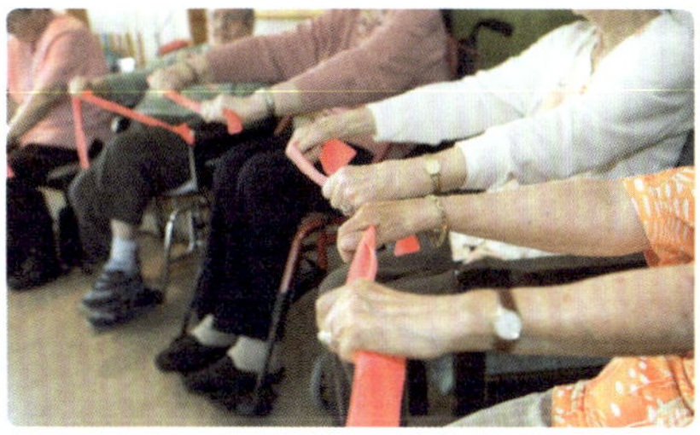

2 Welche Körperregionen wurden in Ihrem Übungsprogramm speziell aktiviert?

3 Welche Ziele können mit einer regelmäßig durchgeführten Seniorengymnastik erreicht werden?

3 Individuelle Gruppenangebote

1 Im Suchworträtsel haben sich 16 verschiedene Aktivierungsangebote versteckt. Ordnen Sie diese nach dem Auffinden den Beschäftigungsbereichen zu (ä = ae, ö = oe, ü = ue, ß = ss → ↓ ↘).

C	E	R	Q	W	B	N	H	A	R	K	E	N	S	A	Q	R	T	I	U	Z	T
M	C	S	Z	D	F	R	T	E	K	A	Q	S	D	E	Y	S	R	T	X	A	K
D	W	A	E	S	C	H	E	P	F	L	E	G	E	V	F	R	E	G	I	Z	A
N	M	T	I	N	A	S	R	C	Y	D	E	T	A	E	T	Q	C	I	V	R	R
S	C	F	T	W	I	Q	R	T	Z	U	I	O	S	N	B	G	T	E	R	E	T
P	I	V	U	S	H	O	E	R	B	U	E	C	H	E	R	A	W	S	Q	C	E
R	S	N	N	Q	W	E	R	C	V	G	T	Z	T	R	L	Y	S	S	E	A	N
I	X	S	G	W	R	B	N	E	V	D	W	Q	A	S	Y	A	E	E	R	T	S
C	N	H	E	E	Y	B	H	A	N	D	A	R	B	E	I	T	E	N	N	M	P
H	X	S	N	W	N	C	D	E	R	G	Y	B	G	T	F	T	X	S	D	R	I
W	B	N	M	Z	T	R	U	I	O	C	Y	A	S	E	R	T	Z	B	N	M	E
O	A	S	W	D	F	R	E	W	S	A	W	M	V	B	N	H	T	T	C	S	L
E	X	C	D	D	R	U	C	K	T	E	C	H	N	I	K	E	N	Q	A	A	E
R	V	F	G	T	Z	U	R	O	G	Y	C	D	E	A	W	F	G	H	J	N	X
T	C	D	F	T	U	E	Y	C	X	B	R	E	T	T	S	P	I	E	L	E	Z
E	B	N	M	J	Z	K	L	H	O	U	Z	T	R	S	Y	T	X	C	D	E	T
R	H	M	U	S	I	Z	I	E	R	E	N	H	T	R	D	C	I	C	B	N	H
W	Q	C	A	D	E	R	T	N	B	H	J	H	Z	U	I	I	N	K	M	K	J

Medienangebote ______________________

Gedächtnistraining ______________________

Angebote aus dem musikalischen Bereich ______________________

Spielen ______________________

Haushaltsnahe Beschäftigungen ______________________

Gesundheitsfördernde Angebote ______________________

Angebote aus dem Gartenbereich ______________________

Werken und Gestalten ______________________

2 Ein Gedächtnistraining zum Thema „Märchen raten" ruft vor allem bei älteren Damen große Begeisterung hervor, es genügt mitunter, nur einige Worte vorzulesen und schon kann das Märchen benannt werden. Stellen Sie sich und Ihre Senioren auf die Probe.

„Ich bin so satt, ich mag kein Blatt, mäh, mäh."

____

„Ick bin allhier!"

____

„Ei, Großmutter, was hast du für große Augen?"

____

„Was rumpelt und pumpelt in meinem Bauch herum?"

____

„Der Schuh ist zu klein, die rechte Braut sitzt noch daheim."

____

„Ach, wie gut, dass niemand weiß, dass ich … heiß."

____

„Spieglein, Spieglein an der Wand, wer ist die Schönste im ganzen Land?"

____

3 Ein weiteres Beispiel für ein Gedächtnistraining ist das Ergänzen von Sprichwörtern. Kennen Sie die Sprichwörter? Vervollständigen Sie diese. Fertigen Sie anschließend kleine Karten mit diesen und weiteren Sprichwörtern (bzw. Sprichwortteilen) an und führen Sie dazu ein Angebot in der Praxis durch. Tauschen Sie Ihre Eindrücke aus.

Was Hänschen nicht lernt, ______________________

Der Apfel fällt ______________________

Ein Unglück ______________________

Ein blindes Huhn ______________________

Wer nicht hören will, ______________________

Eine Krähe hackt ______________________

______________________, so liegt man.

Ist die Katze aus dem Haus, ______________________

4 Die Orientierung an der Biografie ist bei der Auswahl von Angeboten sehr wichtig. Lesen Sie dazu die drei Fallbeispiele. Mit welchen Aktivierungsangeboten könnte man das Interesse der jeweiligen Bewohner wecken? Geben Sie Vorschläge an.

Herr Schmidt, 84 Jahre, war bis zum Heimeinzug ein begeisterter Gärtner und Handwerker. Bis zum 70. Lebensjahr spielte er in der Altherren-Mannschaft seiner Gemeinde Fußball.

____

____

Frau Mangelsdorf, 92 Jahre, wuchs in guten Verhältnissen auf und hatte schon als junges Mädchen großes Interesse an Musik und Literatur.

____

____

Frau Borek, 88 Jahre, hat durch die Kriegszeiten nie einen richtigen Beruf erlernen können. Sie blieb Hausfrau und kümmerte sich um ihre drei Kinder. Eine große Leidenschaft neben dem Gärtnern war das Nähen.

____

____

5 Gesang spielt im Leben vieler Menschen eine große Rolle. Erstaunt stellt man immer wieder fest, wie textsicher viele Lieder von den Senioren vorgetragen werden können. Erarbeiten Sie eine Zusammenstellung (je 5 Lieder) bedeutender Volkslieder, Kinderlieder und Weihnachtslieder. Nutzen Sie das Wissen Ihrer Bewohner und befragen Sie sie im nächsten Praxiseinsatz. Tauschen Sie Ihre Ergebnisse im Unterricht aus.

Volkslieder	Kinderlieder	Weihnachtslieder

6 Eine Form der Aktivierung ist das Spielen. Es gibt Menschen, die ausgesprochen gern spielen und die kaum motiviert werden müssen. Auf der anderen Seite gibt es Personen, die eher „Spielmuffel" sind und die Spiele als „Kinderkram" empfinden. Nennen Sie eine kleine Auswahl an Spielen, die von Senioren sehr gern gespielt werden.

7 Welche Besonderheiten weisen seniorengerechte Spiele auf?

8 Eine Methode, die speziell für Demenzkranke entwickelt wurde, ist die sogenannte 10-Minuten-Aktivierung. Einfache, vertraute Gegenstände sollen Erinnerungen wecken. Dazu werden themenspezifische Sammlungen zusammengestellt. „Füllen" Sie fünf Kartons mit passenden Materialien (je sechs verschiedene Dinge). Orientieren Sie sich an dem vorgegebenen Beispiel.

Thema Schule

Bleistift, kleine Schiefertafel,

Kreide, Schulheft, Füller, Lineal

Thema Kindheit

Thema Haushalt

Thema Weihnachten

Thema Garten

Thema Heimwerker

9 Ergänzen Sie den Lückentext zum Thema „Basale Stimulation"®. Nutzen Sie dazu die vorgegebenen Begriffe.

Initialberührung, Schlaganfall, Demenzkranken, Körpergefühl, Stimulation, Körperwahrnehmung, Basalen Stimulation®, Orientierung

Basale Stimulation® ist ein Konzept zur Aktivierung der ______________________. In der Altenpflege findet sie vor allem bei ______________________ und bei Pflegebedürftigen nach einem ______________________ mit schweren neurologischen Beeinträchtigungen Anwendung. Durch gezielte ______________________ wird versucht, das ______________________ des Betroffenen zu sich selbst und zu seiner Umgebung zu verbessern. Große Bedeutung hat dabei die ______________________, die Beginn und Abschluss der ______________________ anzeigt und der ______________________ und dem Sicherheitsgefühl des Betroffenen dient.

10 Die Angebote der Basalen Stimulation® können verschiedene Sinne aktivieren. Geben Sie an, welche Sinne jeweils aktiviert werden, und ergänzen Sie die Tabelle durch selbst gewählte Beispiele für Stimulationsangebote.

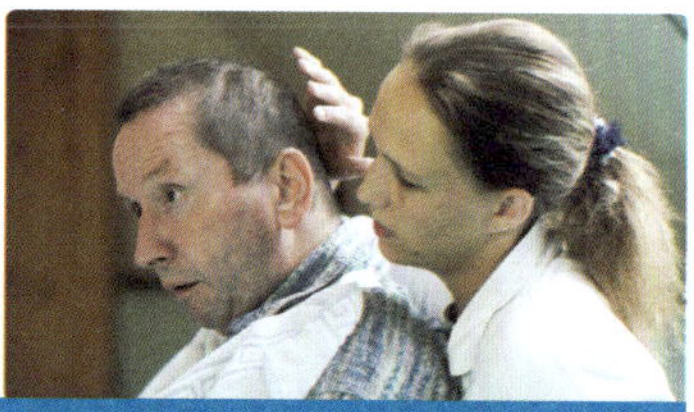

Fachbezeichnung	Erläuterung	Beispiel
Somatische Stimulation	Aktivierung durch	
Taktil-haptische Stimulation	Aktivierung durch	
Vibratorische Stimulation	Aktivierung durch	
Auditive Stimulation	Aktivierung durch	
Vestibuläre Stimulation	Aktivierung durch	
Gustatorische/orale Stimulation	Aktivierung durch	
Olfaktorische Stimulation	Aktivierung durch	
Visuelle Stimulation	Aktivierung durch	

4 Tiere halten und betreuen

1 Bei den „tiergestützten Aktivitätsangeboten" stehen Kommunikation und Interaktion von Mensch und Tier im Vordergrund. Haben Sie während Ihrer Praxiseinsätze bereits Erfahrungen zu diesem Thema sammeln können? Was können „tiergestützte Therapien/Aktivitäten" beim alten Menschen bewirken? Tragen Sie Schwerpunkte zusammen.

2 Geben Sie Einsatzmöglichkeiten von Tieren in der Altenpflege an.

3 Mit welchen Aufgaben können Bewohner bei der Versorgung eines „Heimtieres" betraut werden?

4 Welche Tiere halten Sie für den Einsatz in einer Senioreneinrichtung für geeignet?

5 Feste und Veranstaltungsangebote

1 Es gibt zahlreiche Anlässe, Feste zu feiern. Sie können jahreszeitlich ausgerichtet sein, einen religiösen Ursprung haben oder persönliche bzw. familiäre Anlässe betreffen. Sie sind von Ihrer Praxiseinrichtung beauftragt, sich Gedanken zu machen, welche Feierlichkeiten im Jahresverlauf geplant werden könnten. Machen Sie Vorschläge.

Monat		Vorschläge für Feste und Feiern
Januar		
Februar		
März		
April		
Mai		
Juni		
Juli		
August		
September		
Oktober		
November		
Dezember		

2 Für eine erfolgreiche Durchführung von Festen und Feiern ist eine Planung unumgänglich. Was muss im Vorfeld alles bedacht werden? Erstellen Sie eine Checkliste.

3 Veranstaltungen können innerhalb, aber auch außerhalb der Senioreneinrichtung geplant werden. Im Suchworträtsel sind 16 Veranstaltungsbeispiele versteckt. Schreiben Sie diese nach dem Auffinden heraus. Ergänzen Sie diese Auflistung durch vier weitere Beispiele. Geben Sie beim Vorlesen der herausgefundenen Veranstaltungen jeweils Ressourcen (Voraussetzungen) an, die der Bewohner für diese Aktivität benötigt (ä=ae, ü=ue; → ↓ ↘).

						A	R	T	D	E	R	K	G	H	Z	U	I	O	P	L	K										
						S	T	A	M	M	T	I	S	C	H	R	U	N	D	E	J										
						X	D	G	E	R	H	N	M	K	L	U	I	D	W	Q	Y										
						Y	S	O	C	D	E	O	A	Y	X	D	S	L	A	Y	D										
F	R	S	E	X	A	A	W	T	X	A	Z	B	Q	V	E	R	T	Y	E	Q	I										
A	S	D	P	Q	Y	X	V	T	L	T	H	E	A	T	E	R	V	O	R	S	T	E	L	L	U	N	G	E	N	S	R
J	K	P	L	O	X	D	E	E	I	L	O	S	P	L	M	J	H	G	F	D	U	F	G	E	Q	W	K	H	H	H	H
S	A	X	Z	I	R	K	U	S	B	E	S	U	C	H	E	X	D	E	W	S	C	N	M	I	T	I	L	I	U	J	T
E	T	X	G	R	E	T	E	D	C	V	F	C	V	F	D	S	X	F	F	Z	J	K	G	A	Q	Q	O	T	I	W	R
N	K	A	J	Z	T	R	V	I	R	Z	M	H	C	F	R	E	T	T	U	B	G	F	I	E	F	A	P	I	Z	Q	E
I	L	C	D	G	V	V	B	E	E	Z	C	E	X	S	E	R	Z	J	A	B	F	R	E	X	N	X	D	E	T	Y	A
O	A	Y	C	T	O	B	G	N	R	T	R	E	C	B	N	M	K	L	I	G	T	R	E	W	Z	D	S	R	D	D	Y
R	Y	S	E	R	R	B	G	S	T	A	U	S	S	T	E	L	L	U	N	G	E	N	M	K	K	F	A	P	X	E	X
E	B	D	G	W	T	U	H	T	K	I	N	X	N	H	F	E	W	A	Q	C	V	S	J	O	R	R	C	A	S	R	S
N	N	H	Q	I	R	U	N	E	M	K	L	S	M	Z	A	Y	E	X	V	W	Q	K	A	M	E	E	D	R	W	T	W
T	H	J	A	O	A	I	Q	D	E	A	I	S	T	A	D	T	B	U	M	M	E	L	L	U	M	W	W	K	G	Y	E
A	Z	U	A	C	E	O	W	F	F	J	L	E	Q	A	C	X	D	R	Z	U	N	G	H	H	S	G	L	B	Z	A	R
N	T	I	R	Y	G	V	K	A	H	A	X	Y	Z	I	L	B	Z	O	P	N	S	L	Q	L	E	F	T	E	X	A	B
Z	R	E	Z	E	E	Y	I	X	S	X	H	V	R	U	I	T	B	D	E	J	L	K	I	U	R	Y	L	S	Q	A	G
										V	S	R	Y	C	D	R	U	V	G	T	E	B	B	J	F	S	Q	U	Y	X	T
										Y	W	V	T	R	G	I	L	N	V	X	S	W	R	U	A	Z	A	C	E	C	Z
										D	F	R	Q	A	Y	D	E	S	G	G	H	U	I	K	H	E	C	H	T	G	U
										C	A	F	E	B	E	S	U	C	H	E	I	U	O	L	R	Z	X	E	U	E	E
										Q	W	E	Y	T	R	E	E	C	X	Y	N	C	V	F	T	M	S	L	I	T	B

Veranstaltungsbeispiele	

6 Medienangebote

1 Geben Sie einen Überblick über klassische und neue Medien.

Klassische Medien:

Neue Medien:

2 Werden in Ihren Praxiseinrichtungen bereits neue Medien genutzt und wenn ja, in welcher Form?

Beispiele für Anwendungsmöglichkeiten:

3 Viele ältere Menschen verschließen sich bis heute strikt gegen die Nutzung der neuen Medien. Welche Einwände haben Sie in diesem Zusammenhang schon von Senioren gehört? Wie könnten Sie Interesse wecken?

Einwände von Senioren:

Interesse beim älteren Menschen wecken durch:

4 Welche Medienangebote stehen Menschen mit beeinträchtigten Funktionen der Sinnesorgane zur Auswahl?

7 Bürgerschaftliches Engagement älterer Menschen

1 Ergänzen Sie den Lückentext zum Thema „Bürgerschaftliches Engagement älterer Menschen" unter Verwendung der vorgegebenen Begriffe.

Gemeinschaft, kirchlichen, Generation, Erfahrungen, kulturellen, Engagement, sozialen, Kommunen, Teilhabe, politischen, demografischen, Gewinn, Generation, Ausgrenzung

Im Zeichen der ______________ Entwicklung Deutschlands gewinnt bürgerliches ______________, gerade der älteren ______________, zunehmend an Bedeutung. Die ______________ stoßen an ihre Grenzen bei ______________ Dienstleistungen. Ältere Menschen können hier ihre ______________ und ihr Wissen für die ______________ einsetzen. Die Aufgabengebiete, in denen sie sich verantwortlich einbringen können, sind dabei sehr vielfältig, z. B. Engagement in ______________, sportlichen, ______________ und ______________ Bereichen. Die Übernahme von Verantwortung für einen bestimmten Bereich sichert der älteren ______________ eine gesellschaftliche ______________, schützt vor ______________ und ist ein generationsübergreifender ______________.

2 Welche Bedingungen sind an ein bürgerliches Engagement geknüpft?

ENGAGEMENT SCHLÄGT BRÜCKEN
Freiwilligendienste aller Generationen

____

____

____

____

3 Die BAGSO (Bundesarbeitsgemeinschaft der Senioren Organisationen) versteht sich als Lobby der Älteren und Interessenvertretung für Politik, Gesellschaft und Wirtschaft in Deutschland. Tragen Sie mithilfe externer Quellen (z. B. www.bagso.de) abgeschlossene und aktuelle Projekte der BAGSO zusammen, um so einen Einblick in die Arbeit der über 90 Mitgliedsorganisationen der BAGSO zu erhalten. Beschäftigen Sie sich im nächsten Unterricht genauer mit einigen der aufgezählten Projekte.

Lobby der Älteren
Die BAGSO

____

____

____

____

____

____

____

____

____

____

Lernfeld 3.1 Institutionelle und rechtliche Rahmenbedingungen beim altenpflegerischen Handeln berücksichtigen

1 Die Grundrechte

1 Erarbeiten Sie in Ihren Unterlagen mithilfe externer Quellen, z. B. dem Grundgesetz oder Internet, eine Übersicht über die Grundrechte der Bürger in Deutschland. Wenden Sie anschließend dieses Wissen an, um die Lücken in der Tabelle schließen zu können.

Artikel 1 Schutz der	
Artikel 2 Freie Entfaltung der	Artikel 11 Recht zur im Bundesgebiet
Artikel 3 vor dem Gesetz	Artikel 12 Freiheit der wahl
Artikel 4 und Gewissensfreiheit	Artikel 13 der Wohnung
Artikel 5 Meinungs-, und Informationsfreiheit	Artikel 14 Gewährleistung des
Artikel 6 Schutz von Ehe und	Artikel 15 Überführung in eigentum
Artikel 7 Recht auf Schulwahl und Teilnahme am unterricht	Artikel 16 Verbot von Ausbürgerung und Auslieferung, Recht auf
Artikel 8 freiheit	Artikel 17 recht
Artikel 9 freiheit	Artikel 18 Verwirklichung der
Artikel 10 und Postgeheimnis	Artikel 19 Rechtsweg

2 Die Grundrechte müssen auch in der Altenpflege beachtet und umgesetzt werden. Ordnen Sie den nachfolgenden Beispielen die zutreffenden Grundgesetzartikel zu.

Deutsche und ausländische Heimbewohner werden gleich behandelt.

____

Bewohnerpost darf nicht vom Personal gelesen werden.

____

Die Teilnahme an Andachten oder Gottesdiensten steht allen Heimbewohnern frei.

____

Das Betreten der Bewohnerräume ist nur bei angesagter Notwendigkeit und nach Klopfen erlaubt.

____

2 Die rechtlichen Fähigkeiten eines Menschen

1 Kreuzen Sie an, ob es sich bei den folgenden Aussagen um Kennzeichen der Rechtsfähigkeit oder der Handlungsfähigkeit handelt.

	Rechtsfähigkeit	Handlungsfähigkeit
Ist die Fähigkeit, durch eigenes Handeln Rechtswirkungen hervorzurufen.		
Die … beginnt mit der Vollendung der Geburt und endet mit dem Tod.		
Ist die Fähigkeit, selbstständiger Träger von Rechten und Pflichten zu sein.		
Begriff wird in Geschäfts- und Deliktsfähigkeit untergliedert.		
Gilt für jeden lebenden Menschen; dabei spielt es keine Rolle, ob er geistig gesund oder krank ist.		
Minderjährige sind nicht … fähig.		

2 In den Abbildungen sind die Stufen der Geschäftsfähigkeit zu erkennen. Tragen Sie diese mit Altersangabe unter dem jeweiligen Bild ein.

Alter: ______________

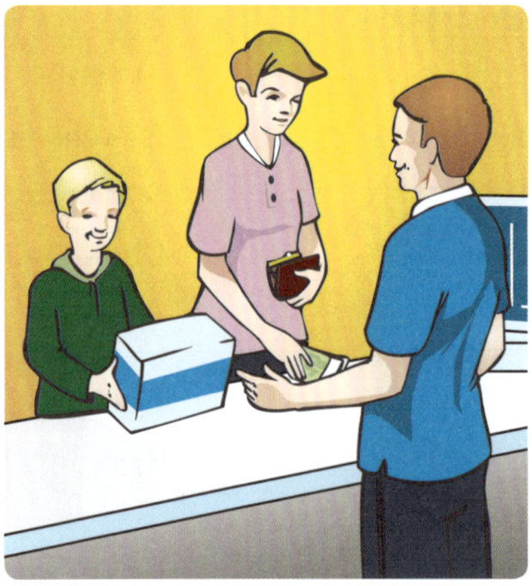

Alter: ______________

Alter: ______________

3 Ordnen Sie die Begriffe „geschäftsunfähig", „deliktunfähig" und „schuldunfähig" zu.

Kinder unter 7 Jahren	
Personen mit seelischen Störungen § 20 StGB	
Kinder unter 7 Jahren § 828 BGB	
Bewusstlose und Geisteskranke § 827 BGB	
Kinder bis zum 14. Lebensjahr §19 StGB	
Kinder unter 10 Jahren bei Verkehrsunfällen § 828 Abs. 2 BGB	
Personen mit dauerhaften Störungen der Geistestätigkeit	

4 Wie beurteilen Sie die folgenden Fallbeispiele? Begründen Sie jeweils Ihre Antwort.

Jan, 10 Jahre, hat sich für 9 € von seinem Taschengeld (monatlich 15 €) eine Armbanduhr gekauft. Die Mutter verlangt von der Verkäuferin, den Kaufvertrag rückgängig zu machen. Muss die Verkäuferin dem Wunsch der Mutter nachkommen?

Tim, 5 Jahre, macht seine ersten Fahrversuche mit dem zum Geburtstag erhaltenen Kinderrad. Stolz schaut die Großmutter ihrem Enkel hinterher. Plötzlich kommt der Junge aus dem Gleichgewicht und schrammt mit dem Lenker an der Beifahrertür des Autos vom Nachbarn entlang. Können die Eltern verpflichtet werden, den angerichteten Schaden zu ersetzen?

Eine an Demenz erkrankte Bewohnerin schlägt und tritt bei der morgendlichen Körperpflege die Altenpflegerin Susanne. Dabei wird ein Bügel der Brille abgerissen und im Gesicht und an den Armen sind tiefe Kratzspuren erkennbar. Ist die Bewohnerin für den angerichteten Schaden ersatzpflichtig?

Die Pflegefachkraft Sonja pflegt seit vielen Jahren die Bewohnerin Frau Naumann. Der Pflegefachkraft fällt es zunehmend schwerer, die Bewohnerin zu pflegen, da sie das Leid der krebskranken Dame nicht mehr mit ansehen kann. In einem Spätdienst bereitet sie eine Spritze mit einem tödlich wirkenden Medikament vor und injiziert die Lösung der Bewohnerin. In der Aufregung hat sie aber statt des beabsichtigten Medikaments eine Ampulle Ascorvit® (Vitamin C) aufgezogen und verabreicht. Hat sich die Altenpflegerin strafbar gemacht?

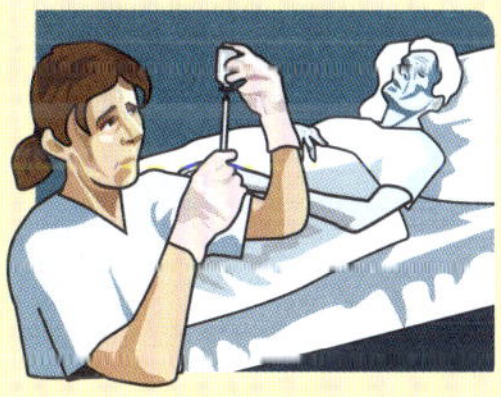

3 Die Sozialversicherungen/Pflegeversicherung

1 Die Sozialversicherung ist ein gesetzliches Sicherungssystem der staatlich geregelten Fürsorge. Finden Sie im Suchworträtsel die fünf Bereiche der Sozialversicherung heraus und ergänzen Sie mit den gefundenen Begriffen die erste Spalte. Ordnen Sie anschließend die Träger und die versicherten Risiken zu (→ ↓ ↘).

Y	W	E	U	R	T	Z	U	B	N	H	Z
A	K	R	A	N	K	E	N	A	H	P	J
W	I	O	E	N	F	M	V	B	I	F	A
F	S	I	R	N	C	A	Z	V	E	L	F
A	R	B	E	I	T	S	L	O	S	E	N
G	H	J	U	B	C	E	W	L	A	G	X
V	E	T	Z	O	J	Y	N	H	I	E	L

Sozialversicherungen	Träger	Versicherte Risiken
______ versicherung		
______ versicherung		
______ versicherung		
______ versicherung		
______ versicherung		

2 Sie haben sich in den vergangenen Unterrichtseinheiten mit den wesentlichen Inhalten des zweiten Pflegestärkungsgesetzes auseinandergesetzt. Welche Änderungen bringt das PSG II?

3 Wie werden die zusätzlichen Leistungen finanziert?

4 Worin besteht der fundamentale Fortschritt bei der neuen Definition des „Pflegebedürftigkeitsbegriffs"?

5 Kreuzen Sie die richtigen Aussagen an und werten Sie sie anschließend im Klassengespräch aus *(mitunter auch mehrere korrekte Aussagen).*

a) Bringen Sie die Begriffe „Pflegestufen" und „Pflegegrade" in den aktuellen Kontext.

	Die bisherigen drei Pflegegrade wurden im Januar 2016 durch fünf neue Pflegestufen ersetzt.
	Die bisherigen drei Pflegestufen wurden im Januar 2017 durch fünf neue Pflegegrade ersetzt.
	Pflegestufen behalten noch ihre Gültigkeit, bevor sie im Januar 2018 endgültig auf Pflegegrade umgestellt werden.
	Die Pflegegrade werden für zwei Jahre getestet, um ggf. eine Rückführung in die Pflegestufen zu ermöglichen.

b) Auf welcher Grundlage erfolgt die Einstufung in einen der Pflegegrade?

	Einordnung erfolgt durch ein Gutachten des Medizinischen Dienstes der Krankenkassen oder anderer unabhängiger Gutachterinnen oder Gutachter.
	Die Einstufungsformulare sind in einem gemeinsamen Gespräch zwischen dem Pflegebedürftigen, seinen Angehörigen und den betreuenden Pflegekräften auszufüllen und an die Pflegekasse weiterzuleiten.
	Das Gutachten auf der Grundlage des Neuen Begutachtungs-Assessments (NBA) geht an die Pflegekasse. Die Pflegekasse kann sich an die Empfehlung des MDKs halten, muss aber nicht. Das bedeutet, dass letztendlich die Pflegekasse über den Pflegegrad entscheidet.
	Ein zweistufiger Test zur Ermittlung der körperlichen Fähigkeiten bildet die Grundlage des Einstufungsverfahrens.

6 Das Neue Begutachtungs-Assessment (NBA) beurteilt anhand von sechs Modulen (zwei weitere Module optional für weitere Pflegeplanungen und Pflegeberatungen), ob Beeinträchtigungen der Selbstständigkeit oder der Fähigkeiten vorhanden sind und damit eine Pflegebedürftigkeit vorliegt.
Geben Sie diese Bereiche an und ordnen Sie je ein erläuterndes Beispiel zu.

Modul 1

Modul 6

Modul 2

Modul 5

Modul 3

Modul 4

7 Hat ein Pflegebedürftiger eine Pflegegradeinstufung erhalten, hängt es von verschiedenen Faktoren ab, welche Form der Pflegeleistung er zukünftig erhalten wird. Klären Sie in diesem Zusammenhang die Begriffe:

a) vollstationäre Pflege
b) ambulante Pflege
c) teilstationäre Pflege
d) Verhinderungspflege
e) Kurzzeitpflege

Klären Sie abschließend den Unterschied zwischen Verhinderungs- und Kurzzeitpflege.

a) ______________________________

b) ______________________________

c) ______________________________

d) ______________________________

e) ______________________________

Unterschied Verhinderungs- und Kurzzeitpflege:

____

4 Träger, Dienste und Einrichtungen des Gesundheits- und Sozialwesens

1 Ergänzen Sie die fehlenden Angaben der Übersicht über die Träger im Gesundheits- und Sozialwesen unter Zuhilfenahme der vorgegebenen Begriffe.

Zentralwohlfahrtsstelle der Juden in Deutschland, Land, Kreis, Deutscher Paritätischer Wohlfahrtsverband, Stiftungen, Kommunen, Wohlfahrtsverbände, Deutscher Caritasverband, Stadt, andere Träger, Gemeinde, Arbeiterwohlfahrt, private Träger, Bund, Deutsches Rotes Kreuz, Vereine, Diakonisches Werk der Evangelischen Kirche in Deutschland

Träger im Gesundheits- und Sozialwesen

Öffentliche Träger

K______ | ______ | ______

______
______
______

Freie Träger

W______ ______ | ______ ______ | ______ ______

______
______
______
______
______
______
______

______
______

2 Ordnen Sie die im Suchworträtsel gefundenen Beispiele den Versorgungsformen in der Altenpflege zu (→ ↓ ↘).

A	S	D	W	E	A	M	J	U	Z	T	R	E	E	W	A	Y	X
S	A	F	Z	P	F	L	E	G	E	H	E	I	M	N	J	K	N
X	O	A	S	W	Q	V	T	N	H	G	T	F	D	S	T	L	H
F	B	Z	N	H	Z	T	R	E	D	S	A	W	Q	E	A	B	G
S	C	N	I	T	D	F	G	Z	N	A	W	T	Z	U	G	G	R
D	V	H	N	A	N	M	J	K	L	W	A	Q	Y	C	E	S	E
F	B	Z	J	M	L	S	A	Q	W	R	O	G	T	Z	S	U	I
R	G	T	U	B	G	S	G	Z	T	R	Z	H	M	K	P	E	U
E	F	R	Z	U	J	E	T	A	K	L	L	B	N	K	F	Z	E
W	D	E	I	L	J	M	F	A	D	S	E	R	T	H	L	F	R
Q	E	D	O	A	N	A	C	H	T	P	F	L	E	G	E	I	O
A	R	S	P	N	N	V	D	E	Z	I	N	H	Z	T	G	I	B
Y	T	A	L	T	G	Y	A	S	E	R	O	T	H	J	E	N	M
X	Z	X	I	E	R	C	D	E	R	T	Z	N	N	H	Z	J	K
L	H	D	K	R	D	Y	S	E	R	T	Z	U	I	O	P	L	V

stationäre Altenhilfe

______

______

teilstationäre Altenhilfe

______

______

ambulante Altenhilfe

______Pflegedienst

______

5 Rechtliche Rahmenbedingungen in der Altenpflege

5.1 Arbeitsrechtliche Grundlagen

1 Im Normalfall findet vor Abschluss eines Arbeitsvertrages ein Vorstellungsgespräch statt. Ziel ist das Kennenlernen beider Seiten in kurzer Zeit. Im Verlauf des Gespräches dürfen dabei vom Arbeitgeber nur Fragen gestellt werden, die für das zukünftige Arbeitsverhältnis von Bedeutung sind. Finden Sie heraus, welche Aspekte zulässig bzw. unzulässig sind.

Sind Fragen zu …	… zulässig/unzulässig?
beruflichem Werdegang	
geplanter Heirat oder Kinderwunsch	
Behinderung von 50% und mehr	
Vorstrafen	
Gründen für die Bewerbung	
politischer Einstellung	
Vermögensverhältnissen	
chronischen Krankheiten	
sexueller Orientierung	
nach dem momentanen Arbeitsverhältnis	
Religionszugehörigkeit	

2 Finden Sie im Suchworträtsel Inhalte eines Arbeitsvertrages heraus und tragen Sie diese anschließend in den Lückentext ein (ä = ae; ü = ue; → ↓ ↘).

<table>
<tr><td>W</td><td>S</td><td>D</td><td>A</td><td>E</td><td>R</td><td>T</td><td>U</td><td>F</td><td>G</td><td>B</td><td>G</td><td>S</td><td>A</td><td>Q</td><td>W</td><td>E</td><td>X</td><td>A</td><td>B</td><td>N</td><td>M</td><td>K</td><td>F</td></tr>
<tr><td>S</td><td>D</td><td>E</td><td>R</td><td>H</td><td>O</td><td>L</td><td>U</td><td>N</td><td>G</td><td>S</td><td>U</td><td>R</td><td>L</td><td>A</td><td>U</td><td>B</td><td>F</td><td>R</td><td>B</td><td>H</td><td>H</td><td>U</td><td>M</td></tr>
<tr><td>V</td><td>Y</td><td>D</td><td>B</td><td>G</td><td>S</td><td>G</td><td>H</td><td>J</td><td>U</td><td>Z</td><td>T</td><td>B</td><td>N</td><td>M</td><td>L</td><td>O</td><td>J</td><td>B</td><td>C</td><td>V</td><td>D</td><td>E</td><td>S</td></tr>
<tr><td>Y</td><td>E</td><td>D</td><td>E</td><td>A</td><td>S</td><td>F</td><td>A</td><td>R</td><td>B</td><td>E</td><td>I</td><td>T</td><td>S</td><td>E</td><td>N</td><td>T</td><td>G</td><td>E</td><td>L</td><td>T</td><td>C</td><td>N</td><td>D</td></tr>
<tr><td>C</td><td>V</td><td>R</td><td>I</td><td>A</td><td>F</td><td>G</td><td>Z</td><td>U</td><td>H</td><td>J</td><td>J</td><td>K</td><td>L</td><td>O</td><td>N</td><td>B</td><td>G</td><td>I</td><td>S</td><td>X</td><td>D</td><td>D</td><td>S</td></tr>
<tr><td>V</td><td>Y</td><td>A</td><td>T</td><td>W</td><td>R</td><td>D</td><td>G</td><td>B</td><td>P</td><td>U</td><td>Z</td><td>U</td><td>J</td><td>U</td><td>I</td><td>K</td><td>L</td><td>T</td><td>V</td><td>R</td><td>S</td><td>I</td><td>D</td></tr>
<tr><td>A</td><td>A</td><td>B</td><td>S</td><td>R</td><td>D</td><td>F</td><td>G</td><td>H</td><td>Z</td><td>R</td><td>N</td><td>J</td><td>U</td><td>T</td><td>Z</td><td>I</td><td>O</td><td>S</td><td>N</td><td>H</td><td>G</td><td>G</td><td>V</td></tr>
<tr><td>R</td><td>A</td><td>V</td><td>V</td><td>B</td><td>A</td><td>B</td><td>S</td><td>K</td><td>L</td><td>I</td><td>O</td><td>O</td><td>P</td><td>N</td><td>H</td><td>T</td><td>F</td><td>Z</td><td>V</td><td>B</td><td>N</td><td>U</td><td>V</td></tr>
<tr><td>B</td><td>T</td><td>A</td><td>E</td><td>T</td><td>I</td><td>G</td><td>K</td><td>E</td><td>I</td><td>T</td><td>S</td><td>B</td><td>E</td><td>S</td><td>C</td><td>H</td><td>R</td><td>E</td><td>I</td><td>B</td><td>U</td><td>N</td><td>G</td></tr>
<tr><td>E</td><td>C</td><td>B</td><td>R</td><td>T</td><td>B</td><td>H</td><td>S</td><td>L</td><td>N</td><td>K</td><td>K</td><td>I</td><td>E</td><td>T</td><td>Z</td><td>H</td><td>J</td><td>I</td><td>K</td><td>L</td><td>X</td><td>G</td><td>N</td></tr>
<tr><td>I</td><td>D</td><td>H</td><td>H</td><td>H</td><td>H</td><td>J</td><td>Y</td><td>P</td><td>M</td><td>O</td><td>L</td><td>O</td><td>D</td><td>Z</td><td>Q</td><td>F</td><td>G</td><td>T</td><td>B</td><td>G</td><td>T</td><td>S</td><td>X</td></tr>
<tr><td>T</td><td>E</td><td>Z</td><td>A</td><td>G</td><td>J</td><td>L</td><td>A</td><td>R</td><td>A</td><td>J</td><td>P</td><td>P</td><td>V</td><td>Y</td><td>E</td><td>D</td><td>E</td><td>T</td><td>V</td><td>N</td><td>G</td><td>F</td><td>C</td></tr>
<tr><td>S</td><td>R</td><td>U</td><td>E</td><td>R</td><td>K</td><td>O</td><td>E</td><td>W</td><td>Z</td><td>R</td><td>O</td><td>L</td><td>A</td><td>X</td><td>S</td><td>I</td><td>C</td><td>F</td><td>G</td><td>T</td><td>R</td><td>R</td><td>D</td></tr>
<tr><td>O</td><td>F</td><td>J</td><td>L</td><td>G</td><td>T</td><td>G</td><td>R</td><td>A</td><td>T</td><td>Y</td><td>T</td><td>S</td><td>Y</td><td>C</td><td>B</td><td>N</td><td>T</td><td>K</td><td>L</td><td>S</td><td>A</td><td>I</td><td>Q</td></tr>
<tr><td>R</td><td>G</td><td>I</td><td>T</td><td>H</td><td>U</td><td>R</td><td>T</td><td>E</td><td>G</td><td>E</td><td>L</td><td>N</td><td>D</td><td>Y</td><td>E</td><td>F</td><td>R</td><td>T</td><td>B</td><td>H</td><td>X</td><td>S</td><td>C</td></tr>
<tr><td>T</td><td>T</td><td>K</td><td>N</td><td>J</td><td>I</td><td>S</td><td>Z</td><td>R</td><td>A</td><td>V</td><td>N</td><td>J</td><td>E</td><td>E</td><td>D</td><td>F</td><td>C</td><td>X</td><td>A</td><td>W</td><td>E</td><td>T</td><td>V</td></tr>
<tr><td>F</td><td>J</td><td>A</td><td>I</td><td>N</td><td>T</td><td>A</td><td>R</td><td>I</td><td>F</td><td>V</td><td>E</td><td>R</td><td>T</td><td>R</td><td>A</td><td>E</td><td>G</td><td>E</td><td>Y</td><td>V</td><td>R</td><td>E</td><td>U</td></tr>
<tr><td>D</td><td>U</td><td>F</td><td>S</td><td>H</td><td>N</td><td>J</td><td>U</td><td>S</td><td>W</td><td>E</td><td>Q</td><td>A</td><td>X</td><td>F</td><td>G</td><td>T</td><td>H</td><td>Z</td><td>U</td><td>I</td><td>J</td><td>N</td><td>N</td></tr>
</table>

1. Korrekte Bezeichnung der ______________________
2. Beginn des ______________________ses
3. _________ der auszuübenden Tätigkeit
4. ________________
5. ____________________________
6. Zusammensetzung und Höhe des ____________________s
7. ________________
8. Länge der _______________
9. Dauer des _____________________s
10. _______________________
11. Hinweise auf eventuelle __________________, Betriebs- und Dienstvereinbarungen

3 Während der Schwangerschaft und nach der Geburt genießen werdende und stillende Mütter einen besonderen Schutz, der im Mutterschutzgesetz (MuSchG) verankert ist. Machen Sie sich im Lehrbuch oder durch andere Quellen mit diesem Gesetz vertraut und notieren Sie hier im Arbeitsbuch wesentliche Inhalte.

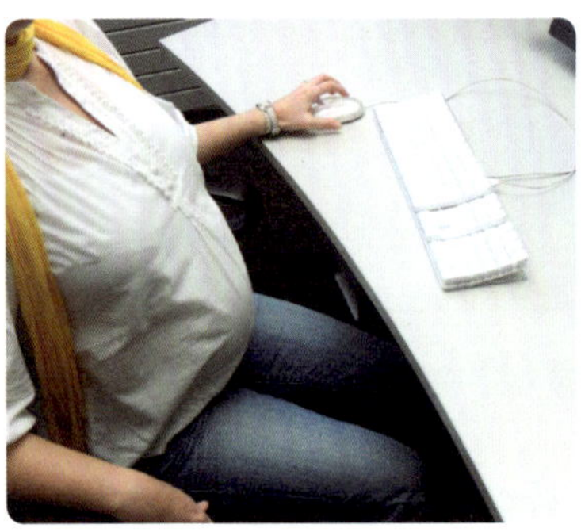

4 Wie kann ein Arbeitsverhältnis beendet werden? Geben Sie die vier Möglichkeiten an.

Beendigung durch:

Arbeitsvertrag

Zwischen
der Firma ______
in ______
(nachstehend „Arbeitgeber" genannt)

und
Frau/Herrn ______
geboren am ______
wohnhaft in ______
(nachstehend „Arbeitnehmer" gr

5.2 Das Heimgesetz

1 Ergänzen Sie den Lückentext zum Thema „Heimgesetz". Nutzen Sie dazu die im Kasten aufgeführten Begriffe.

Wohnformen, Länder, Bundesebene, Heimbewohner, Gesetze, Ziel, Sanktionen, Heimen, stationären, Heimgesetzgebung

Das Heimgesetz vom 5. November 2001 galt ursprünglich auf ______________ und regelte die Rahmenbedingungen der ______________ Pflege zum Schutz volljähriger ______________. Seit der Föderalismusreform 2006 wurde die Verantwortung vom Bund auf die ______________ übertragen. Die Länder haben seitdem die Aufgaben der ______________ selbst zu regeln. Schwerpunkte dabei sind u. a. die Genehmigungsvoraussetzungen des Betriebs von ______________ oder anderen ______________ für ältere, pflegebedürftige und behinderte Menschen, die personelle und bauliche Ausstattung von Pflegeeinrichtungen oder ______________ bei Nichteinhaltung der gesetzlichen Vorschriften. Diese ______________ haben in jedem Bundesland unterschiedliche Bezeichnungen, je nach ______________ und Herangehensweise an die Inhalte.

2 Recherchieren Sie mithilfe externer Quellen, wie das Gesetz in Ihrem Bundesland heißt. Arbeiten Sie zum Vergleich die Gesetze von drei weiteren Bundesländern heraus.

3 Vervollständigen Sie den Lückentext zur Heimmindestbauverordnung.

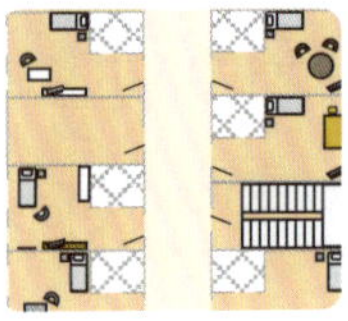

Zimmer (Wohnplätze)

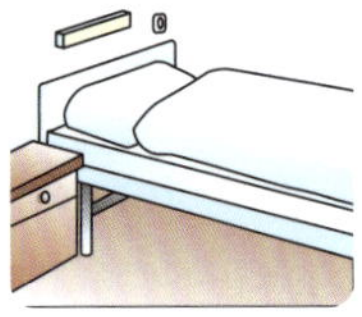

Beleuchtung

Lage und Größe der Zimmer

Der Zugang zu den Zimmern muss unmittelbar von einem Flur erfolgen. Durchgänge durch andere Zimmer sind nicht erlaubt.
Mindestgröße
- für eine Person nicht kleiner als ____________,
- für zwei Personen mindestens ____________.

Grundsätzlich sollten nicht mehr als ________________________ in einem Zimmer untergebracht werden.

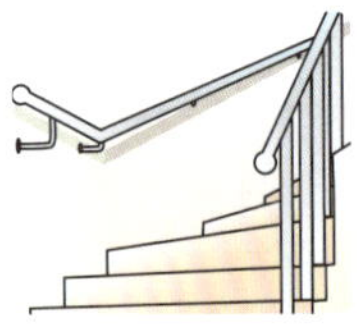

Treppen und Flure

Treppen und Flure

Treppen und Flure müssen auf beiden Seiten mit ____________ versehen sein.

Aufzüge

Aufzüge

In Gebäuden mit mehreren Geschossen sind _______________ einzubauen.

Fußböden

Fußböden müssen _________________ sein.

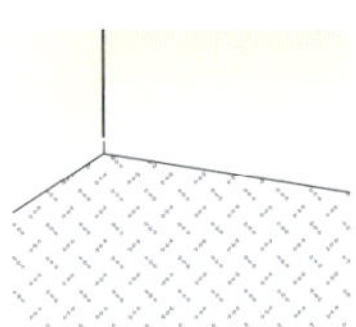

Fußböden

Beleuchtung

Lichtschalter müssen gut _________________ sein. Für eine Nachtbeleuchtung und __________________ in den Wohnräumen ist zu sorgen.

Fernsprecher

Rufanlage

Räume für pflegebedürftige Bewohner müssen immer mit einer ________________ ausgestattet sein.

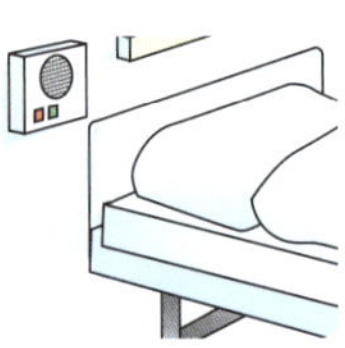

Rufanlage

Fernsprecher

In jedem Gebäude des Heims muss ein Fernsprecher ohne die Möglichkeit _____________________ zur Verfügung stehen.

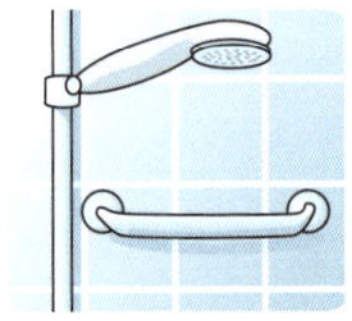

Sanitäre Anlagen

Sanitäre Anlagen

Geeignete Sanitäreinrichtungen müssen installiert sein. Darüber hinaus sind umfangreiche Einzelheiten geregelt wie Sicht____________ bei Gemeinschaftsanlagen, _________________, Einrichtungen für _______________fahrer.

4 Zwischen dem Träger und dem zukünftigen Bewohner wird nach dem Wohn- und Betreuungsvertragsgesetz (WBVG) § 6 ein Vertrag abgeschlossen. Beantworten Sie dazu die folgenden Fragen.

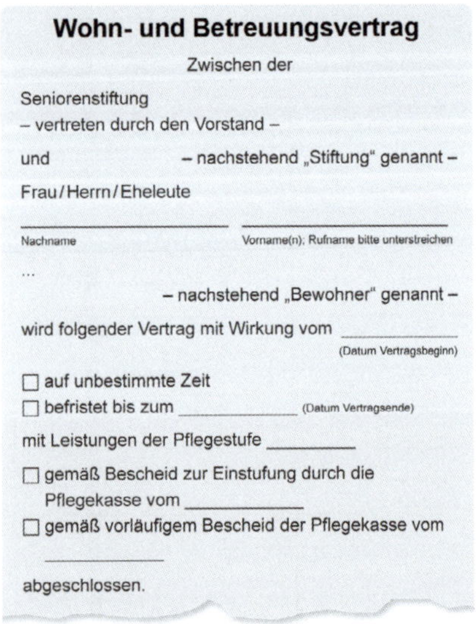

Wohn- und Betreuungsvertrag

Zwischen der

Seniorenstiftung
– vertreten durch den Vorstand –

und – nachstehend „Stiftung" genannt –

Frau/Herrn/Eheleute

__________ __________
Nachname Vorname(n); Rufname bitte unterstreichen

...

– nachstehend „Bewohner" genannt –

wird folgender Vertrag mit Wirkung vom __________ (Datum Vertragsbeginn)

☐ auf unbestimmte Zeit
☐ befristet bis zum __________ (Datum Vertragsende)

mit Leistungen der Pflegestufe __________

☐ gemäß Bescheid zur Einstufung durch die Pflegekasse vom __________
☐ gemäß vorläufigem Bescheid der Pflegekasse vom __________

abgeschlossen.

In welcher Form muss ein Vertrag abgeschlossen werden?

____

Welche Inhalte sind im Vertrag verankert?

____

____

Frau Tornow lebt seit einem Jahr in der Senioreneinrichtung „Regenbogen". Ihre Tochter ist seit zwei Monaten Rentnerin und möchte, da sie jetzt genug Zeit hat, ihre Mutter zu Hause pflegen.
Bis wann muss Frau Tornow ihren Vertrag kündigen, wenn sie am 31. Mai zur Tochter ziehen möchte und der Vertrag fristgerecht gekündigt werden soll?

____

____

5.3 Wichtige Bestimmungen des Erbrechts

1 Betrachten Sie die folgenden drei Abbildungen. Wer erbt in den jeweiligen Beispielen und wie hoch ist der Anteil?

a)

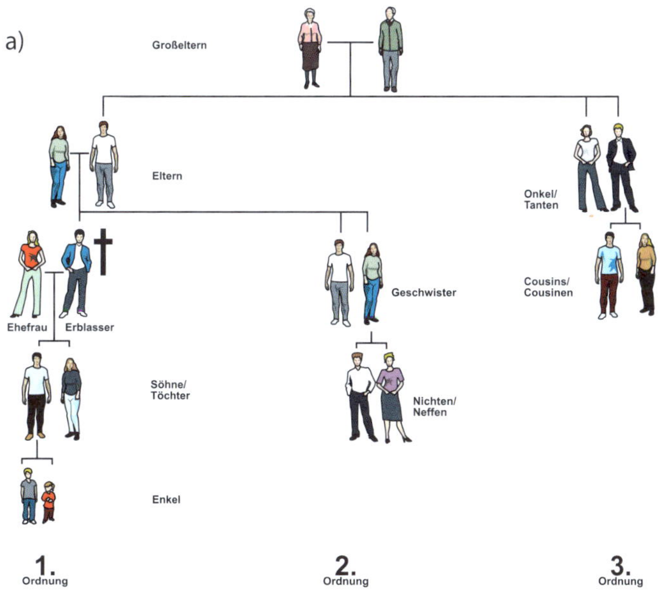

Beispiel 1

Es erben …

b)

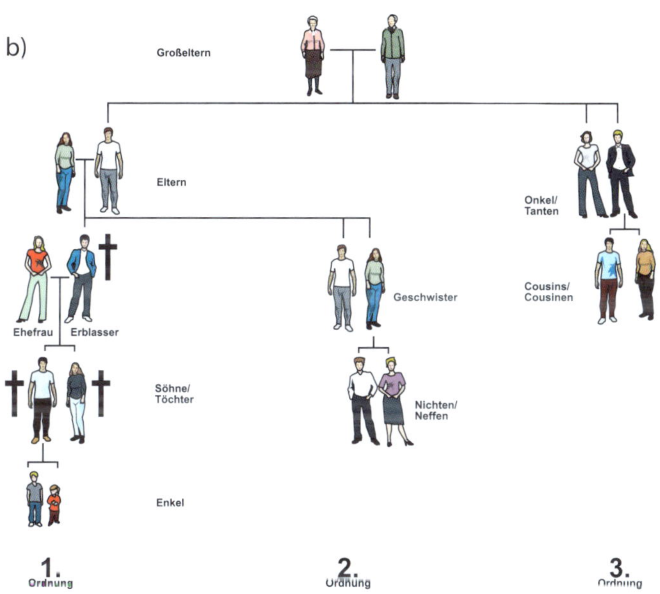

Beispiel 2

Es erben …

c)

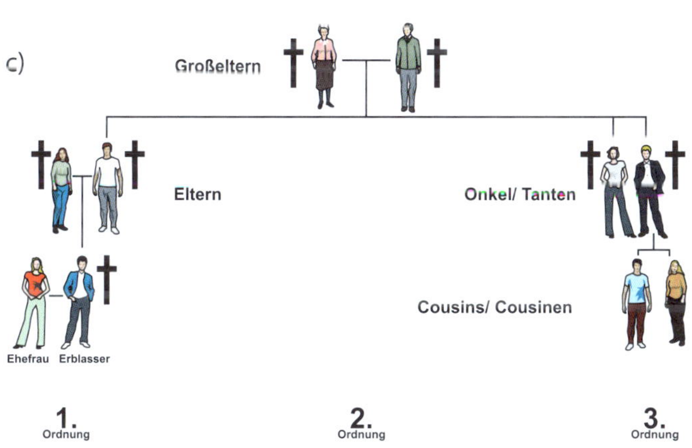

Beispiel 3

Es erben die Ehefrau und die Abkömmlinge 3. Ordnung, da der Verstorbene ohne Kind und Eltern ist. In diesem Fall geht die zweite Hälfte des Vermögens an die Cousine und den Cousin, auch wenn die Ehefrau diese noch nie kennengelernt hat.

Äußern Sie sich zu den Angaben und begründen Sie Ihre Antwort.

2 Geben Sie einen Überblick über die Formen von Testamenten. Welche Form ist für Beschäftigte in der Altenpflege besonders bedeutsam?

3 Überprüfen Sie die Aussagen zum Drei-Zeugen-Testament auf ihren Wahrheitsgehalt und korrigieren Sie die falschen Inhalte im Unterrichtsgespräch.

	wahr	**falsch**
Es müssen drei Zeugen anwesend sein, die weder gesetzliche Erben des Erblassers sind noch im Nottestament bedacht werden.		
Der Erblasser muss seinen Letzten Willen mündlich vor diesen drei Zeugen erklären. Davon wird eine Niederschrift mit Datum, Namen des Erblassers und der drei Zeugen sowie der eigenhändigen Unterschrift des Erblassers angefertigt.		
Die Niederschrift wird dem Erblasser nochmals vorgelesen und er genehmigt sie.		
Das Nottestament verliert seine Gültigkeit, wenn sechs Monate nach Errichtung des Drei-Zeugen-Testaments verstrichen sind und der Erblasser noch am Leben ist.		

4 Für welchen Betrag müssen die folgenden Erben Erbschaftssteuer bezahlen?

Ehemann erbt 1 Million Euro:

Tochter erbt 750 000 Euro:

Enkelkind erbt 450 000 Euro:

Haushälterin erbt 30000 Euro:

5.4 Die rechtliche Betreuung und Vorsorgeverfügungen

1 Bei der rechtlichen Betreuung, die durch das am 01. Januar 1992 in Kraft getretene Betreuungsgesetz geregelt wird, handelt es sich um die staatliche Fürsorge für Person und Vermögen von Menschen, die aufgrund von Krankheit oder Behinderung ihre Angelegenheiten vorübergehend bzw. dauerhaft nicht selbst regeln können (§§1896ff. BGB). Ergänzen Sie die Angaben zum Thema „Voraussetzung für die Einrichtung einer Betreuung“, indem Sie die Begriffe aus dem Kasten zuordnen.

> Taubblindheit, angeborene, Neurosen, seelische, Angelegenheiten, Demenz, Persönlichkeitsstörungen, dauerhafte, psychische, Intelligenzdefekte, körperliche

Voraussetzungen für die Einrichtung einer Betreuung sind vorübergehende oder __________ Unfähigkeit zur Regelung eigener __________ durch

- eine __________ Krankheit, z. B. __________, Zwangserkrankungen, __________ __________ oder
- eine geistige Behinderung, z. B. __________ oder erworbene __________ oder
- eine __________ Behinderung, z. B. hirnorganische Beeinträchtigungen wie eine __________ vom Alzheimer-Typ oder
- eine __________ Behinderung, z. B. dauerhafte Bewegungsunfähigkeit, __________.

2 Nachfolgend sind die Aufgabengebiete eines Betreuers aufgeführt. Konkretisieren Sie die Aufgaben, indem Sie je ein Beispiel zuordnen.

Wohnung: __________

Vermögenssorge: __________

Aufenthaltsbestimmung: __________

Gesundheitsfürsorge: __________

Organisation der Pflege: __________

Briefverkehr: __________

3 Welche Personen können als Betreuer fungieren?

____

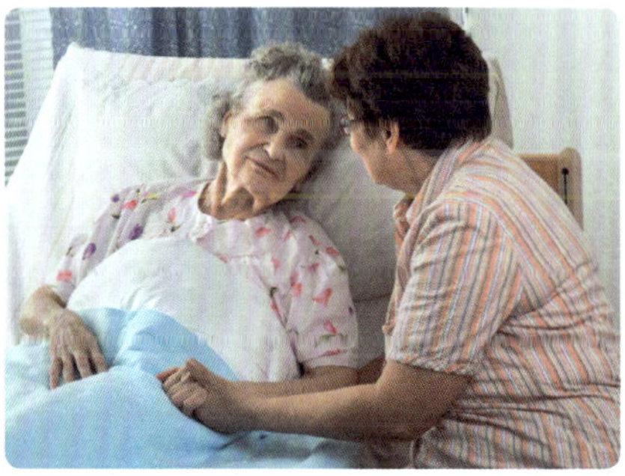

4 Der Antrag auf eine Betreuung kann formlos schriftlich oder mündlich gestellt werden. Welche Institution ist zuständig für die Bearbeitung dieses Antrags?

5 Geben Sie Gründe für die Beendigung einer Betreuung an.

6 Finden Sie im Silbenrätsel die drei Vorsorgeverfügungen heraus (damit es nicht zu einfach ist, erfolgt die Auflistung nur in Kleinbuchstaben) und tragen Sie diese in die Übersicht ein. Erläutern Sie anschließend die inhaltlichen Schwerpunkte der Vorsorgeverfügungen.

bet, ng, orge, ung, vollm, enten, verf, reu, füg, vors, ungs, ver, pati, acht, ügu

Vorsorgeverfügungen

5.5 Sterbehilfe

1 Der Begriff Sterbehilfe wird für unterschiedliche Sachverhalte verwendet. Im Allgemeinen bedeutet er, dem Sterbenden einen leichten Tod zu ermöglichen. Arbeiten Sie mithilfe Ihres Lehrbuchs und weiterer Quellen die inhaltlichen Unterschiede der vier Arten der Sterbehilfe heraus.

Tötung auf Verlangen:

Indirekte Sterbehilfe:

Sterbenlassen:

Beihilfe zum Suizid:

2 Das Thema Tötung auf Verlangen ist ein Diskussionsthema, das heftig und auch kontrovers erörtert werden kann. Tragen Sie Pro- und Kontra-Argumente zusammen und diskutieren Sie anschließend im Unterricht darüber.

Pro	Kontra

5.6 Grundlagen des Haftungsrechts

1 Das Haftungsrecht teilt sich in zwei große Bereiche. Geben Sie diese an.

2 Erklären Sie den Begriff „Pflegefehler".

Pflegefehler sind

3 Ergänzen Sie die Beispiele für „Pflegefehler" bzw. deren Folgen.

Beispiel	Folge
	Knochenbrüche, Platzwunden…
mangelhafte Umsetzung von Umlagerungen	
unregelmäßiges Einsetzen der Zahnprothesen	
	Kontrakturen
unzureichende Zufuhr von Flüssigkeit	

4 Ein Pflegefehler erfüllt den Tatbestand der Körperverletzung (§§ 223 ff. StGB) und unterliegt der strafrechtlichen Haftung. Was versteht man darüber hinaus unter einer gefährlichen Körperverletzung (§ 224 StGB) bzw. unter einer schweren Körperverletzung (§ 226 StGB) und wie werden sie geahndet? Nutzen Sie das StGB (Internetrecherche) zur Ausarbeitung.

Gefährliche Körperverletzung:

Schwere Körperverletzung:

5 Eine Tat ist nicht rechtswidrig, wenn ein Rechtfertigungsgrund vorliegt. Geben Sie drei Beispiele an.

6 Welche Rechtsfolgen kann eine Straftat nach sich ziehen?

5.7 Hilfe nach dem Sozialgesetzbuch XII-Sozialhilfe

1 Nach § 1 SGB XII ist es die Aufgabe der Sozialhilfe, den Leistungsberechtigten die Führung eines Lebens zu ermöglichen, das der Würde des Menschen entspricht. Finden Sie im Suchworträtsel Begriffe zu den Leistungsformen der Sozialhilfe heraus und ergänzen Sie anschließend die Übersicht zu diesem Thema (ü = ue; → ↓ ↘).

M	J	Z	G	R	T	Z	G	U	T	S	C	H	E	I	N	E	A	U
B	X	D	R	E	R	Z	H	J	N	A	C	F	E	S	E	R	V	N
E	I	N	M	A	L	I	G	E	X	C	F	A	S	E	X	G	B	T
R	U	I	O	P	C	D	H	G	C	H	W	B	J	U	T	A	Y	E
A	A	Q	X	D	C	F	L	B	N	L	A	U	F	E	N	D	E	R
T	Y	C	D	E	R	N	J	E	M	E	N	J	U	F	G	L	D	S
U	Q	E	T	Z	I	O	M	X	I	I	K	L	X	S	W	A	Y	T
N	D	I	E	N	S	T	L	E	I	S	T	U	N	G	E	N	G	U
G	Y	A	C	F	G	T	R	Y	S	T	T	B	H	B	F	E	C	E
Y	S	N	R	Z	C	F	S	Q	W	U	V	U	B	G	T	X	S	T
V	K	A	M	L	G	R	Z	I	A	N	Y	A	N	Q	R	V	F	Z
F	I	S	B	C	E	M	L	O	I	G	A	Y	Q	G	C	V	R	U
R	L	J	S	Y	C	H	B	G	T	E	Q	N	L	C	E	S	T	N
T	P	L	S	Y	Z	I	E	V	F	N	Q	Z	I	O	P	N	C	G
U	G	T	A	S	C	H	E	N	G	E	L	D	Y	D	E	A	B	L

Leistungsformen

____________ | ____________ | ____________

____
Geldleistung
z. B. Hilfe zum Lebensunterhalt
„____________"

____
Geldleistung
z. B. Beihilfen: Erstausstattung einer Wohnung …

____
z. B. als Überbrückung:
Kaution für eine Wohnung …

____
z. B. welche Hilfe?

____
in soz. Angelegenheiten
z. B. Heimunterbringung

z. B. ____________
für Verpflegung, Unterkunft, gebrauchte Möbel

2 Erklären Sie die zwei nachfolgenden Prinzipien des Sozialhilferechts.

Subsidiaritätsprinzip: ________________________

Gegenwartsprinzip: ________________________

Lernfeld 3.2 An qualitätssichernden Maßnahmen in der Altenpflege mitwirken

1 Qualitätssicherung und -überprüfung

1 Tragen Sie die wichtigsten Rechtsgrundlagen der Qualitätssicherung im stationären und ambulanten Pflegebereich zusammen.

Gesetz	Regelung für …

2 Es gibt zahlreiche Instrumente zur Sicherung der Qualität im Pflegebereich. Geben Sie Beispiele an.

3 Tragen Sie die bisher erarbeiteten Expertenstandards zusammen.

4 Welche Konsequenzen ergeben sich für Pflegeeinrichtungen bei festgestellten Qualitätsmängeln?

Bei Feststellung von Qualitätsmängeln …

5 Testen Sie abschließend Ihr Wissen im Lernfeld 3, indem Sie das Kreuzworträtsel lösen (ö = oe; ä = ue).

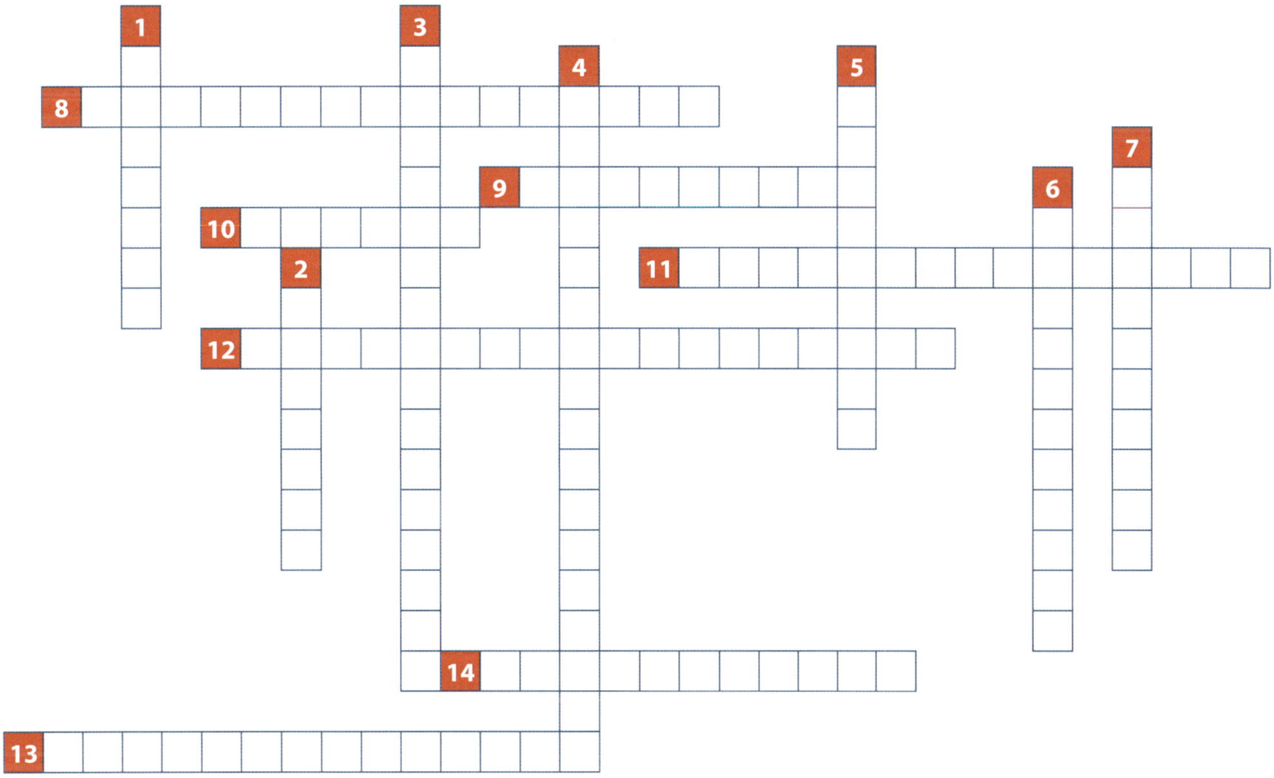

Senkrecht:	Waagerecht:
1 rechtliche Vereinbarung zwischen mindestens zwei Personen (Partnern)	8 Fähigkeit, Träger von Rechten und Pflichten zu sein
2 Handlungen, die zur Abwehr eines Angriffs erfolgen	9 letztwillige Verfügung
3 Fähigkeit, für sein Handeln verantwortlich zu sein	10 unerlaubte Handlung (im Zivilrecht) bzw. Straftat (im Strafrecht)
4 Eingriff in die körperliche Unversehrtheit einer Person	11 Verpflichtung bestimmter Berufsgruppen, ihnen anvertraute Geheimnisse nicht an Dritte weiterzugeben
5 rechtliche Vertretung Volljähriger bei deren Unvermögen, eigene Angelegenheiten selbst regeln zu können	12 gesetzlich geregeltes System von Pflichtversicherungen
6 Maß, das den Schweregrad der Pflegebedürftigkeit einer Person bestimmt	13 gegenseitiger Vertrag, durch den sich der Arbeitnehmer zur Leistung der Arbeit und der Arbeitgeber zur Gewährung des vereinbarten Entgelts verpflichtet
7 Gesetz, das die stationäre Pflege älterer Menschen regelt	14 Rechte, die dem Bürger von einem Staat garantiert werden

Lernfeld 4.1 Berufliches Selbstverständnis entwickeln

1 Geschichte der Pflegeberufe

1 Auf den Fotos sind Personen abgebildet, die die Geschichte der Pflege mitgeschrieben haben bzw. mitschreiben. Arbeiten Sie die besonderen Verdienste der abgebildeten Persönlichkeiten unter Zuhilfenahme externer Quellen heraus. Vergleichen Sie im Unterrichtsgespräch.

Florence Nightingale  1820 - 1910	
Agnes Karll  1868 – 1927	
Monika Krohwinkel  geboren 1941	

2 Entscheiden Sie, ob die Aussagen zum Berufsbild „Altenpflege“ zutreffen oder nicht.

	Ja	Nein
Die Altenpflege als eigenständiges Berufsbild existiert erst seit den 1960er-Jahren.		
Bereits im späten Mittelalter gab es ein gut ausgebautes Netz an Altenheimen, damals noch Armenhäuser genannt.		
Das 2003 in Kraft getretene Altenpflegegesetz gilt bundesweit für die Altenpflege.		
Die Altenpflege stand lange Zeit im Ruf, der „Hilfsberuf“ der Krankenpflege zu sein.		
Altenpfleger können sowohl in der stationären, teilstationären als auch in der offenen Altenpflege arbeiten.		
Im 18. und 19. Jahrhundert war die Pflege alter Menschen meist selbstverständliche Aufgabe der Familie.		
Der Schwerpunkt der altenpflegerischen Tätigkeit liegt in der pflegerisch-medizinischen Betreuung. Die Unterstützung bei der Alltagsbewältigung und Beratung übernehmen andere Mitarbeiter des geriatrischen Teams, z. B. Ergotherapeuten.		

2 Berufsgesetze

1 Seit dem 1. August 2003 wird die Altenpflege durch ein Bundesgesetz geregelt. Machen Sie sich mit dem Gesetzestext vertraut, um die nachfolgenden Fragen beantworten zu können.

Wer trägt die Gesamtverantwortung für die Altenpflegeausbildung?

____

In welchen Bereichen müssen Anteile der praktischen Ausbildung absolviert werden?

____

____

____

____

____

Welche Fehlzeiten (durch Krankheit) dürfen in einer 3-jährigen Ausbildung nicht überschritten werden? (Ausnahme Härtefälle)

____

2 Neben dem Altenpflegegesetz regelt die Ausbildungs- und Prüfungsverordnung (AltPflAPrV) vom 26.11.2002 die Ausbildung. Nutzen Sie auch hier Ihr Wissen, um die Fragen rund um Ihre (bald ☺?) anstehenden Prüfungen beantworten zu können.

Welchen Stundenumfang muss der Auszubildende am Ende der Ausbildung im theoretischen und praktischen Unterricht bzw. in der praktischen Ausbildung absolviert haben?

____

____

Welche Lernfelder sind Gegenstand der schriftlichen Prüfung?

____

____

____

____

____

____

Wie werden die erbrachten Vorleistungen (Vornoten) berücksichtigt?

____

____

Welche Option hat ein Auszubildender bei einer nicht bestandenen Prüfung?

____

____

____

3 Das Pflegeberufegesetz wird ab dem 1. Januar 2020 das Altenpflegegesetz und das Krankenpflegegesetz ablösen. Die generalistische Pflegeausbildung hat als oberste Zielsetzung, die Ausbildung zur Pflegefachkraft so umzugestalten, dass der Ausbildungsberuf an Attraktivität deutlich gewinnt und man so den Fachkräftemangel in der Pflege stoppen kann.
Informieren Sie sich in einer Internetrecherche über die generalistische Pflegeausbildung. Beantworten Sie anschließend folgende Fragen:

Welche bisherigen Ausbildungsberufe werden in der generalistischen Pflegeausbildung zusammengeführt?

Wann beginnt die neue Ausbildung?

Wie heißt der künftige Berufsabschluss?

Wie lange dauert die Ausbildung?

Wie wird die Ausbildung finanziert? Wird ein Schulgeld erhoben?

Wie ist die Ausbildung gegliedert?

Welche Zugangsvoraussetzungen müssen die Auszubildenden erfüllen?

Gibt es die Option, ein Pflegestudium zu absolvieren?

3 Professionalisierung der Altenpflege: Berufsbild und Arbeitsfelder

1 Ein Freund von Ihnen interessiert sich im Rahmen der eigenen Berufswahl für Ihre Ausbildung und möchte gern Detailinformationen über das Berufsbild des Altenpflegers haben. Bisher hat er nur vage Vorstellungen, welche Aufgabenfülle dieser Beruf mit sich bringt. Erarbeiten Sie ein kleines Infoblatt mit den wichtigsten Aufgaben einer Fachkraft in der Altenpflege.
Die wichtigsten Aufgabenbereiche eines Altenpflegers:

2 Haben Sie sich schon Gedanken gemacht, wo Sie später arbeiten möchten? Kennen Sie neben Pflegeeinrichtungen weitere Arbeitsfelder der Altenpflege? Nutzen Sie bei Ihrer Recherche neben Ihrem Lehrbuch ggf. auch das Internet und erstellen Sie anschließend eine Übersicht.

4 Berufsverbände und Organisationen in der Altenpflege

1 Berufsverbände sind unabhängige Vereinigungen von Berufsgruppen, die gemeinsame berufliche Interessen wahren und vertreten. Der erste Berufsverband in der Pflege geht auf Agnes Karll (s. Seite 173 "Geschichte der Pflegeberufe") zurück. Heute gibt es eine Vielzahl von Verbänden für die Pflegeberufe, die sowohl national als auch international agieren. Nachfolgend sehen Sie einige Logos von Berufsverbänden (Erläuterungen in den Logos wurden bewusst entfernt). Wie heißen diese Berufsverbände? Wen vertreten sie?

DBfK

DBVA

BLGS

Deutscher Pflegerat e.V.

DPV

5 Ethische Herausforderungen in der Altenpflege

1 Im Verlauf Ihrer Ausbildung sind Sie sicher schon mit Grenzsituationen konfrontiert worden, in denen Sie sich gefragt haben, ob Ihr Handeln richtig und im Sinne der pflegerisch abhängigen Person war. Zeigen Sie Beispiele auf, die Sie als ethische Konfliktsituationen empfinden, d.h., wo Ihr Handeln u. U. mit den Wünschen des Pflegebedürftigen kollidiert.

2 Das Gefühl von Rat- und Hilflosigkeit ist bei Pflegefachkräften oft die Folge von ungeklärten ethischen Konfliktsituationen. Eine Methode der Aufarbeitung und Klärung solcher Situationen ist die ethische Fallbesprechung. Dabei wird die konkrete Situation aus verschiedenen Blickwinkeln unter der Leitung eines neutralen Moderatorenteams betrachtet. Bringen Sie den Ablauf einer ethischen Fallbesprechung in die korrekte Reihenfolge, indem Sie die Ziffern 1-6 einsetzen.

____ Bewertung der Fakten

____ Anlass und Fragestellung

____ Verabschiedung

____ Ergebnis, Beschluss, Zusammenfassung

____ Vorstellung der Methode und der Teilnehmer

____ Sammlung der Fakten

6 Teamarbeit und Zusammenarbeit mit anderen Berufsgruppen

1 Lösen Sie das Kreuzworträtsel rund um das Thema „Team" (ä=ae, ö=oe).

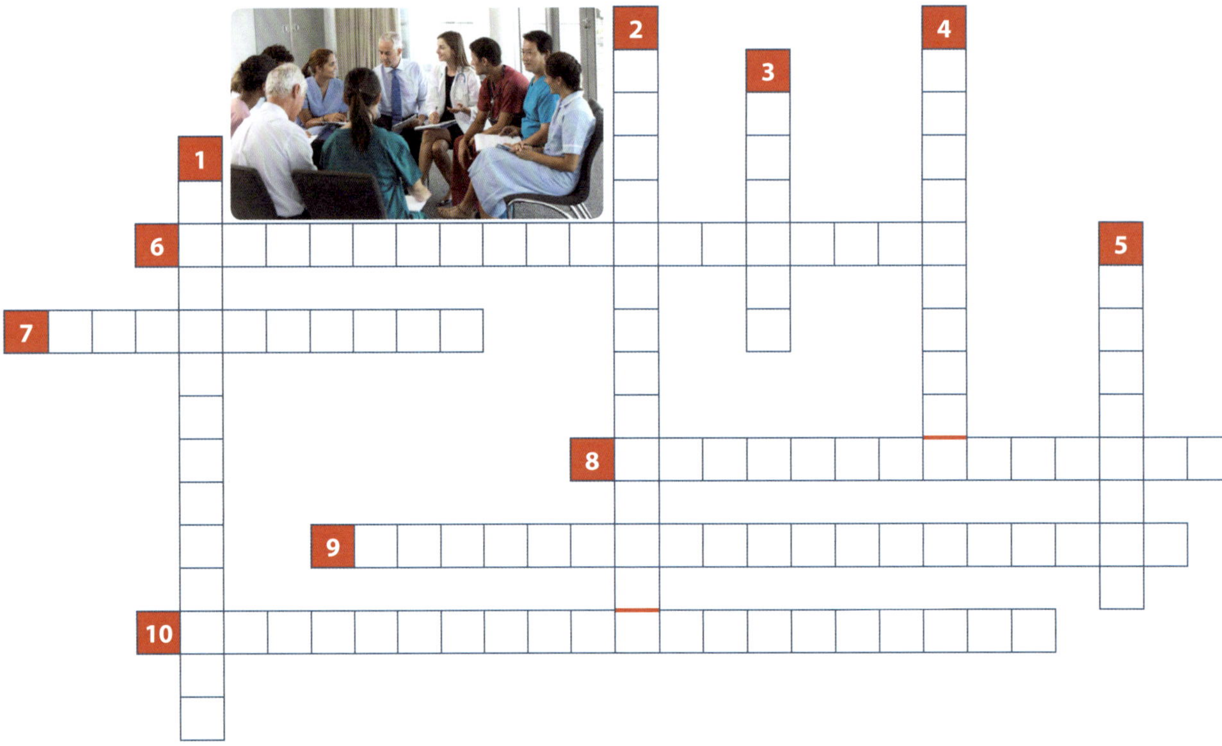

Senkrecht	Waagerecht
1. … ist eine wesentliche Voraussetzung für das Gelingen von Teamarbeit.	6. Erste Phase der Teambildung
2. Jedes Teammitglied muss…übernehmen, damit das Pflegeziel erreicht wird.	7. … ist Voraussetzung für eine qualitätsorientierte Altenpflege.
3. Ein Team ist eine kleine …, in der alle Mitglieder zielorientiert an einem Arbeitsauftrag arbeiten.	8. Eine oft geforderte Eigenschaft in Pflegeinseraten
4. Früherer Begriff aus den neuen Bundesländern für Team	9. Folge, wenn Informationen nicht an alle Teammitglieder weitergeleitet werden
5. Voraussetzung in Teambesprechungen (in den gemeinsamen Gesprächsrunden)	10. Konfliktsituation, die der Teambildung entgegenwirkt

2 Die Fürsorge für alte Menschen in der Gesellschaft ist eine Aufgabe, die sich auf zahlreiche Berufsgruppen und Institutionen stützt. Geben Sie zwölf Berufsgruppen an, mit denen Altenpflegeteams zusammenarbeiten können.

Lernfeld 4.2 Lernen lernen

1 Lernprozesse und Theorien

1.1 Lerntypen

1 Jeder lernt anders. Wenn man sich jedoch an seinem individuellen Lerntyp orientiert, fällt es leichter, die Lernfähigkeit, die Gedächtnisarbeit und die Denkfähigkeit zu verbessern.
Finden Sie zunächst die vier Lerntypen im Suchworträtsel heraus (dabei ist ein Lerntyp sicher klar im Vorteil ☺) und ordnen Sie diese dann den Aussagen zu.

A	V	F	M	Z	J	K	S	Y	E	Q	A	C	X	D	B
C	H	K	O	M	M	U	N	I	K	A	T	I	V	E	R
A	J	B	T	A	V	F	R	W	Y	S	Q	V	X	G	Z
U	U	R	O	L	K	U	Z	T	S	Y	X	W	A	R	Z
D	R	Z	R	V	E	W	A	Y	D	U	I	O	M	H	J
I	E	V	I	S	U	E	L	L	E	R	J	I	A	C	V
T	W	K	S	F	A	N	H	Z	E	R	X	S	Q	T	U
I	Q	I	C	G	S	F	R	E	W	B	H	U	T	I	L
V	A	O	H	H	N	____________ Lerntyp									J
E	X	D	E	E	H	____________ Lerntyp ____________ Lerntyp									O
R	C	S	R	A	J	Lerntyp									X

Aussagen	Lerntyp
Person kann Mitschriften vor ihrem „geistigen Auge“ sehen und wiedergeben.	
Person kann mit dem bloßen Tafelbild nichts anfangen, sie braucht einen gut erläuterten Unterricht dazu.	
Person kann sich Unterrichtsinhalte besser einprägen, wenn der Lehrer Overheadfolien und Lehrfilme im Unterricht einsetzt.	
Person prägt sich den Unterrichtsstoff am besten ein, wenn er diesen im Anschluss an den Unterricht noch einmal mit seinen Mitschülern bespricht.	
Person verinnerlicht Themen am besten, wenn sie körperlich dargestellt werden können, z. B. im Rollenspiel.	
Person kann Inhalte, die sie gehört hat, z. B. Sprach-CDs, gut wiedergeben.	
Person kann die Unterrichtsinhalte am besten durch „Learning by Doing“, z. B. Durchführen einer Körperwaschung, verinnerlichen.	
Person bereitet sich auf Klausuren und andere Tests am liebsten durch gemeinsames Lernen mit Mitschülern vor.	

2 Geben Sie den Lerntypen Tipps, was sie bei der Aufnahme bzw. Verarbeitung von Unterrichtsinhalten beachten sollten.

____________ Lerntyp ____

____________ Lerntyp ____

____________ Lerntyp ____

____________ Lerntyp ____

1.2 Motivation, Lernziele und Lernerfolg

1 Welche Motivationsgründe haben bei Ihnen den Wunsch ausgelöst, Altenpfleger werden zu wollen? Versuchen Sie, mindestens sechs Gründe zusammenzutragen

2 Prinzipiell kann man zwischen der intrinsischen Motivation und der extrinsischen Motivation unterscheiden. Erläutern Sie die Unterschiede der beiden Arten. Versuchen Sie anschließend, Ihre unter Aufgabe 1 zusammengetragenen Motivationsgründe den beiden Arten zuzuordnen, indem Sie hinter die Aussagen ein „I" für intrinsische Motivation und ein „E" für extrinsische Motivation setzen.

Intrinsische Motivation:

Extrinsische Motivation:

3 Geben Sie Motivationskiller an, die die Lernziele und daraus folgend auch die Lernerfolge deutlich einschränken können.

2 Lerntechniken und Arbeitsmethoden

2.1 Umgang mit Zeit – Zeitmanagement

1 Ergänzen Sie den Lückentext zum Thema „Zeitmanagement" unter Verwendung der im Kasten stehenden Begriffe.

Wochenende, Wichtiges, Ruhephasen, Fernziele, überlastet, Lerngemeinschaften, Konzentrieren, Fazit, Lerninhalte, Ausbildung, Überforderung, belohnen, Stress, Leistungshoch, Umgang, Prioritäten, Lernerfolg, Motivation, Wochenablauf, Wechsel

„Zeitmanagement" → ein Fremdwort für Sie?

Oft erleben Schüler gerade zu Beginn ihrer ____________________, dass sie sich völlig ____________________ fühlen von der Flut der vermittelten ____________________. Die anfänglich hohe ____________________ lässt nach, ein sichtbarer ____________________ bleibt aus. Um dem entgegenzuwirken und den effektiven ____________________ mit Zeit zu erlernen, sollten einige Grundsätze beachtet werden:

Setzen Sie sich ____________________, trennen Sie ____________________ von Unwichtigem.

____________________ Sie sich immer nur auf eine Aufgabe.

Planen Sie Ihren Tages- oder ____________________.

Finden Sie Ihr ____________________ im Tagesverlauf heraus und arbeiten Sie in diesem Zeitraum konzentriert an Ihren Aufgaben; in Ihrem persönlichen „Tagestief" ____________________ einplanen; ____________________ zwischen Konzentration und Entspannung beugt ____________________ vor.

Setzen Sie sich Nah- und ____________________ mit verbindlichen Terminvorgaben.

Wenn Sie Ihre Ziele erreicht haben, ____________________ Sie sich.

Bei ____________________ mit bestimmten Aufgaben Mitschüler oder Kollegen um Hilfe bitten, ggf. ____________________ bilden.

Am Tages- oder ____________________ persönliches ____________________ ziehen, was gut gelungen ist und was noch optimiert werden müsste.

2 Erstellen Sie einen grob strukturierten Plan Ihres Tagesablaufs (in der Schulzeit und im Praxiseinsatz). Stellen Sie Ihre Pläne in einer Unterrichtsdiskussion vor. Haben Sie einen ausgewogenen Tagesplan oder zeichnet sich eine beginnende Überforderung ab? Wo könnten Änderungen helfen?

Zeit	Tagesablauf in der Schule	Zeit	Tagesablauf in der Praxis

2.2 Lerntechniken

1 Es gibt eine Vielzahl von Lerntechniken, die das Einprägen von Lerninhalten erleichtern. Eine kleine Auswahl ist nachfolgend dargestellt.

Lernen aus Texten

Beispieltext: Das Drei-Zeugen-Testament
Es müssen drei Zeugen anwesend sein, die weder gesetzliche Erben des Erblassers sind noch in dem Nottestament bedacht werden. Der Erblasser muss seinen Letzten Willen mündlich vor diesen drei Zeugen erklären. Davon wird eine Niederschrift mit Datum, Namen des Erblassers und der drei Zeugen sowie der eigenhändigen Unterschrift der Zeugen angefertigt. Die Niederschrift wird dem Erblasser vorgelesen und er genehmigt sie. Das Nottestament verliert seine Gültigkeit, wenn drei Monate nach Errichtung des Drei-Zeugen-Testaments verstrichen sind und der Erblasser noch am Leben ist.

Markieren Sie die wichtigsten Aussagen, um so die wesentlichen Aussagen schnell lernen zu können.

Eselsbrücken (Merksprüche)

Ileus heißt Darmverschluss, dann ist mit dem Stuhlgang Schluss.

Geben Sie ein weiteres Beispiel an.

Geschichtentechnik

Fügen Sie die vorgegebenen Begriffe zu einer kleinen Geschichte zusammen, um sich so die Begriffe leichter merken zu können.

BETT BEET BEERE BERUF BETON BEIN

Lernen mit Karteikarten

Beim Lernen mit Karteikarten können Sie vorn die Frage und hinten die Antwort notieren, um so Ihr Wissen zu testen. Im Beispiel ordnen Sie bitte die Vorder- und Rückseiten der Sprichwortkarten korrekt zu, indem Sie Verbindungslinien ziehen.

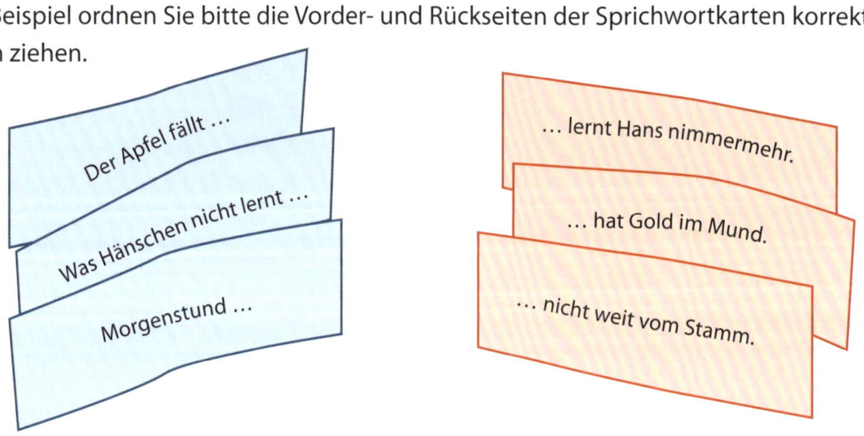

Akronyme (Kunstwörter)

Bilden Sie ein weiteres Kunstwort analog des Beispiels, um sich Lerninhalte besser merken zu können.

SHOP = Erkrankungen, die gehäuft im höheren Lebensalter auftreten: Schlaganfall, Herzinfarkt, Osteoporose, Parkinson

2.3 Verfassen von schriftlichen Arbeiten und Referaten

1 Beim Ausarbeiten eines Referats wird zwischen einer äußeren und einer inneren Struktur unterschieden. Ordnen Sie die vorgegebenen Elemente den beiden Arten zu, indem Sie Verbindungslinien ziehen.

Äußere Struktur eines Referats	Hauptteil
	Handout für die Zuhörer
	Thema des Referats
	Literaturverzeichnis
	Inhaltsverzeichnis (Gliederung)
Innere Struktur eines Referats	Namen der am Referat beteiligten Personen
	Einleitung
	Datum, ggf. Ort
	Schluss und Fazit
	Name der Lehrkraft/Lernfeld oder Unterrichtsfach

2 Geben Sie die logische Reihenfolge der inneren Strukturelemente (siehe Aufgabe 1) an.

3 Nicht jeder ist ein großer Freund vom Präsentieren und Vortragen von Referaten. Das A und O ist dabei die Vorgehensweise beim Erarbeiten. Wie gehen Sie beim Ausarbeiten eines Referats vor? Erstellen Sie eine stichpunktartige Übersicht. Erörtern Sie anschließend das Thema im Unterricht. Wer hat besonders hilfreiche Ideen?

Lernfeld 4.3 Mit Krisen und schwierigen sozialen Situationen umgehen

1 Krisen und Krisenintervention

1 Ergänzen Sie den Lückentext zur Begriffserläuterung „Krise" unter Zuhilfenahme der vorgegebenen Begriffe.

Katastrophe, traumatische, sozialer, Krisenintervention, akut, Lebensveränderungskrise, psychischer, Normalzustand, körperlicher, Lebensumstände

Als Krise wird ein Zustand ____________________ Belastung bezeichnet, der sich deutlich vom ____________________ einschließlich seiner Schwankungen abhebt und es dem Betroffenen unmöglich macht, diese Situation momentan zu bewältigen. Im Wesentlichen kann man zwei Arten von Krisen unterscheiden, die ____________________ und die plötzlich aufkommende, sogenannte ____________________ Krise. Die Reaktionen auf die auslösenden Ereignisse oder ____________________ können bei jedem Betroffenen unterschiedlich sein und äußern sich auf psychischer, ____________________ und ____________________ Ebene. Spitzt sich die Situation ______________ zu, muss von außen eine Einflussnahme erfolgen, um eine mögliche ____________________ (z.B. Suizid) zu verhindern. Diese Unterstützung wird als ____________________ bezeichnet.

2 Welche Symptome können Krisen auslösen? Geben Sie je drei Beispiele für psychische und körperliche Symptome an und zwei Folgen auf sozialer Ebene.

Psychische Symptome:

____

____

Körperliche Symptome:

____

____

Soziale Folgen:

____

____

3 Ordnen Sie die Ziffern 1-7 den einzelnen Schritten der Krisenintervention zu.

_____ Lösungen erörtern und die Situation verändern, Regeln oder Gegebenheiten verändern.

_____ Akute Krise entschärfen.

_____ Reden, Gesprächsangebote schaffen.

_____ Krise erkennen.

_____ Die Betroffenen zusammenführen.

_____ Nach einer abgesprochenen „Probezeit" die Lösung überprüfen.

_____ Die betroffenen Menschen aus der Situation herausholen.

2 Konflikte und deren Bewältigung

1 Arbeiten Sie die Unterschiede der nachfolgenden Konfliktarten heraus.

Interpersonelle Konflikte

Wertekonflikte

Bedürfniskonflikte

Heiße Konflikte (= manifeste Konflikte)

Kalte Konflikte (= latente Konflikte)

2 Um einen Konflikt lösen zu können, muss man zunächst überprüfen, ob er lösbar ist. Hilfreich ist dabei das 9-Stufen-Modell der Konflikteskalation nach Glasl. Ordnen Sie die vorgegebenen Begriffe in korrekter Reihenfolge dem Modell zu und schätzen Sie ein, mit welchen Interventionen die verschiedenen Eskalationsstufen gelöst werden können.

Taten, Drohstrategien, Verhärtung, Koalitionen, Gemeinsam in den Abgrund, Gesichtsverlust, Debatte, Zersplitterung, Vernichtungsschläge

① - ③	④ - ⑥	⑦ - ⑨

3 Spannungen in der Pflegebeziehung

1 Erklären Sie den Begriff „Pflegebeziehung".

2 Tragen Sie die an einer Pflegebeziehung beteiligten Personen in die Abbildungen ein.

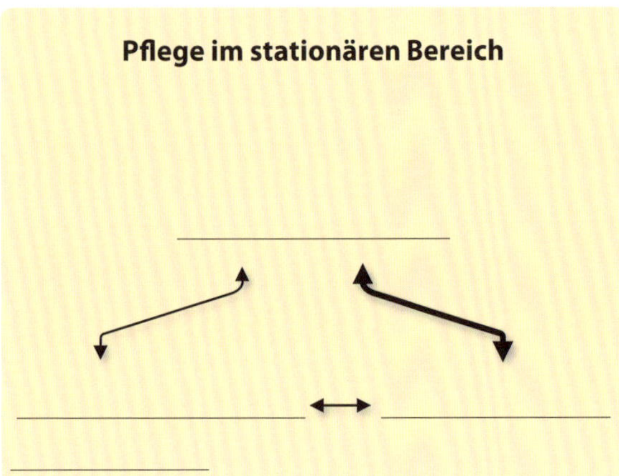

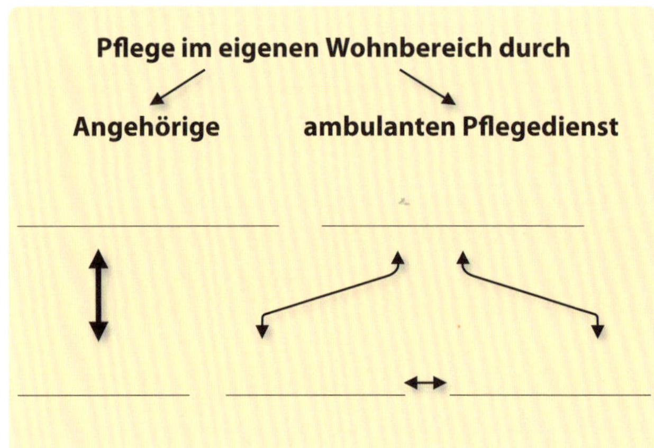

3 Die Pflegebeziehung kann durch verschiedene Faktoren positiv wie auch negativ beeinflusst werden. Einige finden Sie im nachfolgenden Silbenrätsel.

PAT EK CHT DIS HE SYM SCH PAT CHT TANZ EL ANTI AM HIE NMA NÄ HIE OH MA

4 Geben Sie Möglichkeiten an, durch die ein Pflegender Nähe und Distanz aufbauen kann.

Nähe schaffen durch....	Distanz schaffen durch...

4 Gewalt in der Pflege

1 Der Begriff „Gewalt in der Pflege" wird meist im Zusammenhang mit körperlicher Gewaltanwendung von Pflegenden gegen Pflegebedürftige verwendet. Die Gewalt gegen Pflegefachkräfte wird dagegen häufig unterschätzt. Geben Sie Beispiele von Gewaltanwendungen für beide Seiten an.

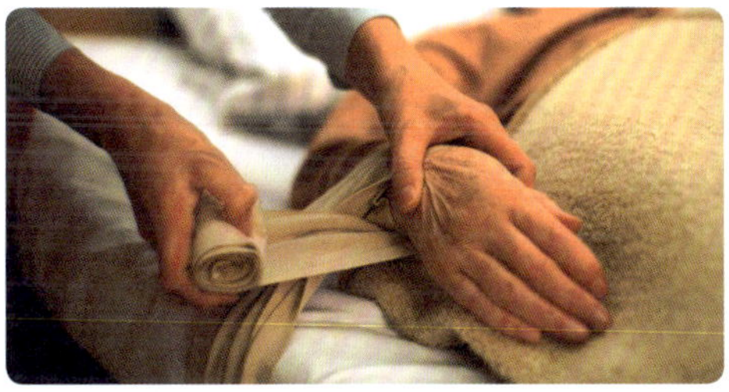

Gewalt, die von Pflegenden ausgeht:	Gewalt die von zu Pflegenden ausgeht:

2 Beschreiben Sie ein Erlebnis aus Ihren Praxiseinsätzen zum Thema „Gewalt".

Wie ist Ihnen Gewalt begegnet? Was haben Sie erlebt? Was hat die Gewalt ausgelöst? Wie haben Sie sich gefühlt? Wie haben Sie reagiert? Wie hat das Umfeld (Kollegen, Angehörige) reagiert? Hatten Sie Ansprechpartner?

5 Gesundheitliche Auswirkungen von Konflikten und Krisen

1 Ergänzen Sie den Lückentext zum Thema „Burn-out-Syndrom" mit den vorgegebenen Begriffen.

Depression, helfenden, Leistungsfähigkeit, psychosomatischen, Helfersyndroms, Psychoanalytiker, ausbrennen, Desillusionierung, Erschöpfung, Suchtgefährdung, frustrierende, Begeisterung

Der Begriff „Burn-out" wurde 1974 erstmals von dem deutsch-amerikanischen ____________ Herbert Freudenberger verwendet. Er beschreibt das Burn-out-Syndrom (engl. to burn out = ____________) als einen Zustand emotionaler ____________ mit reduzierter ____________, das mit idealistischer ____________ für den Beruf beginnt und über ____________ Erlebnisse zu ____________ und Apathie, ____________ Erkrankungen und ____________ oder Aggressivität und einer erhöhten ____________ führt. Das Burn-out-Syndrom tritt gehäuft in "____________ Berufen" (Pflegeberufe, Lehrer…) durch hohe Arbeitsbelastung auf und kann Folge des sogenannten ____________ sein.

2 Tragen Sie unter Zuhilfenahme des vorangegangenen Textes Reaktionen auf einen Burn-out zusammen.

3 Erarbeiten Sie Strategien, wie ein Burn-out-Syndrom vermieden werden kann.

Lernfeld 4.4 Die eigene Gesundheit erhalten und fördern

1 Persönliche Gesundheitsförderung im Beruf der Altenpflege

1 Laut BGW (Berufsgenossenschaft für Gesundheitsdienst und Wohlfahrtspflege) leiden rund 40 % aller Beschäftigten in der Altenpflege unter Rückenbeschwerden. Zur Vermeidung dieser Problematik ist eine rückenschonende Arbeitsweise unerlässlich. Betrachten Sie die nachfolgenden Bildpaare zur rückenschonenden Arbeitsweise. Streichen Sie die jeweils falsche Aussage mit einem farbigen Stift durch und beschreiben Sie die richtige Handlungsweise.

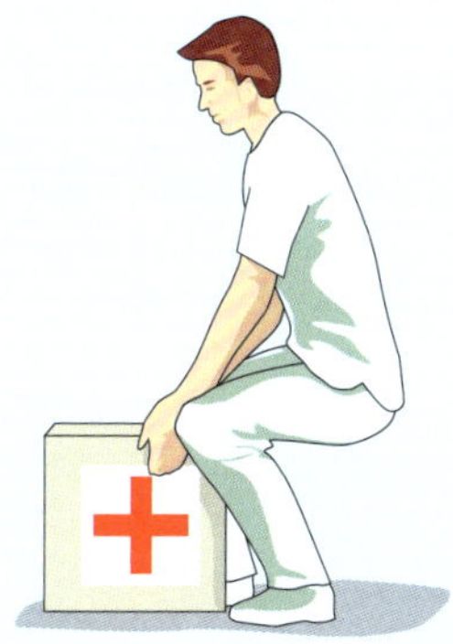	Beispiel 1	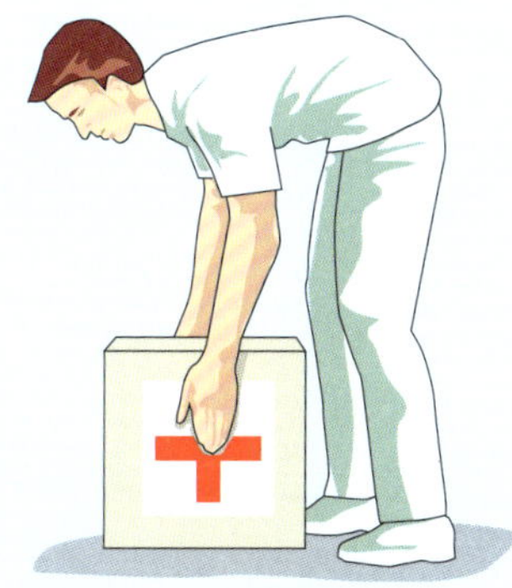
	Beispiel 2	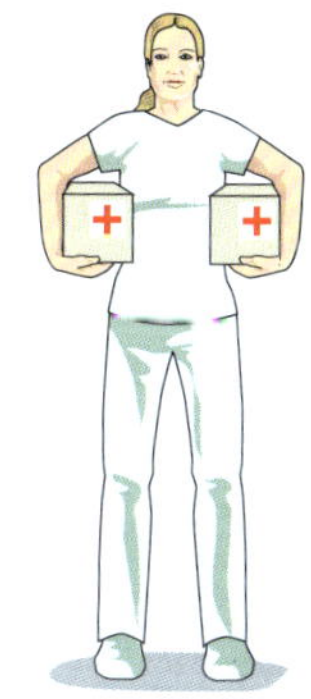
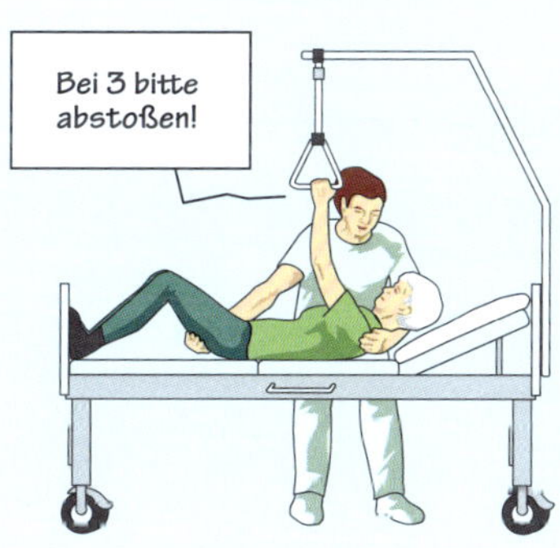	Beispiel 3	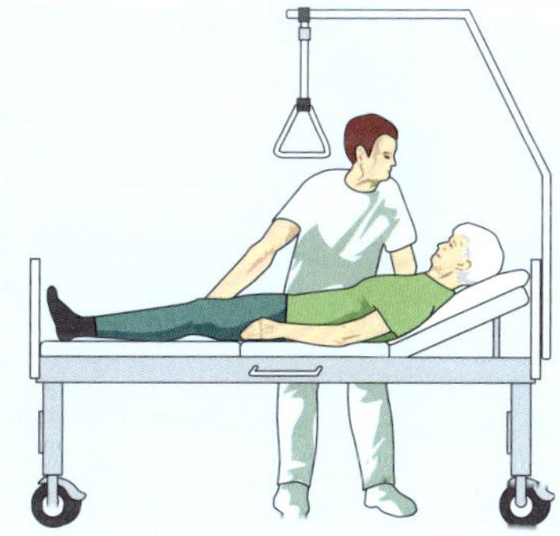
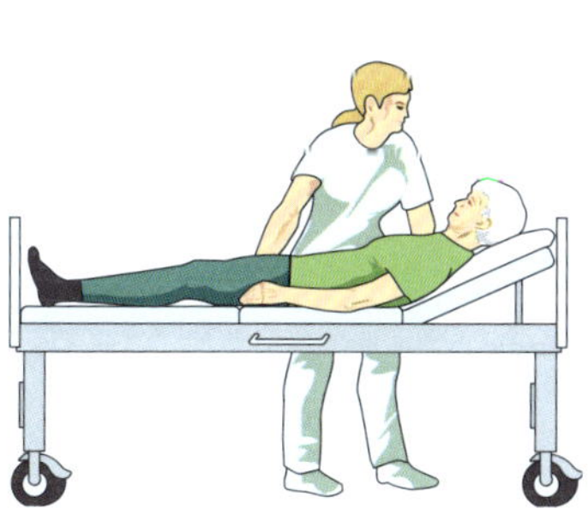	Beispiel 4	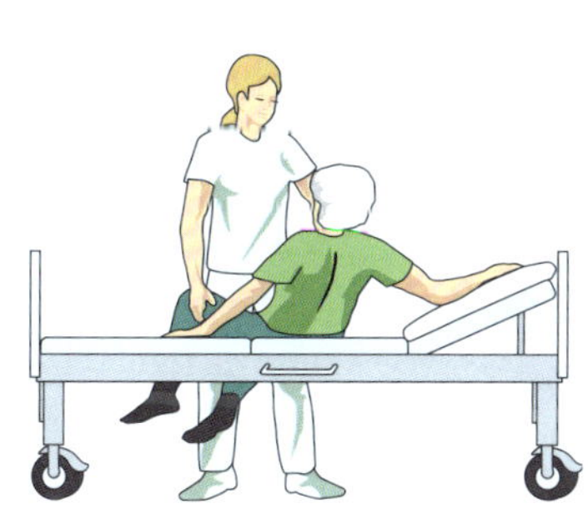

2 Laut BGW (siehe 1.) geht es bei mehr als der Hälfte aller Verdachtsfälle auf eine Berufserkrankung um Hauterkrankungen wie irritative Abnutzungsekzeme an den Händen und um Allergien. Gründe für die Belastung der Haut sind vor allem langes Arbeiten mit Handschuhen und häufiges Händewaschen. Mit welchen Maßnahmen kann ein optimaler Hautschutz erreicht werden?

3 Gesundheitsförderung, ein Schlagwort, das im Bereich der Altenpflege immer häufiger zu hören bzw. zu lesen ist. Dabei kommt der präventiven Wirkung einer regelmäßigen sportlichen Betätigung große Bedeutung zu.
Um die Grundkondition in Ihrer Klasse herauszufinden, führen Sie den Fitnesstest nach Ruffier durch. Vergleichen Sie die Ergebnisse. Wie steht es um die Fitness in Ihrer Klasse?

Konditionstest:

1. Nach 1 Minute im Liegen (Sitzen) wird die Pulsfrequenz pro Minute ermittelt = P
2. Dann 30 Kniebeugen in 45 Sekunden.
3. Sofort anschließend Pulsfrequenz/Minute im Liegen (sitzen) = P1
4. Pulsfrequenz nach 1 Minute = P2
5. Index berechnen

Index: $\frac{P + P1 + P2 - 200}{10}$

6. Der Ruhepuls sollte nach spätestens zwei Minuten wieder erreicht sein. Ist dies nach drei Minuten nicht der Fall, ist eine ärztliche Untersuchung dringend anzuraten.

Leistungsstand:

Index:
00 – 02 sehr gut
03 – 05 gut
05 – 10 ausreichend
10 – 15 unzureichend

Persönliches Ergebnis:

Index =

2 Stressprävention und Stressbewältigung

1 Die Auswirkungen von Stress sind vielfältig und dürfen nicht unterschätzt werden. Ordnen Sie die Folgen von Dauerstress den Organen in der Abbildung zu.

Innenohr

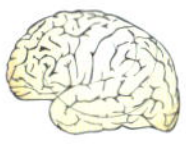

Gehirn

Muskeln

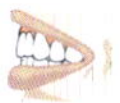

Zähne

Immunsystem

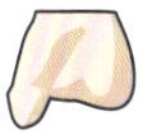

Sexualfunktion

Schweißdrüsen

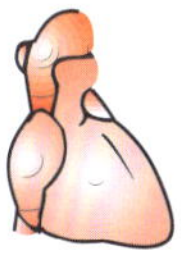

Herz-Kreislauf

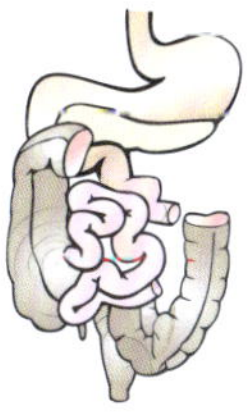

Magen-Darm-Trakt

Nebennieren

2 Es gibt eine Vielzahl von Möglichkeiten der Stressbewältigung. Erstellen Sie eine Übersicht. Beraten Sie im anschließenden Unterrichtsgespräch, welche Formen Ihnen bzw. Ihren Mitschülern am meisten helfen.

3 Geben Sie einige Beispiele für spezielle Entspannungstechniken an.

3 Kollegiale Beratung und Supervision

1 Ergänzen Sie den Lückentext zum Thema „kollegiale Beratung" unter Verwendung der vorgegebenen Begriffe.

Ursachen, Austausch, Beraterteam, Fallreflexion, Zeiteinteilung, externe, füreinander, Ratsuchende, Supervision, Beratung, Einhaltung, Vertrauen, Methoden, Moderation, Kollegenteam, regelmäßigen, Zuhören, Lösungsvorschläge, Schulung, Problemsituation

Die einfachste Form für eine zielführende ________________ ist die Methode der kollegialen ________________, z. B. nach Dr. Tietze. Der Begriff „kollegiale" weist darauf hin, dass die Beratung in einem ________________ erfolgt, ohne ________________ von außen, wie bei einer ________________. Dies setzt allerdings die ________________ des Teams durch ________________ Hilfe voraus, damit ________________-, Rollen- und ________________ verinnerlicht werden. Die kollegiale Beratung sollte in ________________ Abständen stattfinden, empfehlenswert sind 1-2 Beratungen pro Monat. Dadurch wird der kollegiale ________________, das Verständnis ________________ und das ________________ im Team gestärkt. Der ________________ wird dann ohne Scheu die ________________ schildern und die restlichen Teilnehmer, das sogenannte ________________, werden bei ________________ des Grundschemas für kollegiale Beratungen, wie folgt agieren: 1. ________________, 2. Nachfragen, 3. ________________ analysieren und 4. ________________ machen.

2 Welche Problemstellungen könnten die Grundlage einer kollegialen Beratung sein? Geben Sie Beispiele an.

3 Supervision ist auch eine Beratungsmethode, die sich zur Lösung von Problemen etabliert hat. Dabei übernimmt ein Außenstehender, der sogenannte Supervisor, die Leitung der Beratung. Welche Formen der Supervision kennen Sie?